Politique de développement
et pauvreté en Nouvelle-Calédonie

Populations
Collection dirigée par Yves Charbit,
Maria Eugenia Cosio-Zavala, Hervé Domenach

La démographie est au cœur des enjeux contemporains, qu'ils soient économiques, sociaux, environnementaux, culturels ou politiques. En témoigne le renouvellement récent des thématiques : développement durable, urbanisation et mobilités, statut de la femme et de l'enfant, dynamiques familiales, santé de la reproduction, politiques de population, etc.

Cette démographie contextuelle implique un renouvellement méthodologique et doit donc prendre en compte des variables en interaction, dans des espaces de nature diverse (physiques, institutionnels, sociaux).

La collection "Populations" privilégie les pays et les régions en développement sans pour autant oublier leurs liens avec les pays industrialisés et contribue à l'ouverture de la démographie aux autres disciplines. Elle est issue d'une collaboration entre les chercheurs de l'Institut de Recherche pour le Développement (IRD), de l'UMR CEPED (INED, IRD, Université Paris Descartes) et du Centre de Recherches Populations et Sociétés (Université Paris Ouest-Nanterre-La Défense).

Derniers parus

Lucas Tchetgnia, *Face au Sida, quel comportement en Afrique ? L'exemple du Cameroun*, 2016.
Yves Charbit et Teiko Mishima (dir.), *Questions de migrations et de santé en Afrique subsaharienne*, 2014.
Rokhaya Cissé, *L'héritage de la pauvreté. Entre récurrence, rupture et résilience dans les trajectoires des pauvres au Sénégal*, 2014.
Myriam de Loenzien, *Famille et société au prisme du VIH/Sida au Viêt Nam*, 2014.
Marc-Antoine Pérouse de Montclos (dir.), *Crises et migrations dans les pays du Sud*, 2014.
Maryse Gaimard, *Population et santé dans les pays en développement*, 2011.
Aurélie Godard, *Le travail des femmes en Guinée maritime*, 2010.
Céline Clément, *La mère et ses enfants : devenir adulte et transmissions intergénérationnelles*, 2009.
Olivier Belbéoch, Yves Charbit, Souraya Hassan Houssein (dir.), *La population de Djibouti. Recherches sociodémographiques*, 2008.
Maryse Gaimard, *Goitre endémique et démographique en Afrique noire. L'exemple d'un village en Côte d'Ivoire*, 2008.
Mustapha Omrane, *Accès à la terre, dynamique démographique et ancestralité à Madagascar*, 2008.
Frédéric Sandron (dir.), *Population et développement dans les hautes terres de Madagascar*, 2008.
Lise Beck, *Contexte de paupérisation et mortalité des enfants ruraux au Rwanda, 1980-1994*, 2007.
Cédric Audebert, *L'insertion socio-spatiale des Haïtiens à Miami*, 2006.
Michèle Dion, *Quand la Réunion s'appelait Bourbon*, 2006.
Ralph Schor, *Français et immigrés en temps de crise (1930-1980)*, 2004.
Jean-François Léger, *Les jeunes et l'armée*, 2004.

Laure Hadj

Politique de développement et pauvreté en Nouvelle-Calédonie

Préface de Serge Paugam

© L'HARMATTAN, 2016
5-7, rue de l'École-Polytechnique ; 75005 Paris

http://www.harmattan.fr
diffusion.harmattan@wanadoo.fr
harmattan1@wanadoo.fr

ISBN : 978-2-343-08647-7
EAN : 9782343086477

PREFACE A

LAURE HADJ

Les Français ont toujours en tête les affrontements sanglants survenus en Nouvelle-Calédonie en mai 1988, entre les deux tours de l'élection présidentielle. Après une telle tragédie, au cours de la même année, les Accords de Matignon-Oudinot ont ouvert la voie à une politique dite de « rééquilibrage », laquelle a été renouvelée par l'Accord de Nouméa dix ans plus tard. Cette politique vise à créer les conditions sociales et politiques du développement par la stabilité de l'économie et surtout par la réduction des inégalités en faveur des Kanaks. Il s'agit concrètement d'assurer le déploiement d'équipements, d'infrastructures de santé et d'éducation en province Nord et en province des Iles Loyauté où réside principalement la population Kanak. Ce « rééquilibrage » a surtout pour finalité de favoriser une paix sociale durable entre les communautés et permettre ainsi aux électeurs de se prononcer sur leur destin lors du prochain référendum d'autodétermination.

Le livre de Laure Hadj, issu de sa thèse de doctorat soutenue à l'Université Paris-Descartes en 2014, entend répondre à une question simple, mais pourtant déterminante pour l'avenir de la Nouvelle-Calédonie : quelle a été l'effet de cette politique ? Démographe de formation, Laure Hadj a été conduite à s'intéresser à ce sujet dans le cadre de son recrutement en tant que chargée d'études en juin 2009 à l'Isee (Institut de la statistique et des études économiques Nouvelle Calédonie) dans le département Démographie et Enquêtes. Elle a eu notamment pour mission d'assurer l'opération de recensement de la population calédonienne et d'exploiter ensuite les données de l'enquête Budget Consommation des Ménages (BMC) 2008. Le projet intellectuel à l'origine de sa thèse est né de cette mission initiale. Impressionnée par la richesse des données statistiques collectées, elle a souhaité prolonger son travail dans le cadre d'une bourse Cifre portant sur l'inégalité de niveau de vie et de la pauvreté des ménages. Elle est donc passée du stade de l'analyse statistique appliquée à la recherche proprement dite en socio-démographie.

Un livre qui porte sur les effets d'une politique présente toujours le risque de ressembler à un rapport administratif destiné à éclairer une poignée de spécialistes le temps de l'élaboration de décisions pratiques. Ce type de livre devient souvent très vite obsolète et disparaît des rayons à peine publié. Or, ce que nous donne à voir le livre de Laure Hadj est bien autre chose qu'un rapport d'expert. Il est tout d'abord écrit de façon élégante et claire, dans un style très éloigné du langage technocratique, ce qui rend sa lecture très agréable. Mais surtout, il éclaire un pan de l'histoire récente de la Nouvelle-Calédonie en puisant, non seulement dans l'analyse solidement argumentée des résultats statistiques, mais aussi dans la littérature disponible aussi bien en sociologie, en histoire, en anthropologie qu'en démographie et économie, ce dont témoigne la riche bibliographie mobilisée.

Le mérite de Laure Hadj est d'avoir su transformer une question concrète de nature politique sur les effets du « rééquilibrage » en une question sociologique ou sociodémographique fondamentale : « dans quelle mesure la structure de consommation des pauvres est-elle révélatrice d'un modèle d'intégration ? ». Pour y répondre, elle va s'inspirer de la sociologie durkheimienne, mais aussi de mes propres travaux sur les formes élémentaires de la pauvreté et sur les liens sociaux. En partant du constat que les pauvres en Nouvelle-Calédonie adoptent un comportement de consommation hybride qui conjugue les ressources de l'économie marchande et celles de l'économie domestique, elle tente de façon suggestive de rapprocher les postes de consommation repérables dans l'enquête BMC et les types de liens sociaux prolongeant en cela l'intuition de Maurice Halbwachs notamment dans ses travaux sur la classe ouvrière et les niveaux de vie. Certaines dépenses sont menées « pour ou auprès » des membres de la famille, du clan ou de la tribu (autoproduction alimentaire, jeu du hasard (bingo) et entretiennent le lien de participation filiation-élective, alors que d'autres (logement, transport, santé) sont engagées « grâce à » une aide institutionnelle et dépendent donc du lien de citoyenneté. En adoptant cette matrice, l'auteure peut étudier les formes de compensation d'un lien à l'autre à travers l'observation de l'évolution des types de dépenses depuis la mise en place de la politique de « rééquilibrage ». Les résultats nous autorisent à penser que ce mécanisme de compensation participe aussi de la construction de l'identité individuelle et sociale des pauvres. Toujours dans une perspective à la fois durkheimienne et halbwachsienne, ce type d'analyse conduit Laure Hadj à s'interroger sur la montée inquiétante du suicide au cours de la période 2006 et 2008 dans le Nord et les Iles Loyauté, phénomène que l'on ne peut s'empêcher effectivement de mettre en relation avec la transformation constatée des liens sociaux consécutive à l'évolution de la structure de consommation des ménages, cette dernière traduisant une modification du système normatif et un brouillage, au moins temporaire, de la construction des identités.

Cette thèse conduit aussi à l'analyse des formes contemporaines de la pauvreté. Si, l'exemple de la Nouvelle-Calédonie peut être rapproché du type idéal de la pauvreté intégrée en raison de l'héritage colonial et l'insertion très inégale dans l'emploi conduisant les plus pauvres à rechercher des ressources et des résistances dans des solidarités de proximité ainsi que dans l'économie informelle, le renforcement de la protection sociale calédonienne associé au partage de la richesse économique et de la redistribution laisse présager un glissement progressif vers le type idéal de la pauvreté marginale. Mais cette évolution probable porte en elle quelques conséquences inévitables de ce type de pauvreté, à savoir le risque plus grand de stigmatisation des plus vulnérables.

D'une façon plus générale, le grand mérite de ce livre est d'avoir su faire de la particularité sociopolitique de la Nouvelle-Calédonie un cas exemplaire pour étudier à la fois la transformation de la structure de consommation des ménages et les modes d'intégration sociale. Nul doute qu'il est appelé à éclairer de façon durable le changement économique et social aussi bien en Nouvelle-Calédonie que dans des territoires comparables. Mais sa portée analytique le place aussi dans la catégorie des livres de référence pour nourrir la théorie des liens sociaux.

Serge Paugam
Directeur de recherche au CNRS
Directeur d'études à l'EHESS

REMERCIEMENTS

Ce livre est tiré d'une recherche doctorale en socio-démographie. Consacrée à définir une forme d'intégration sociale des ménages de la Nouvelle-Calédonie vivant sous le seuil de pauvreté, cette étude s'inscrit dans un contexte politique de rééquilibrage des inégalités. Son aboutissement résulte de rencontres toutes singulières.

Je tiens à remercier le Professeur Yves Charbit (Ceped - Université Paris Descartes) qui a su me prodiguer des conseils et s'est attaché à me transmettre son savoir et sa capacité à croire en mes projets scientifiques. Ses encouragements, sa patience et sa confiance ont beaucoup contribué à l'accomplissement de cet ouvrage. Merci également à Véronique Petit (Ceped – Université Paris Descartes), à Michèle Dion (Université de Bourgogne), à Serge Paugam (CNRS-EHESS), à Franck Temporal (Ceped – Université Descartes) et à Catherine Ris (Université de la Nouvelle-Calédonie) pour leurs précieux conseils scientifiques et leurs critiques fructueuses de mon travail de thèse.

Cette recherche a été financée par une bourse Cifre du Ministère de l'enseignement supérieur et de la Recherche et a bénéficié d'un partenariat avec l'Institut de la statistique et des études économiques (Isee) de la Nouvelle-Calédonie. A ce titre, je suis sincèrement reconnaissante envers Cécile Ménard (INSEE) et à l'ensemble des membres de l'Institut de la statistique et des études économiques pour leur accueil et leur soutien durant mes années vécues sur le « caillou » (Nouvelle-Calédonie).

Merci à ma famille et à mes ami-e-s de m'avoir accompagnée durant ces quatre belles années.

INTRODUCTION

LA NOUVELLE-CALEDONIE AU PRISME DES INEGALITES

La Nouvelle-Calédonie est une collectivité d'outre-mer à caractère particulier (dite *sui generis*). Elle est engagée dans un processus de décolonisation envers l'Etat français qui se soldera par un référendum d'autodétermination à l'horizon 2018.

Au regard d'indicateurs internationaux, la Nouvelle-Calédonie est développée. Son Pib par habitant est comparable à celui de la grande majorité des régions françaises et il est supérieur à celui de la Nouvelle-Zélande. Son Indicateur de Développement Humain (IDH) la place en troisième position des Etats et Territoires du Pacifique Sud, après l'Australie et la Nouvelle-Zélande (CEROM, 2008). Toutefois, la Nouvelle-Calédonie est marquée par de fortes inégalités. Les écarts de santé et d'éducation sont réduits, mais les inégalités économiques persistent. Durant la période 1991-2008, l'indice de Gini, calculé sur les niveaux de vie des Calédoniens, stagnait à 0,43. Les pays les plus égalitaires, comme la Norvège ou le Japon, disposent d'un Gini proche de 0,25. Derrière ce constat, se dessine en pointillé les modalités de deux systèmes économiques qui cohabitent mais n'attribuent pas le même sens au salariat, à l'appréhension des inégalités de ressources et de la solidarité. Pour autant le climat social n'explose pas : le taux de chômage calédonien est l'un des plus faibles de l'Outre-mer français, le dispositif du revenu de solidarité actif n'existe pas en Nouvelle-Calédonie (ni dans les deux autres collectivités d'outre-mer) et les mobilisations contre la vie chère ont été bien moins importantes que celles des départements d'outre-mer amorcées en 2009. Le « rééquilibrage » apporte un début de réponse à ce constat. Instauré par les Accords de Matignon-Oudinot en 1988, renouvelé par l'Accord de Nouméa dix ans plus tard, il s'apparente à une politique de développement dont l'objectif est de créer les conditions sociales et politiques propices au développement d'une économie stable par la réduction des inégalités en faveur des Kanak[1]. Le territoire est alors organisé en trois provinces aux compétences

---

[1] Kanak est un mot polynésien qui signifie « homme ». L'orthographe « canaque » est utilisée de l'époque coloniale jusqu'en 1970. Portant une connotation négative, les jeunes mélanésiens

larges. Les Indépendantistes partagent la maîtrise du pouvoir politique et économique avec les non-Indépendantistes. Ils promeuvent des mesures de développement local en adéquation avec les attentes des populations. De plus, pour renverser le rapport inégalitaire issu de l'époque coloniale, excluant les Kanak des rouages du système dominant capitaliste, des mesures discriminatoires leur sont consacrées.

Notre attention se porte sur la frange pauvre de la population, en marge du rééquilibrage économique. Notre recherche a pour objet de répondre à la problématique suivante : dans quelle mesure la structure de consommation des pauvres est-elle révélatrice d'un modèle d'intégration sociale ? Ce chapitre s'ouvre sur la présentation de notre objet de recherche et pose deux paradigmes sociologiques, dans lesquels s'inscrit notre démonstration.

UN SUJET SENSIBLE

Ce travail de recherche s'inscrit dans le cadre d'une Convention industrielle de formation par la recherche (Cifre) entre l'Institut de la statistique et des études économiques (Isee) de la Nouvelle-Calédonie, l'Unité Mixte de Recherche (UMR) du Ceped (Centre population et développement) de l'université Paris Descartes et moi-même.

Enquête et sujet de recherche

La Nouvelle-Calédonie, *Le pays du non-dit*. Cette expression a été largement relayée et empruntée, par bon nombre de chercheurs, de journalistes ou de politiciens. Elle est tirée d'un livre de Louis-José Barbançon. Cet historien calédonien a participé activement à la mise en place du premier gouvernement indépendantiste dirigé dans les années 80 par Jean-Marie Tjibaou. A l'issue de cette expérience, il publie en 1992, *Le pays du non dit : regards sur la Nouvelle-Calédonie*. Cet ouvrage traite du non-dit sur le bagne (thème de recherche privilégié de l'historien) et plus largement des problèmes du territoire, particulièrement les inégalités (Barbançon, 1992). Dès sa sortie, de nombreux exemplaires se vendent et des critiques acerbes sont portées à son auteur. La principale explication selon Barbançon est que la société calédonienne est construite sur une tradition orale. Dire les choses qui

---

investis sur la scène politique indépendantiste souhaitent retourner le stigmate de l'époque coloniale en modifiant l'orthographe. Ils vont alors se réapproprier le mot qui les désigne en l'écrivant avec un K. Dans l'Accord de Nouméa, c'est le mot Kanak qui est employé et il est invariable. C'est un palindrome c'est-à-dire que la signification est la même qu'on le lise dans les deux sens de lecture.

n'allaient pas les faisait exister. *A contrario*, tant que les choses n'étaient pas dites, on avait l'impression que le mal n'existait pas. Aujourd'hui, il assure que la parution de son ouvrage n'aurait plus le même effet car la population de la Nouvelle-Calédonie s'est libérée d'une parole. Cette parole s'appuie sur le chiffre, diffusé par les reportages de journalistes, les discours de politiciens, la rubrique d'un magazine, les analyses des chercheurs… Les données quantitatives informent et traduisent une réalité sociale. Celle-ci peut être déconstruite par une autre réalité sociale qui repose sur d'autres chiffres. Les instituts de sondage et de la statistique publique, participent à la diffusion de cette culture du chiffre. La Nouvelle-Calédonie dispose d'un Institut de la statistique et des études économiques (Isee). Sous tutelle de l'exécutif calédonien, ce n'est pas une antenne de l'Insee comme il existe dans les Dom. D'ailleurs, en application de l'Accord de Nouméa qui octroie le statut de Com *sui generis* à la Nouvelle-Calédonie, le nom de l'Institut évolue. En 1998, la lettre T, pour territorial, du sigle Itsee (Institut territorial de la statistique et des études économiques) est supprimée. Aujourd'hui, l'Isee compte une quarantaine d'agents. Le directeur et d'autres membres de l'équipe de direction peuvent être des fonctionnaires de l'Insee en détachement en Nouvelle-Calédonie pour deux ou quatre ans. Certains assurent des missions ponctuelles pour traiter un dossier précis. Les chiffres diffusés par un tel Institut, ont des fonctions différentes. Informer, en diffusant le nombre de personnes qui résident sur le territoire selon le recensement de la population ou l'indice des prix à la consommation selon les relevés de prix mensuels. Et rechercher les causes d'un phénomène social au travers de la structure de consommation des ménages et de leurs ressources par exemple. Issues de l'enquête Budget Consommation des Ménages (BCM), ces données sont centrales dans notre travail de recherche. Notre poste de chargée d'étude à l'Institut en a facilité l'accès.

Notre recrutement comme chargée d'étude a défini le sujet de notre recherche. BCM-2008 a été commandée par le gouvernement calédonien à l'Isee en 2005-2006. A cette période, la question de la vie chère dans les Outre-Mer français est au cœur des débats politiques. L'objet de la commande est clair : BCM-2008 doit actualiser les données de la précédente enquête de 1991, relative à la structure de consommation des ménages et à l'indice des prix à la consommation. En aucun cas, il n'a été prévu d'exploiter les données, dans le cadre d'une analyse de l'inégalité de niveau de vie et encore moins de la pauvreté des ménages. D'ailleurs aucune étude traitant de ces deux thèmes n'a été publiée à partir des données de BCM-1991. Deux caractéristiques de BCM-2008 peuvent alors être notées. En premier lieu, la collecte des données est influencée par la commande politique, dont l'objet est de disposer de données économiques (micro et macro). Le codage des réponses, défini comme une grille de lecture entre le questionnaire et la saisie des données, repose sur une nomenclature internationale des dépenses. Cette nomenclature oriente et uniformise les représentations du monde (statistique, politique et cognitif). D'autre part, le questionnaire calque celui de la métropole et des Dom pour faciliter des comparaisons. Des compléments ou reformulations de questions propres à la Nouvelle-Calédonie, restent donc à la marge. De plus, les observations déclarées par le ménage ne sont pas bien recueillies et saisies par les agents de l'Isee, contrairement aux réponses fermées des dépenses et des ressources du ménage.

En second lieu, la construction de l'enquête limite les perspectives d'analyses. Par exemple, on peut établir un état des lieux des structures de consommation selon le sexe du chef de ménage. Mais il est difficile d'engager une analyse du genre des inégalités et de la pauvreté selon la consommation. L'enquête n'a pas été pensée dans cette perspective. Dès lors, nous avons exploité exclusivement le fichier ressources et dépenses selon les caractéristiques sociodémographiques des ménages de l'enquête BCM-2008. Nous avons établi des comparaisons avec BCM-1991 lorsque les données l'ont permis. En complément, nous avons exploité les données du recensement de la population (1989, 1996 et 2009) et mené des entretiens exploratoires avec les responsables de l'action sociale des provinces.

La construction d'une problématique

Le respect du contrat Cifre que nous avons signé n'a pas facilité le travail de distanciation envers notre sujet d'étude. Après avoir vécu deux ans et demi en Nouvelle-Calédonie, nous avons développé un affect pour la population et son histoire. Notre retour à Paris a été un moyen de marquer une distance au terrain et au sujet de recherche. En effet, l'enjeu d'une recherche appliquée est de s'extraire d'une logique institutionnelle pour amorcer une recherche universitaire, alimentée des Synthèses rédigées au cours de la Cifre. La collection Synthèse est en libre accès sur le site de l'Isee. Les acteurs politiques et associatifs, les entrepreneurs, les cabinets privés... peuvent s'y référer pour des raisons professionnelles ou par intérêt personnel. De plus, le sujet de notre recherche, l'inégalité et la pauvreté, revêt un sens commun fort : c'est un concept de la vie courante à chacun, qui s'impose comme quelque chose qui va de soi. Or, selon les travaux d'Emile Durkheim, il faut appréhender les faits sociaux comme des choses, c'est-à-dire opérer une distanciation, se détacher le plus possible des prénotions dans le but d'atteindre une objectivation du sujet d'étude (Baudelot, Establet, 2011 ;

Durkheim [1894], 1988, [1897], 2004). A ce titre, à notre retour à Paris, nous avons relu nos notes et deux faits ont attiré notre attention sur le travail de distanciation à mener.

Dès notre arrivée sur le territoire en 2009, nous avons été saisis par l'utilisation médiatique, politique et syndicale de la nécessité, à l'instar de la méthode Coué, de « rééquilibrer » les inégalités au sein de la population. Ces discours, à l'approche du référendum d'autodétermination, laissent en suspens la crainte de revivre les affrontements ethniques du milieu des années 80 (surnommés « Les Evénements » par les journalistes et les politiciens). Ensuite, à plusieurs occasions, nous avons échangé avec nos collègues, nés en Nouvelle-Calédonie ou y résidant depuis près de vingt ans, sur nos travaux. Quand nous présentons notre étude traitant des inégalités de ressources (ou de niveau de vie) des ménages, nous avons leur approbation « parce qu'en Nouvelle-Calédonie, les inégalités il y en a ». Il n'y a pas forcément de commentaires ou d'exemples qui suivent, comme si le discours sur les inégalités était intériorisé. En revanche, lorsque nous présentons la Synthèse sur la pauvreté en niveau de vie la réaction n'est pas la même. Il y a un temps de silence, suivi d'une exclamation : « en Nouvelle-Calédonie il n'y a pas de pauvres ! » Nos collègues avancent alors deux explications. En Nouvelle-Calédonie, il n'y a pas de sans domicile fixe c'est-à-dire des personnes (dont des femmes et des enfants) qui dorment dehors, qui mendient et qui vivent dans un état d'hygiène déplorable. Ce constat est établi par comparaison avec la France à partir de leurs voyages, des récits entendus ou des reportages télévisuels. Nous avons répondu alors par « ma figure » du pauvre en Nouvelle-Calédonie. Nous avons décrit des hommes (rarement des femmes et jamais d'enfants), souvent alcoolisés, âgés entre vingt-cinq et cinquante ans, sans hygiène corporelle et vestimentaire, le plus souvent Kanak, concentrés au centre-ville de Nouméa[2]. Ils ne mendient pas mais trainent dans les rues en état d'ébriété. On nous a répondu que « ceux-là » ce n'est pas pareil. S'ils sont dans cette situation c'est qu'ils le souhaitent car ils ont le choix de revenir en tribu pour travailler dans les champs et participer à la vie sociale. L'autre explication est qu'en « Nouvelle-Calédonie on ne meurt pas de faim ». L'économie vivrière de la société domestique kanak, garantie une subsistance.

---

[2] Ma description se rapproche du profil des personnes accueillies par Macadam Partage, centre d'accueil de jour et d'insertion d'adultes sans domicile fixe et sans enfants à charge dans la commune de Nouméa. Selon leur rapport d'activité, quatre personnes accueillies sur cinq sont des hommes dont l'âge varie entre 26 et 45 ans, majoritairement des Mélanésiens (60 %). La raison de leur venue s'explique, selon la terminologie de Macadam, par une « grande précarité » (les deux tiers), parce qu'ils sont « SDF » (17 %) et atteint « d'une maladie mentale » (17 %).
http://accueil.ile.nc/association-accueil/?page_id=73

Quant à l'économie marchande, notamment en zone urbaine, c'est le tissu associatif et religieux qui assure une aide alimentaire. Nous précisons à nos collègues, qu'au travers de l'enquête BCM, nous étudions les ménages qui résident dans un logement et qui ont du mal à boucler les fins de mois. Sont exclus de l'échantillon les « miséreux » associés à une absence de logement, à l'impossibilité d'acheter des vêtements et dans l'incapacité (physique ou mentale) d'occuper un emploi (Moreau de Bellaing, 2000). Certains nous ont répondu que vu sous cet angle « c'est vrai » qu'il y a des pauvres en Nouvelle-Calédonie et que des membres de leur famille, notamment en zone urbaine, connaissent cette situation de vulnérabilité. Un haussement d'épaule suivait notre échange.

Malgré les explications de nos collègues, nous n'avons pas compris pourquoi il y avait une telle dénégation à reconnaître le phénomène de pauvreté alors que les inégalités, à l'encontre des Kanak notamment, étaient clairement identifiées comme un risque de conflit social. Notre représentation de la figure du pauvre et les caractéristiques de la pauvreté n'étaient pas les mêmes que celles de nos collègues. Nous avons cherché à ce que les « natifs » du territoire reconnaissent notre représentation des inégalités et de la pauvreté, justifiant ainsi notre recrutement à l'Isee et notre sujet de recherche appliquée. Ces échanges nous ont surtout fait poser une question à laquelle nous n'avions pas pensé jusque-là : si en Nouvelle-Calédonie, il n'y a pas de pauvres, qu'est-ce que cela signifie pour la société ? Par cette interrogation nous avons commencé à nous affirmer comme socio - démographe (Lemieux, 2010) car nous avons commencé à déconstruire notre sujet d'étude. En raison des échanges avec nos collègues, nous avons cherché à définir les inégalités en Nouvelle-Calédonie, selon les Accords de Matignon-Oudinot (1988) et l'Accord de Nouméa (1998). D'une part, ces textes ont sorti la Nouvelle-Calédonie d'une impasse sociale violente, résultat de la dénonciation du rapport inégalitaire à l'encontre de la population autochtone. D'autre part, ils posent les grandes lignes d'une Nouvelle-Calédonie à construire dans le cadre du processus de décolonisation. Dans les accords (1988 et 1998), le terme inégalité n'y est jamais employé, mais il se devine par celui de rééquilibrage dont la nature est à la fois politique, économique, culturel et social (éducation, emploi, logement, ressources). Ces dimensions du rééquilibrage s'analysent en Nouvelle-Calédonie par rapport à l'Etat français et au sein même de la population résidant dans le territoire. Même si les deux dimensions s'entremêlent, notre attention porte sur le rééquilibrage des inégalités au sein de la population calédonienne selon la province de résidence. En tant que chargée d'étude, nous avons cherché à établir un état des lieux de ces inégalités. Nous avons porté une attention particulière à l'inégalité de niveau de vie qui est une composante du taux de pauvreté.

Dans ce contexte, la problématique est la suivante : dans quelle mesure la structure de consommation des pauvres est-elle révélatrice d'un modèle d'intégration sociale ?

Un ensemble d'hypothèses présentées sous forme de questions nous guideront tout au long de notre démonstration :

En quoi le projet politique traduit-il une politique d'intégration ? Comment la politique de rééquilibrage a-t-elle modifié la nature (économique, sociale, culturelle) et les formes (spatiales et communautaires) des inégalités en Nouvelle-Calédonie ? Quelle est la frange de la population qui ne profite pas du rééquilibrage ? Et comment la définir ? Quels sont les canaux d'intégration mobilisés par les pauvres pour favoriser leur intégration sociale ?

LES PARADIGMES

Notre problématique s'accompagne d'un cadre théorique. Il permet de clarifier les concepts sociologiques utilisés et de les mettre en relation pour construire notre démonstration.

Sociologie de l'intégration

Les travaux d'Emile Durkheim servent de cadre théorique à l'étude du lien social en Nouvelle-Calédonie pour deux raisons. D'abord, par l'évolution de la solidarité mécanique vers la solidarité organique au sein d'une même société, il appréhende le lien social. C'est-à-dire la nature du « vouloir vivre ensemble » présentée dans son ouvrage *De la division du travail* (Durkheim, [1893], 2007). Il se distingue de son contemporain, Ferdinand Tönnies, qui étudie l'évolution de la communauté fondée sur la volonté organique de ses membres vers la société caractérisée par une volonté réfléchie de ses membres. Durkheim interroge le lien qui unit des individus de plus en plus autonomes en raison de la division du travail. Pour lui la solidarité est un phénomène moral qui n'est pas observable par lui-même. Il se traduit par le droit, à savoir des règles de conduites sanctionnées en cas de non-respect. Il établit une distinction entre les sanctions répressives associées au droit pénal et les sanctions restitutives qui renvoient au droit coopératif (droit civil, droit commercial, droit administratif…). Chacune d'elle caractérise une forme de lien social.

Les sanctions répressives sont associées à la solidarité mécanique. Cette forme de solidarité existe dans les sociétés où la division du travail est faible et peu industrialisée. Les individus adhèrent aux mêmes valeurs, croyances, sentiments et reconnaissent le même sacré. La solidarité est maintenue par deux facteurs. D'une part, une conscience collective forte évinçant la conscience individuelle. D'autre part, une contrainte sociale importante reposant sur la sanction pénale qui exprime la réaction de la collectivité envers ceux qui offensent les sentiments collectifs, soit la conscience collective. Les sanctions restitutives correspondent à la solidarité organique. Ce type de solidarité repose sur la division du travail. Par analogie aux organes d'un être humain, il octroie à chaque individu une fonction qui lui est propre et indispensable au fonctionnement de la société. Les individus sont dépendants économiquement les uns des autres. La conscience collective s'altère car elle laisse place aux variations individuelles. Cependant, l'individu reste soumis à des normes et des valeurs communes aux groupes auxquels il décide, dans une certaine mesure, d'appartenir. Une distinction centrale entre ces deux types de solidarité est le rapport à l'emploi. Or, en Nouvelle-Calédonie deux systèmes économiques coexistent : le système domestique kanak repose sur une économie vivrière sans but lucratif, alors que le système capitaliste des non kanak est fondé sur une économie marchande. Le salariat est constitutif de ce type d'économie. Il implique une rémunération et un rapport à l'argent que Simmel, contemporain de Durkheim, analyse dans *Philosophie de l'argent* (Simmel, [1900], 1987). Nous retenons trois apports. Premièrement, dans l'empreinte durkheimienne, Simmel considère que l'économie monétaire favorise l'autonomie des personnes ainsi que leur interdépendance. Ces interactions génèrent à la fois un éloignement par rapport aux cercles relationnels les plus proches et un rapprochement aux cercles plus éloignés (réseaux étendus par les voyages, sociaux, relations internationales...). Deuxièmement, la rationalité de la relation entre argent et temps est prégnante. L'expression « le temps c'est de l'argent » résume la valeur économique attribuée au temps. De plus, l'argent attribue une valeur monétaire à l'homme, elle-même évaluée par le travail, le niveau de diplôme ou de compétence. Troisièmement, l'argent est également le moyen d'unifier les personnes de la société moderne, mais il est aussi un marqueur de différenciation sociale. A ce titre, Simmel rappelle les risques du déploiement des pratiques monétaires qui placent l'argent comme une fin et non comme un moyen. La consommation illustre cet argument. Il y a un décalage entre le nombre d'objets disponibles et celui que la personne peut consommer et subjectivement s'approprier, c'est-à-dire en saisir les techniques.

Ensuite, la sociologie durkheimienne du lien social est une sociologie de l'intégration. Ainsi, on pose l'hypothèse que le lien social entre les Kanak repose sur une solidarité mécanique. Le système domestique s'imbrique dans des relations de parenté et de résidence. Selon leur rang dans la fratrie et leur place dans la chefferie, les sujets kanak n'ont pas des droits identiques. De manière révélatrice, Alban Bensa évoque l'idée d'une hiérarchie sociale très structurée, caractérisée telle une société d'inspiration aristocratique (Bensa, 1990). Tandis que la société capitaliste, fondée sur une économie marchande hiérarchisée par la division du travail repose, selon la distinction durkheimienne, sur une solidarité organique. Dans ce type de solidarité, l'individu dépend de la société, c'est-à-dire des parties qui en font un tout social. Durkheim définit l'intégration de l'individu comme l'attachement à différents groupes (la famille, la patrie, les corporations, la Nation…) impliquant une régulation sociale, c'est-à-dire des règles qui doivent être respectées et intériorisées. Il distingue deux niveaux d'intégration : l'articulation des individus aux groupes d'appartenance et l'articulation des groupes à la société, soit la production de son unité (ce qui fait tout), la pérennisation de son existence et de son identité. La solidarité organique a pour origine la désintégration de la solidarité mécanique puisque la différenciation des fonctions n'exclut pas le consensus et l'unicité de ses membres. Au contraire, c'est la complémentarité des différences qui crée la solidarité (Durkheim [1893], 2007).

Le sens durkheimien de l'intégration « par les conditions de sa création, [gardera] un statut épistémologique un peu particulier » et parce qu'il est « profondément lié au droit français, notamment au droit du travail », génère une descendance durkheimienne plurielle (Rhein, 2002). Ainsi, selon les travaux de Dominique Schnapper, l'intégration s'explique par l'imbrication des deux dimensions posées par Durkheim. L'intégration « de » (systémique) la société est le résultat ou la somme de l'intégration « à » (tropique) différentes instances telles que la famille, l'église… Elle s'intéresse particulièrement à la dimension intégratrice de la nation car l'unité sociale des sociétés démocratiques ne repose plus sur une tradition dynastique ou religieuse. Pour Schnapper, la nation, est un rapport entre « la diversité sociale, religieuse, régionale ou nationale de la population et un projet politique mis en œuvre par les institutions nationales » (Schnapper 1991 : 74). C'est donc le politique, dans les sociétés démocratiques, qui est en charge d'unir les individus d'une même société. Cette unité repose sur la citoyenneté qui est au fondement de la légitimité du politique. La citoyenneté est garante de l'intérêt général par rapport aux intérêts particuliers car elle permet à la fois de légitimer l'action des institutions, d'assurer la démocratie par le droit de vote ainsi que la transcendance des particularismes. Quant au projet politique, ne pouvant transcender toute forme de particularismes, il faut qu'il repose sur un système d'idées et de valeurs pour que les institutions justifient l'action d'intégration. Elle caractérise alors l'intégration comme un processus qui n'est pas unique et linéaire.

Chacun de ces niveaux de l'intégration en Nouvelle-Calédonie a une particularité. D'une part, le statut *sui generis* de la Nouvelle-Calédonie, renvoie à une intégration nationale singulière. La logique d'intégration nationale, à l'Etat français, se superpose à la logique d'intégration territoriale, qui s'appuie sur la construction d'un « destin commun » propre à la population calédonienne. Cet avenir peut selon les résultats du référendum d'autodétermination à l'horizon 2018, être construit au sein d'une Nouvelle-Calédonie indépendante de l'Etat français. C'est dans cette perspective que l'Etat français reconnait la citoyenneté de la Nouvelle-Calédonie pour voter aux élections provinciales. Ce processus, marque l'évolution d'une logique d'assimilation au modèle sociétal français à une logique d'intégration au modèle sociétal calédonien en devenir. D'autre part, en France, depuis les années soixante-dix l'intégration est posée comme « les divers processus par lesquels les immigrés comme l'ensemble de la population réunie dans une entité nationale participent à la vie sociale » (Schnapper 1991 : 99). Or, en Nouvelle-Calédonie les mesures d'intégration concernent la population autochtone et non pas les migrants. Cette spécificité montre que ce n'est pas la société domestique kanak qui est le modèle d'intégration de référence (normes, valeurs, représentation de l'autorité…) mais celui de la société capitaliste des non kanak. La dimension sous-jacente à l'intégration est qu'elle participe à la construction de l'identité collective (« nous »). Elle repose sur des institutions et des idées, entendues comme des valeurs et des pratiques sociales. Elle participe également à l'identité individuelle (« je »), par l'octroi de la citoyenneté et de la nationalité notamment.

Sociologie de la pauvreté

En France, le XIXe siècle marque l'avènement de l'industrie et de l'Etat social par un système de garantie légale. La sécurité ne repose plus exclusivement sur la propriété (de la terre notamment) et les travaux durkheimiens caractérisent le lien qui unit les membres d'une société selon l'évolution d'une solidarité mécanique à une solidarité organique. La relation emploi - sécurité - propriété, prend un nouveau tournant au début du XXe siècle par le salariat fordiste. La crise des années 70 fragilise l'intégration sociale par l'emploi occupé. La montée du chômage et la précarité des contrats d'embauche font émerger une population croissante de salariés vulnérables : les « surnuméraires » selon Robert Castel (Castel, 1999). Il parle de processus de désaffiliation et non d'exclusion qui relève d'un état. Ce processus est caractérisé par une absence d'emploi stable et d'intégration à des réseaux sociaux (familial et communautaire) résultant de la crise de la société salariale où l'emploi (notamment les contrats en CDI) comme matrice d'intégration. Selon Robert Castel, à partir des années 70, la protection liée au plein emploi est affaiblie et les droits sociaux des travailleurs salariés et de leurs familles ne suffisent plus à combler cette précarité de l'emploi. Dès lors, le nombre de « surnuméraires » ne cesse de croitre. Ils deviennent visibles en raison de l'expansion du chômage et le déploiement de la précarité des contrats de travail. Les années 80, instaurent des droits sociaux, tels que le RMI, qui font basculer le droit à l'assistance au droit à l'insertion professionnelle. Les situations de précarité et de chômage, liées au salariat sont atténuées par des politiques compensatrices d'inégalités que l'Etat social assure. Afin de maintenir la cohésion sociale, il doit éviter que le fossé se creuse entre ceux qui bénéficient d'une protection par l'emploi et les autres. Robert Castel a privilégié par ses travaux, une approche des liens - travail et insertion - fondée sur la protection sociale.

Pour Nicolas Roinsard, le bien fondé du processus de désaffiliation ne doit pas être remis en cause, mais il faut y accorder une moindre importance sociohistorique lorsqu'il est utilisé en dehors de l'Hexagone. En interrogeant l'utilisation opérante de cette notion à l'encontre de la société réunionnaise, sa démarche peut s'appliquer à la société calédonienne. Sa démonstration se résume en trois points. Premièrement, il déconstruit le concept d'intégration salariale. Cette forme d'intégration n'est qu'une « parenthèse de l'histoire » des Trente Glorieuses. Elle repose sur l'octroi d'un contrat en CDI, alors que durant cette période, une frange de la population qui occupe un emploi est concernée (hors la population saisonnière ou ouvrière ou agricole…). Plus que la crise du CDI, c'est la crise des représentations qui fait que les autres formes d'emploi sont associées à un manque d'intégration. Dès lors, Nicolas Roinsard préfère parler de croissance et de transformation du salariat plutôt que d'effritement du salariat, développé par Robert Castel. L'emploi ne peut être présenté comme le canal principal d'intégration sociale : « on ne peut donc isoler la question de l'intégration par le travail salarié de celles de ses conditions d'exercice et de sa rémunération. Tout est lié au contraire » (Roinsard, 2007 : 19). Deuxièmement, le processus de désaffiliation repose sur l'affaiblissement des relations en raison d'un éloignement au marché de l'emploi. Or, Roinsard s'appuie sur les travaux de François de Singly ou de Jean-Claude Kaufmann, pour démontrer que l'individualisme n'est pas incompatible avec le vouloir vivre ensemble. Dans cette veine, des études montrent que la solidarité intergénérationnelle fonctionne ; d'autres, que les relations compensent la non-intégration salariale. Dès lors, Nicolas Roinsard, se positionne pour une approche plurielle de l'intégration, détrônant le travail salarié de sa fonction socialisante. Troisièmement, l'Ile de La Réunion dispose du taux de chômage le plus élevé de l'outre-mer français et compte le plus grand nombre de bénéficiaires du RMI (Revenu Minimum d'Insertion) par rapport à sa population : 26 % en 2004 contre 3 % en métropole[3] selon l'enquête emploi. Pourtant « le jeu des solidarités publiques et privées à La Réunion permet à cette société de pallier les conséquences sociales de son chômage de masse en assurant l'intégration d'un grand nombre d'individus exclus de la condition salariale » (Roinsard, 2007 : 25). Dès lors, le sociologue s'inscrit dans les travaux de Serge Paugam pour caractériser la pauvreté de la société créole, comme une pauvreté intégrée. Cette forme de pauvreté est une alternative à l'intégration salariale, associée à l'héritage social et économique de la société de plantation. Cet héritage fait qu'il existe différents canaux économiques où se côtoient emploi salarié, non déclaré, sous-emploi... Ainsi, il existe des solidarités privées destinées à la protection sociale des familles et des groupes d'interconnaissance.

Le point de convergence entre La Réunion et la Nouvelle-Calédonie est le jeu des solidarités publiques et privées. Sur le caillou, le système hybride se caractérise par la « tradition » perpétuée au travers des rouages de l'économie domestique et la « modernité » par l'injection de ressources issues du salariat et des prestations sociales. Dès lors, la pauvreté doit être appréhendée comme une prénotion à l'étude du lien social et plus précisément, à l'imbrication des canaux d'intégration, mobilisée par les pauvres. En revanche, elle s'en éloigne par la situation économique, plus favorable en Nouvelle-Calédonie qu'à La Réunion. Le taux de chômage calédonien est le plus bas de l'outre-mer, 14 % selon le recensement de 2009. Ce taux doit être interprété avec précaution car il est calculé à partir des déclarations des Calédoniens lors du recensement de la population du fait que le territoire n'a pas encore mis en place l'enquête emploi plus propice à la mesure du chômage. Or, une partie de la population calédonienne, Kanak notamment, a une activité de type traditionnel tournée en général vers l'autoconsommation ou une activité temporaire, rémunérée mais non déclarée. Ces conditions amènent souvent ces personnes à se positionner, dans les enquêtes ou au recensement, comme des personnes au foyer ou des inactifs. Au contraire, une personne qui déclare rechercher un

---

[3] Actualisées, ces proportions s'élève à 16 % à l'Ile de La Réunion contre 3 % en métropole en 2011 (Actif, Ah-Woane, 2013). Le RSA (Revenu de Solidarité Active) remplace le RMI dans les DOM, à Saint-Barthélemy, à Saint-Martin et à Saint-Pierre-et-Miquelon depuis le 1er janvier 2011. Il est en place en métropole depuis juin 2009. On distingue le RSA socle considéré comme un minimum social, attribué aux personnes en activité, du RSA Activité, du RSA Majoré et du RSA Jeune actif.

emploi souhaite se positionner par rapport au marché économique. Cela souligne un désir d'accéder à une activité salariée accompagnée du statut et des conditions d'embauche qui vont avec.

*
* *

Dans quelle mesure la structure de consommation des pauvres est-elle révélatrice d'un modèle d'intégration sociale ? Notre réponse à cette problématique s'organise en dix chapitres.

Le chapitre 1 fournit les principaux repères institutionnels et socio-économiques du territoire ainsi que les caractéristiques démographiques de la population.

Le chapitre 2 présente la construction du rapport inégalitaire en Nouvelle-Calédonie dont la genèse est le colonialisme. Il évoque également le contexte dans lequel la signature des accords (Matignon-Oudinot et Nouméa) a eu lieu.

Le chapitre 3 définit la reconnaissance de l'identité kanak, selon les dispositions de l'Accord de Nouméa. Cette reconnaissance institutionnelle rompt la logique d'assimilation postcoloniale de la population autochtone au système dominant. Elle promeut une logique d'intégration à un « destin commun » en devenir. L'évolution de la terminologie et de l'exploitation de la question ethnique du recensement illustre la philosophie de l'Accord de Nouméa.

Le chapitre 4 présente la mise en œuvre de la politique de rééquilibrage selon les accords (1988 et 1998) en deux temps. D'une part, les provinces sont un outil de développement local, tenant compte des spécificités de la population. D'autre part, des mesures discriminatoires doivent favoriser l'intégration des Kanak à l'économie marchande.

Le chapitre 5 est une évaluation de la politique de rééquilibrage par l'exploitation des données des recensements de 1989 et 2009. Après une brève présentation du système de formation initiale en Nouvelle-Calédonie, une analyse de l'évolution du niveau de formation de la population est déclinée selon l'appartenance communautaire et la province de résidence.

Le chapitre 6 traduit la persistance de l'inégalité économique, en dépit de la politique de rééquilibrage. Les écarts de niveau de vie entre et à l'intérieur des provinces seront mesurés à partir des données de l'enquête Budget Consommation des Ménages de 2008. Les ressources non monétaires et les prestations sociales sont présentées comme des régulateurs d'inégalités de niveau de vie provinciales entre les plus riches et les plus modestes.

Le chapitre 7 expose la construction du taux de pauvreté relative à partir du niveau de vie médian calédonien. Les choix méthodologiques de la construction du seuil de pauvreté sont une étape préliminaire à la définition du profil des ménages pauvres en Nouvelle-Calédonie.

Le chapitre 8 pose les canaux d'intégration mobilisés par les pauvres. Dans cette perspective, le système hybride (économie marchande et non marchande) qui caractérise la structure de consommation des pauvres est rapprochée de la typologie des liens sociaux de Serge Paugam.

Le chapitre 9 détaille le lien de citoyenneté par le système de protection sociale et son renforcement depuis la signature du Pacte social en 2000. Une conséquence est la clarification d'une définition institutionnelle de la pauvreté en Nouvelle-Calédonie. En rapprochant cette définition, de notre construction statistique du profil des ménages pauvres, on détermine la frange de la population qui ne bénéficie pas d'une assistance sociale ; à savoir les travailleurs pauvres, les chômeurs et les inactifs.

Enfin, le chapitre 10 conclut notre démonstration. Il s'organise en trois temps : une synthèse des résultats ; une qualification de la forme de pauvreté en Nouvelle-Calédonie selon la relation d'interdépendance entre la population désignée comme pauvre et le reste de la société ; des pistes de réflexions pour repenser le rééquilibrage économique.

Sauf mention contraire, les tableaux et les graphiques sont ceux de l'auteure. Les deux principales sources d'exploitation sont les recensements de la population (chapitres 1, 2, 3 et 5) et l'enquête Budget Consommation des Ménages (chapitres 6, 7 et 8).

CHAPITRE 1

LA NOUVELLE-CALEDONIE ET SES PARTICULARITES

L'Océanie dénombre des milliers d'îles qui sont réparties en trois ensembles : la Micronésie, la Mélanésie et la Polynésie. La Nouvelle-Calédonie appartient à la Mélanésie qui compte également la Nouvelle-Guinée, l'archipel Bismarck, les îles Salomon, le Vanuatu et l'archipel des îles Fidji.

La Nouvelle-Calédonie est plus proche de l'Australie et de la Nouvelle-Zélande que des autres territoires d'outre-mer du Pacifique (Wallis et Futuna, et la Polynésie française). Ancienne colonie française, elle devient un territoire d'outre-mer à la sortie de la Seconde Guerre mondiale. Elle a connu différents statuts qui la font vaciller vers plus ou moins d'autonomie institutionnelle. De 1976 à 1989, huit statuts politiques se succèdent dont trois pour l'année 1988. Cette « valse des statuts » de la Nouvelle-Calédonie permet à l'Etat français de maintenir ses prérogatives coloniales en dépit de la contestation indépendantiste (Leblic, 1993). Dans cette mouvance institutionnelle, les politiciens indépendantistes, souhaitent que le nom de la Nouvelle-Calédonie soit inscrit sur la liste des territoires non autonomes de la Charte de la Société des Nations Unies. Grâce à l'appui du Groupe Mélanésien du Fer de Lance (GMFL)[1] cet objectif est atteint le 2 décembre 1986. Cette inscription donne une portée internationale aux revendications politiques indépendantistes dont les partisans sont majoritairement Kanak. Selon les Nations Unies, l'émancipation des territoires ayant eu le statut de colonie doit s'établir par le droit à l'autodétermination, c'est-à-dire le droit des peuples à disposer d'eux-mêmes. Le point 2 de la Résolution 1514 (XV), portant sur l'octroi de

---

[1] Le Front de Libération Nationaliste Kanak socialiste (FLNKS) a rejoint le Groupe Mélanésien du fer de Lance (GMFL) en 1988. Depuis le début des années 1990, le GMFL oriente ses actions vers l'émergence d'un accord de coopération économique tout en accordant une attention à la solidarité inter-mélanésienne. Les pays fondateurs sont : la Papouasie-Nouvelle-Guinée, les Salomon et le Vanuatu, eux-mêmes devenus indépendants.

l'indépendance aux pays et peuples coloniaux, précise que ce droit implique que les populations déterminent librement leur statut politique et poursuivent leur développement économique, social et culturel. Les Nations Unies, distinguent trois cas de figures de la pleine autonomie d'un territoire : quand le territoire est devenu un Etat indépendant et souverain ; quand il s'est librement associé à un Etat indépendant ; quand il s'est intégré à un Etat indépendant.

La revendication indépendantiste en Nouvelle-Calédonie prend une autre ampleur en 1988. Les deux principaux partis politiques calédoniens – les Indépendantistes et les non-Indépendantistes – et l'Etat français signent les Accords de Matignon-Oudinot [2] qui tracent la voie de l'indépendance institutionnelle. Ils prévoient de nouvelles institutions politiques propres à la Nouvelle-Calédonie, instaurent une politique volontariste de développement et organisent un référendum d'autodétermination dix ans plus tard. A l'approche de l'échéance, les signataires scellent un nouvel accord, l'Accord de Nouméa[3], qui octroie le nouveau statut de Collectivité d'Outre-Mer (COM) *sui generis*, acté par la révision constitutionnelle du 20 juillet 1998. Les autres COM, au nombre de cinq, ont des statuts et une organisation interne très divers, précisés pour certains par la loi organique du 21 février 2007. Ainsi, Saint-Pierre-et-Miquelon, ancien département d'outre-mer (DOM) de 1976 à 1985 devient un COM, tandis que Wallis et Futuna s'organisent en trois royaumes compétents dans les domaines qui relèvent du droit coutumier. La Polynésie française se compose de cinq archipels correspondant à cinq subdivisions administratives (Îles Marquises, Îles-du-Vent, Îles Tuamotu-Gambier, Îles Australes et Îles-sous-le-Vent). Elle bénéficie d'une large autonomie politique et est inscrite sur la liste des territoires à décoloniser des Nations-Unies depuis mai 2013. Enfin, Saint-Barthélemy et Saint-Martin,

---

[2] Parmi les rédacteurs des Accords de Matignon-Oudinot figurent Alain Christnacht directeur de cabinet de Louis le Pensec ministre des DTOM dans le second gouvernement de Rocard et Pierre Steinmetz, haut fonctionnaire, en charge de la Mission « d'apprécier la situation et de rétablir le dialogue » en Nouvelle-Calédonie.

[3] Les négociations de l'Accord de Nouméa ont été menées au nom du premier Ministre Lionel Jospin et de Jean-Jacques Queyranne, secrétaire d'État à l'outre-mer auprès du ministre de l'Intérieur sous la présidence de Jacques Chirac. Les rédacteurs sont Alain Christnacht (conseiller d'État), Thierry Lataste (directeur de cabinet du ministre de l'Intérieur) et François Garde (Président du tribunal administratif de Grenoble).

anciennement rattachées au département d'outre-mer de la Guadeloupe, sont des collectivités depuis le 15 juillet 2007.

Dans l'Accord de Nouméa on peut lire le terme « décolonisation » relayé largement par la presse, les universitaires et les politiciens. Du fait que certaines dispositions dérogent aux valeurs républicaines, cet accord est devenu de droit constitutionnel (Chauchat, 2011). En cela, la Constitution française a été modifiée. La révision du 20 juillet 1998 introduit le titre XIII nommé « dispositions transitoires relatives à la Nouvelle-Calédonie » qui comporte les articles 76 et 77. L'article 77 relate les dispositions du processus de décolonisation (transfert de compétences, règles d'organisation et de fonctionnement des institutions de la Nouvelle-Calédonie, règles relatives à la citoyenneté, au régime électoral, à l'emploi, au statut civil coutumier et aux conditions et délais de référendum d'autodétermination), leur conférant une obligation constitutionnelle. De plus, l'Accord de Nouméa reconnait la légitimité du droit international de la décolonisation. L'inscription de la Nouvelle-Calédonie sur la liste des territoires non autonomes des Nations Unies lui incombe de communiquer les avancées de ce processus. Elle s'y conforme par le point 3.2.1 de l'Accord de Nouméa qui stipule que « le cheminement vers l'émancipation sera porté à la connaissance de l'ONU » (Accord de Nouméa, 1998). Ce processus illustre la volonté de la Nouvelle-Calédonie de s'émanciper de la mère patrie à laquelle elle est rattachée aux plans institutionnel, économique et sociétal.

L'objet de ce chapitre est de présenter le seul territoire de l'outre-mer français engagé dans un processus de décolonisation. Cette présentation s'organise en trois temps. Tout d'abord, un descriptif de la géographie du territoire et les caractéristiques démographiques de la population. En deuxième lieu, les moyens institutionnels dont dispose le territoire pour assurer le transfert de compétence de l'Etat et la mise en place du référendum d'autodétermination. Enfin, un état des lieux du niveau de développement économique et des inégalités au sein de la population à partir d'indicateurs macroéconomiques.

TERRITOIRE ET POPULATION

La Nouvelle-Calédonie est un archipel dont le chef-lieu est Nouméa. Il se compose de la Grande Terre et des Iles Loyauté. La topographie du territoire influence la densité de la population. Ces caractéristiques sociodémographiques seront présentées après les éléments physiques.

Les contraintes naturelles liées à la taille

Deux contraintes propres à l'insularité caractérisent la Nouvelle-Calédonie[4]. En premier lieu, les contraintes naturelles. Les cyclones et les périodes de sécheresse peuvent affecter l'activité économique. Ces aléas climatiques restent marginaux en Nouvelle-Calédonie en raison d'un climat tempéré, favorisant le développement des activités agricoles ou des sources d'énergie éolienne ou photovoltaïque. La biodiversité de la Nouvelle-Calédonie favorise un tourisme écologique. Elle fait partie des quatre premiers territoires au monde en matière de biodiversité. Sa flore, par exemple, compte 4 000 espèces dont 80 % sont endémiques. La faune terrestre se compose d'environ 5 000 espèces connues (lézards, geckos, serpents, tortues, roussettes...) dont l'emblème du territoire est le cagou, est un oiseau au plumage gris qui ne vole pas et dont le cri ressemble à un aboiement. L'ensemble de la biodiversité marine est estimé à environ 15 000 espèces. La faune marine se compose de plus de 1 700 espèces de poissons, 4 espèces de tortues de mer et de 6 500 types de mollusques marins. En comparaison, l'ensemble des fonds rocheux de toute l'Europe ne totalise que 600 espèces.

La topographie de la Grande Terre [5] est caractérisée par un massif montagneux plus proche de la côte est que de la côte Ouest. En raison de cette caractéristique, les centres miniers se répartissent sur les deux côtes alors que l'élevage se développe principalement sur la côte Ouest. Les activités agricoles en sont donc limitées. Selon le recensement agricole de 2002, sur une superficie agricole de 248 000 hectares, seuls 13,3 % sont exploités (DAVAR, 2003). La production agricole commercialisée couvre 42 % des besoins locaux, le reste est assuré par les importations. La Grande Terre est la zone la plus riche de l'archipel. Les Iles Loyauté, situées à 150 Km au nord-est de Nouméa, se composent de trois îles principales : Ouvéa, Lifou et Maré.

---

[4] Les données de ce paragraphe sont tirées du Tableau de l'économie calédonienne » (TEC) de l'Institut de la statistique et des études économiques (ISEE) de la Nouvelle-Calédonie (ISEE-TEC, 2012).
[5] L'ile des Pins se situe dans le prolongement de la côte sud de la Grande Terre. Les îles Belep et Art sont dans le prolongement de la côte nord de la Grande Terre.

Leur activité économique repose essentiellement sur le tourisme et les productions agricoles (vanille, avocat…).

En deuxième lieu, la taille de l'archipel influence la densité de la population. La superficie de la Nouvelle-Calédonie s'élève à 18 575 km² pour une population totale de 245 580 habitants en 2009. La densité y est donc faible : 13 habitants par km² contre 74 habitants/km² en Polynésie française et 281 habitants/km² à l'île de La Réunion. Par contre, la moyenne calédonienne ne reflète pas les disparités provinciales. La Grande Terre est longue de 400 km et large de 50 km. Sa superficie de 17 000 km² équivaut à deux fois la Corse et à neuf fois les Iles Loyauté (superficie totale de 1 981 km²). La province Nord compte 5 habitants au km² alors qu'elle dispose de la superficie la plus grande 9 583 km². En province Sud, on compte 26 habitants au km² mais plus de 2 000 habitants au km² à Nouméa. Enfin, aux Iles Loyauté, on compte en moyenne 9 habitants au km².

L'enjeu de cette faible densité est d'assurer à l'ensemble de la population, quel que soit son lieu de résidence, un réseau de transport ainsi qu'une distribution d'eau et d'électricité. Les caractéristiques du confort du logement par la distribution d'eau et d'électricité seront présentées dans les prochains chapitres. Concernant le transport, on distingue trois types de réseaux. D'abord, le réseau routier. Il s'étend sur 5 600 km qui se répartissent équitablement entre la Grande Terre ; 46 % dans le Nord, 40 % dans le Sud, et 14 % pour les Iles Loyauté. Il recouvre l'ensemble du territoire mais il est fragilisé par l'accroissement du trafic et des charges transportées, ainsi que par les événements climatiques. Le réseau aérien concerne essentiellement le transport de passagers et dans une moindre mesure le fret. L'aérodrome de Magenta-Nouméa est un passage obligatoire entre deux destinations. Ainsi, une personne de l'île de Lifou devra passer par Nouméa pour se rendre à l'île de Maré. Enfin, le réseau maritime est largement développé : la plupart des communes ont des aménagements pour la mise à l'eau de bateaux, des pontons ou des wharf… Le transport de passagers et le fret transitent toujours par Nouméa.

Populations du Pacifique et d'ailleurs

En 2009, 245 590 personnes sont recensées en Nouvelle-Calédonie. C'est autant qu'en Polynésie française et dix-huit fois plus qu'à Wallis et Futuna. Comparée aux autres départements d'outre-mer, la population calédonienne équivaut à celle de la Guyane ou de Mayotte. En revanche elle est deux fois plus importante que la population de Guadeloupe ou de Martinique et trois fois plus faible que la population de La Réunion. Entre 1996 et 2009 la population calédonienne a progressé en moyenne de 1,7 % par an (Graphique I.1).

GRAPHIQUE I.1. EVOLUTION DE LA POPULATION

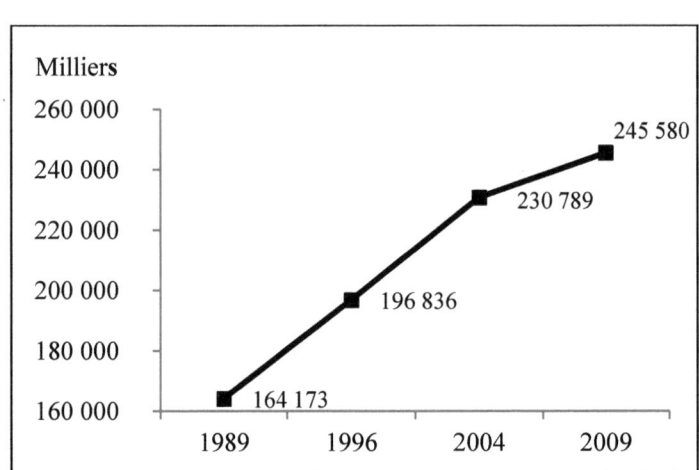

Ce taux de croissance est bien plus faible que durant la période précédente : + 2,6 % entre 1986-1996. Cependant il reste élevé par rapport à la Polynésie française (+ 1,2 %), à la métropole (+ 0,6 %) ou à Wallis et Futuna (- 2,1 %) (Rivoilan, Broustet, 2011). La croissance de la population calédonienne entre 1996 et 2009, s'explique à 85 % par le solde naturel, c'est-à-dire que les naissances sont plus nombreuses que les décès. Cependant, la baisse de la natalité ralentit la croissance démographique. L'indice conjoncturel de fécondité[6] s'élève à 2,2 en 2007 contre 3,2 en 1990. Durant cette période, le solde migratoire apparent explique seulement pour 15 % la croissance de la population calédonienne. Il est estimé par la différence entre la variation de la population et le solde naturel. En effet, déjà durant la décennie 80, les arrivées sont peu nombreuses dans en Nouvelle-Calédonie. La tendance s'inverse sur la période 1989-1996 en raison du dynamisme de l'économie minière qui s'accélère au début des années 2000 (Graphique I.2). Ainsi, entre 2004 et 2009, 18 500 personnes nées hors de la Nouvelle-Calédonie se sont installées sur le caillou : les trois quart sont originaires de la métropole, 17 % de l'étranger, 5 % de Wallis et Futuna et 2 % de Polynésie française. La Nouvelle-Calédonie est l'un des rares pays de l'Océanie dont le solde migratoire est positif, selon l'Institut de la statistique et des études économiques (Isee).

GRAPHIQUE I.2. COMPOSANTES DE LA CROISSANCE DEMOGRAPHIQUE AU COURS DES PERIODES INTERCENSITAIRE

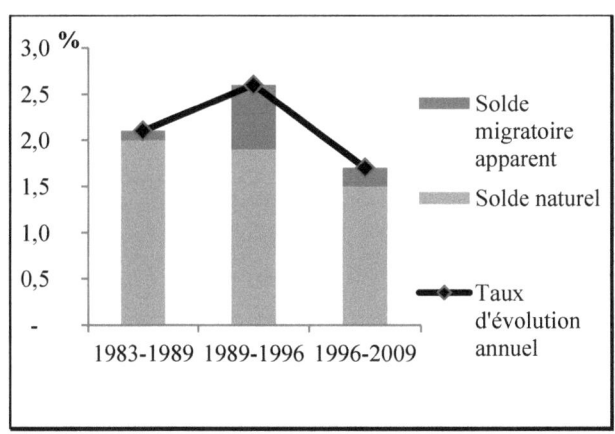

La population reste jeune mais commence à vieillir. En 2009, la moitié des Calédoniens ont moins de 30 ans contre 61 % en 1989 (Graphique I.3). Les moins de 20 ans représentent 34 % de la population en 2009 soit dix points de moins qu'en 1989 alors que la proportion des 60 ans et plus est passée de 7 %

---

[6] L'indice conjoncturel de fécondité exprime le nombre d'enfants qu'aurait une femme tout au long de sa vie, si les taux de fécondité observés l'année considérée à chaque âge demeuraient inchangés.

à 11 %. Le rétrécissement de la base de la pyramide des âges reflète la baisse de la fécondité tandis que le sommet illustre le vieillissement de la population. Entre 1990 et 2007 l'espérance de vie à la naissance a progressé de six ans, passant de 70 à 76 ans. Enfin le creux des classes d'âges 20 à 35 ans est dû à un ralentissement de l'intensité de la fécondité durant les années 80 et à une émigration plus fréquente dans le cadre de la poursuite d'études ou de formations.

GRAPHIQUE I.3. PYRAMIDE DES AGES EN 1989 ET 2009

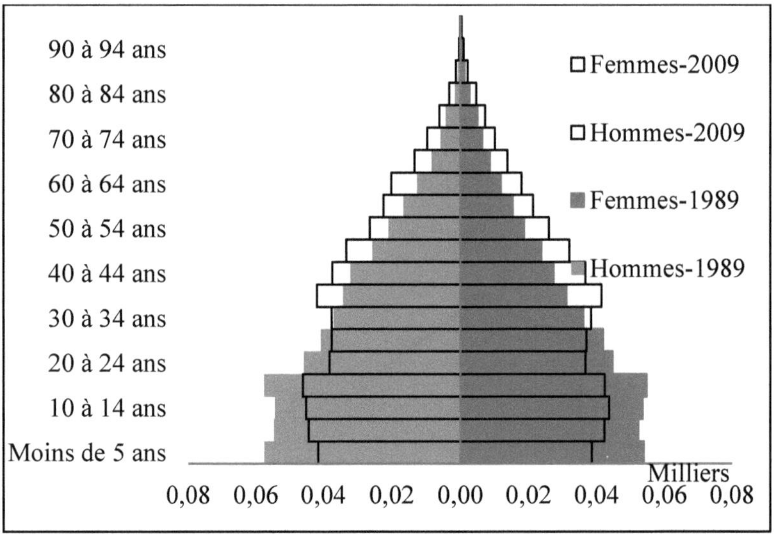

Toute personne recensée en Nouvelle-Calédonie doit déclarer à quelle communauté elle « se sent » appartenir. Au recensement de 2009, la Nouvelle-Calédonie compte 245 590 personnes dont 40 % se déclarent kanak (Graphique I.4). La communauté européenne vient en deuxième position : 71 700 des déclarations, soit 29 % de la population totale, puis la communauté wallisienne et futunienne, avec un effectif de 21 300 habitants, soit 9 % de la population totale. Les autres communautés (Tahitiens, Indonésiens, Vietnamiens, Ni-Vanuatu, autres Asiatiques et autres) représentent 7,3 % de la population totale. Pour la première fois, au recensement de la population de 2009, les recensés peuvent déclarer plusieurs communautés d'appartenance. Ainsi, 8 % de la population se déclarent métisse. Enfin, 5 % des habitants ont spécifié dans la modalité « autre » être Calédonien ou Néo Calédonien. Seuls 1,2 % de la population n'a rien déclaré. La répartition ethnique de la population se superpose à la répartition spatiale.

GRAPHIQUE I.4. RÉPARTITION DE LA POPULATION SELON LA COMMUNAUTÉ D'APPARTENANCE

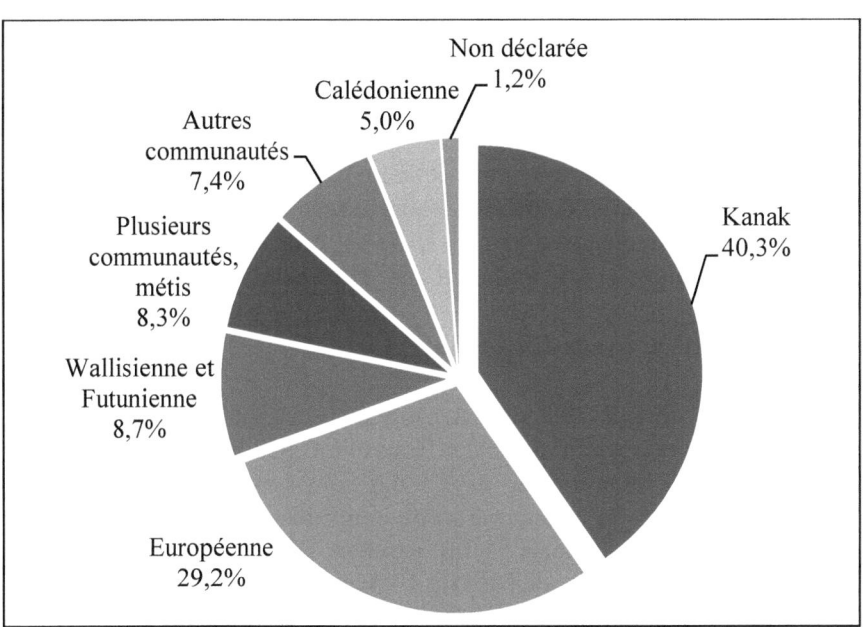

Note : « autres communautés » correspond aux communautés, indonésienne, ni-vanuatu, tahitienne, vietnamienne, autre asiatique et autres.

En 2009, les trois quarts de l'ensemble de la population vivent en province Sud contre 18 % en province Nord et 7 % dans la province des Iles Loyauté. En 1989, au moment de l'instauration des provinces, cette inégale répartition de la population existait déjà. En vingt ans, la population de la province Sud a augmenté de 64 % et celle de la province Nord de 31 %. La construction d'une usine métallurgique sur la côte Ouest de cette province a généré des créations d'emplois favorables à l'installation de salariés et de leurs familles. Seules les Iles Loyauté affichent une perte de population de -3 %. La principale explication à cette disparité provinciale est la polarisation de l'activité économique sur la commune de Nouméa depuis l'époque coloniale. Les moyens de transports maritimes et aériens se sont développés autour de Nouméa qui est le lieu de passage obligatoire pour toute transaction d'importation et d'exportation. En treize ans, la population nouméenne a augmenté de 21 000 personnes, soit 1,9 % par an. Elle polarise l'essentiel des migrations internes en provenance des Iles Loyauté et de la côte est de la province Nord. Les immigrants s'installent massivement dans la zone. Ainsi, parmi les 60 000 habitants, nés en dehors de la Nouvelle-Calédonie, plus de 90 % s'installent dans le Grand Nouméa.

STATUT ET REFERENDUM D'AUTODÉTERMINATION

La Nouvelle-Calédonie est une collectivité d'outre-mer *sui generis* engagée dans un processus de décolonisation. A ce titre, elle dispose de ses propres institutions en charge d'assurer le transfert de compétences détenues par l'Etat et d'organiser le référendum d'autodétermination.

Les institutions en Nouvelle-Calédonie

Les accords de 1988 et 1998, dans le cadre du processus de décolonisation, prévoient les institutions politiques de la Nouvelle-Calédonie. Le congrès vote le budget et adopte les « lois de pays » qui sont propres à la collectivité d'outre-mer *sui generis* et qui peuvent être contestées uniquement devant le Conseil constitutionnel français. Elles peuvent légiférer sur les matières définies à l'article 99 de la loi de pays du 19 mars 1999. Elles ont force de loi en Nouvelle-Calédonie dès qu'elles sont promulguées par le Haut-commissaire et après publication au Journal Officiel de la Nouvelle-Calédonie. C'est le seul cas de figure en France où des mesures législatives sont prises à un niveau infranational (Faberon, Steinmetz 2003). Le congrès de la Nouvelle-Calédonie est composé de sept membres de l'assemblée provinciale des Iles Loyauté, quinze de celle du Nord et trente-deux de celle du Sud (Christnacht, 2004). Il doit mettre en place le référendum d'autodétermination, prévue au cours de son quatrième mandat, soit entre 2014 et 2019. Pour cela, il faut qu'il détienne la majorité des trois cinquième, à défaut c'est l'Etat qui se chargera de sa mise en place. Le référendum sera soumis à un corps électoral spécial dont les dispositions, spécifiées par l'article 218 de la loi du 19 mars 1999 se résume en deux temps. D'une part, le corps électoral tient compte du droit du sang : pourront voter ceux qui disposent du statut civil coutumier (kanak) ou ceux qui ont un de leurs deux parents né et résidant en Nouvelle-Calédonie. D'autre part, le droit du sol vaut pour la population qui justifie de vingt ans de domiciliation continue en Nouvelle-Calédonie à la date des consultations (qui peuvent s'échelonner entre 2014 et 2018) et au plus tard le 31 décembre 2014. Les jeunes majeurs, d'un couple de métropolitains ou d'un couple dont un parent est calédonien, nés en Nouvelle-Calédonie et vivant sur place, pourront également voter. L'article précise que les personnes qui répondent aux critères du corps électoral (naissance et/ou domiciliation) mais qui ont passé des périodes hors de la Nouvelle-Calédonie (service national, études ou formations, raisons familiales, professionnelles ou médicales) peuvent bénéficier du droit de vote (Chauchat, 2008). Ce corps électoral répond aux attentes des Indépendantistes. Il limite le déséquilibre du nombre d'électeurs (une voix un Homme) venus de l'extérieur, installés temporairement sur le caillou, qui ne sont pas nécessairement investis dans le devenir institutionnel et socioéconomique de la Nouvelle-Calédonie.

L'Accord de Nouméa renforce l'exécutif local. Il ne relève plus du représentant de l'Etat mais d'un gouvernement collégial désigné à la proportionnelle du congrès. Sa fonction principale est de préparer et d'exécuter les délibérations et les lois de pays votées par le congrès. Les attributions qui lui sont conférées sont variées : l'organisation des concours d'accès aux emplois publics, la fixation des prix, la gestion des biens de la Nouvelle-Calédonie, etc. Le mandat d'un gouvernement est de cinq ans, mais il peut être dissout si la majorité des membres démissionne ou suite à une motion de censure à la majorité des membres du congrès. Enfin, le Conseil économique et social (CES) est une instance consultative. Il rend des avis et formule des propositions sur les sujets économiques, sociaux, culturels, etc. Il peut être consulté par le gouvernement ou le congrès et il peut donner des avis aux assemblées provinciales et au Sénat coutumier. Il se compose d'une assemblée de trente-neuf membres représentant la vie socioprofessionnelle (des trois provinces, des coutumiers...). Son mandat est de cinq ans. Les membres de l'assemblée élisent le président qui est assisté par un bureau. Il est reconnu par les Accords de Matignon-Oudinot de 1988 mais il est institué par la loi organique du 19 mars 1999. Aux côtés des institutions locales, le Haut-commissaire est dépositaire des pouvoirs de la République. Il représente le gouvernement de l'Etat français. Dans chaque province, un commissaire délégué représente l'Etat aux assemblées provinciales. Il est compétent en matière de relations extérieures, de contrôle de l'immigration et des étrangers, de la monnaie, du Trésor, des changes, de la défense, de la justice, de la fonction publique de l'Etat, du maintien de l'ordre et de la sécurité civile, de l'enseignement supérieur et de la recherche. C'est également un partenaire dans le transfert progressif des compétences. La Nouvelle-Calédonie compte deux députés à l'Assemblée nationale et deux sénateurs qui siègent à Paris.

Les trois provinces (Iles Loyauté, Nord et Sud) et les trente-trois communes sont quant à elles des collectivités territoriales de la République française. Les provinces s'administrent librement par des assemblées dont les membres sont élus au suffrage universel direct pour cinq ans. Elles sont dotées de larges compétences du fait que leur champ d'action est vaste car peu explicite. Selon l'article 20 de la loi organique du 19 mars 1999, les provinces sont compétentes dans toutes les matières qui ne sont pas dévolues à l'Etat ou à la Nouvelle-Calédonie. Selon Alain Christnacht, « l'Etat dispose des fonctions régaliennes dont le droit du travail, l'enseignement du second degré et supérieur ; le territoire dispose du budget, de la fiscalité et autres travaux d'intérêt territorial ; les provinces sont compétentes pour tout le reste » (Christnacht, 2004 : 57). Par déduction, elles sont compétentes en matière d'urbanisme (en dehors des principes directeurs du droit de l'urbanisme, qui sont du ressort du Congrès), d'habitat social, de construction, du maintien de l'équipement des collèges ou encore de l'insertion au travers de programmes spécifiques et du développement économique des provinces (Riera, Dubois, 2006). Quant aux communes, elles n'ont pas de fiscalité propre et ne peuvent pas créer d'établissement public de coopération intercommunale à fiscalité propre (ISEE-TEC, 2012).

Un référendum d'autodétermination

Selon l'Accord de Nouméa, le référendum portera sur trois dispositions. La formulation en trois questions distinctes ou en une question n'est pas arrêtée. Pour que le référendum soit valide il faut que les électeurs approuvent les trois dispositions, sinon le tiers des membres du congrès pourra organiser une deuxième consultation dans la deuxième année suivant la première consultation. Si les électeurs répondent encore « non » à l'un des trois points, une troisième consultation pourra être organisée selon les mêmes modalités. Le résultat de cette consultation s'appliquera à l'ensemble de la Nouvelle-Calédonie. La première disposition, consiste à déterminer si l'Etat français continue d'exercer les fonctions régaliennes (défense, politique, justice, monnaie, diplomatie) ou si elles relèveront de la compétence de la Nouvelle-Calédonie. Dans la perspective de l'indépendance, la Nouvelle-Calédonie sera alors responsable de l'organisation et de la gestion des secteurs de la vie publique qui relèvent de la responsabilité de l'Etat. Concrètement, les lois de pays (propres à la Nouvelle-Calédonie) remplaceront les lois nationales, la gestion de l'action publique sous la responsabilité des représentants de l'Etat (le Haut-commissaire et le vice-recteur) deviendra celle des responsables de la Nouvelle-Calédonie et l'Etat n'assumera plus la charge financière du personnel et des actions au profit de la Nouvelle-Calédonie. Cette disposition consiste à poursuivre le transfert de compétences de l'Etat français à la Nouvelle-Calédonie planifiés par l'Accord de Nouméa. En 2013, les compétences déjà transférées sont la fiscalité, l'économie et la consommation, la santé publique et la protection sociale, l'enseignement du premier degré, le droit du travail, la formation professionnelle, les mines et l'énergie, l'OPT (Office des postes et des télécommunications) et l'IFAP (l'Institut de Formation à l'Administration Publique). Les compétences en cours de transfert sont la police et la sécurité en matière de circulation aérienne interne et la circulation dans les eaux territoriales, l'enseignement du second degré public et l'enseignement privé, le droit civil et le droit commercial, la sécurité civile, les établissements publics, les règles relatives à l'administration et au contrôle des collectivités, l'enseignement supérieur et la communication audiovisuelle (www.gouv.nc). Le transfert de compétence doit être finalisé avant la mise en œuvre du référendum d'autodétermination.

La deuxième disposition du référendum porte sur « l'accès à un statut international de pleine responsabilité » (Accord, 1998). L'issue du référendum ne signifie pas une perte automatique de lien avec la France. D'une part, il n'est pas certain que la Nouvelle-Calédonie ait la capacité d'assurer l'ensemble des fonctions régaliennes. D'autre part, comme petite économie insulaire assistée par les transferts de l'Etat français, la Nouvelle-Calédonie aura des difficultés à maintenir son niveau de développement économique. D'autres micro-états du Pacifique sont des Etat associés, aux anciennes puissances coloniales. Par exemple, les Etats fédérés de Micronésie (The Federal States of Micronesia ; FSM) ont signé une convention d'association libre avec les Etats-Unis. Quant aux îles Cook, elles disposent d'un statut d'indépendance associé à la Nouvelle-Zélande. Concrètement, les îles Cook disposent de leur Constitution et d'une large autonomie politique. Leur gouvernement peut décider à n'importe quel moment de modifier son statut sans aucun pouvoir de contrôle de la Nouvelle-Zélande. Elles disposent également de leur système juridique, maîtrisent leur politique extérieure (affaires étrangères) et une citoyenneté particulière a été définie. Leur statut est celui « d'état librement associé » à la Nouvelle-Zélande. Ainsi, elles ne siègent pas aux Nations Unies, elles ne disposent pas d'une nationalité propre et comptent sur l'assistance de la Nouvelle-Zélande dans la gestion de leur politique extérieure, de leur défense ainsi que de leur administration et de leur budget. A partir de ces exemples, Mathias Chauchat propose qu'en Nouvelle-Calédonie la question soumise au référendum, porte sur l'acceptation des compétences régaliennes et la signature d'un accord d'association avec la France, pour les exercer pendant vingt ans. Il relate deux autres propositions de politiciens. Pascal Naouna en 2006, lors de sa présidence de l'Union Calédonienne, propose un État de la Nouvelle-Calédonie associé à la France : « Il s'agirait de conclure avec la France un accord de droit international. Notre Constitution serait prête juridiquement, si les Calédoniens y consentent, à accepter une forme rénovée d'indépendance par son titre XIV[7] (…) ». L'autre proposition est celle de Pierre Brétégnier, élu du Rassemblement UMP. Il plaide pour un État fédéral où « on s'associe avant le terme du processus d'indépendance, et où des compétences fédérales demeurent. C'est ce à quoi on aboutirait avant les derniers transferts de compétences dans notre statut actuel, mais avec ce quelque chose en plus qui s'appellerait "État". C'est un pas vers les Indépendantistes et en même temps une manière de conforter notre ancrage dans la France » (Chauchat 2011 : 271).

    La troisième disposition du référendum, selon l'Accord de Nouméa, consiste en « l'organisation de la citoyenneté en nationalité », l'une n'engageant pas automatiquement l'autre dans le cas de la Nouvelle-Calédonie. Outre l'organisation d'un référendum d'autodétermination, l'Accord de Nouméa institue une citoyenneté calédonienne qui participera à l'émergence d'un « destin commun ». Se dessine en pointillé les contours d'une nation calédonienne au sein même de l'Etat français. En effet, historiquement, ce sont les Etats qui créent les nations et non pas l'inverse. La jonction entre l'unité politique et l'unité nationale passe par le nationalisme qui est à la fois une construction historique de la volonté de vivre ensemble,

---

[7] Le titre XIV de la Constitution française stipule : « La République peut conclure des accords avec des États qui désirent s'associer à elle pour développer leurs civilisations ».

une réinterprétation des cultures existantes et une convergence avec l'unité politique. C'est-à-dire que les hommes veulent être unis politiquement à ceux qui partagent la même culture entendue comme « un système d'idées, de signes, d'associations et de modes de comportements et de communication » (Gellner, 1983 : 19). La nation comme entité sociale peut être liée à l'Etat, on parle alors d'Etat-nation mais elle n'est ni immuable ni fondamentale pour la création d'un Etat (et vice versa, il peut exister une nation sans Etat).

UNE ÉCONOMIE DÉVELOPPÉE ET UNE SOCIÉTÉ INÉGALITAIRE

La pierre angulaire du processus de décolonisation est le développement de l'économie calédonienne. Il doit d'une part, permettre de s'extraire du joug de l'Etat français et de ses transferts d'argent, et d'autre part, réduire les inégalités économiques et sociales au sein de la population.

Une économie développée

La petite taille du marché et l'éloignement géographique sont présentés dans la littérature sur les PEI comme des handicaps (Charbit, 1987; Poirine, 1995; Rallu, 1997). La taille de la population est le critère le plus souvent utilisée pour définir si une économie est une Petite Economie Insulaire (PEI). On distingue habituellement les micro-économies dont la population est inférieure à un million d'habitants et les petites économies à moins de trois millions d'habitants (Naudet, Jacquet, 2006). La Nouvelle-Calédonie, qui compte 245 000 habitants en 2009 est donc une micro-économie. Ces handicaps sont amoindris dans l'espace outre-mer français en raison « de la proximité économique, politique et culturelle avec la France et l'Union Européenne » (Poirine, 2007 : 7).

Le schéma de développement économique de la Nouvelle-Calédonie est selon l'étude CEROM [8] « original ». Il est présenté en deux temps.

---

[8] CEROM, créé en 2004, est un cadre inter-institutionnel qui regroupe : l'Institut National de la Statistique et des Etudes Economiques (Insee), l'Agence Française de Développement (AFD), l'institut d'émission d'outre mer (IEOM), l'Institut de la Statistique de Polynésie française (ISPF), le service du plan et de la prévision économique de Polynésie française,

Premièrement, des années 70 au milieu des années 80, la Nouvelle-Calédonie s'inscrit partiellement dans le modèle MIRAB (MIgrations, Remittances, Aid & Bureaucracy). Ce modèle résulte des travaux de Geoff Bertram et Ray Watters et plus récemment de Bernard Poirine. Il caractérise le schéma de développement emprunté par la plupart des PEI. Il se définit par une migration importante, une aide financière exogène et une polarisation des secteurs abrités de la concurrence internationale (service, bâtiment, commerce, activité agricole…). Durant cette période, la Nouvelle-Calédonie, se rapproche de ce modèle sur deux points : d'une part, le poids relatif des transferts d'argent de l'Etat français s'élève à 36 % du Pib calédonien en 1986 (contre 9 % en 1970), et d'autre part, la contribution du secteur nickel dans le poids relatif du Pib calédonien ne cesse de diminuer : 8 % en 1986 contre 30 % en 1970. Par contre, la Nouvelle-Calédonie se démarque du modèle MIRAB car elle reste une « terre d'accueil » et les transferts de l'Etat favorisent l'activité intérieure qui augmente plus vite que les importations.

Deuxièmement, de la fin des années 90 jusqu'au début des années 2000, la Nouvelle-Calédonie est avant tout une société de services et non « une île métallique » (CEROM, 2008 : 5). Les services correspondent en moyenne à 70 % du PIB calédonien (taux comparable à celui de la métropole) et proviennent essentiellement des transferts d'argent de l'Etat français. Ils représentent depuis le début des années 1990, un tiers du Pib calédonien qui s'élève à 812,1 milliards de F.CFP[9] (6,8 milliards euros) en 2010 (ISEE-TEC, 2012 : 137). Deux types de transfert se distinguent. D'une part, ceux destinés au fonctionnement des collectivités locales et des établissements publics, et d'autre part, ceux qui sont introduits dans l'économie sous forme de salaires, de pensions, d'équipements, etc. Les autres territoires d'outre-mer bénéficient également d'un développement économique exogène de l'Etat français, souvent légitimé par les plaies à panser du passé colonial. Cette tutelle financière s'étend au système de fonctionnement administratif, juridique et sociétal.

---

l'Institut de la statistique et des études économiques (Isee). Depuis sa création, deux publications existent : CEROM, 2005 et 2008.

[9] F.CFP, signifie Franc Change franc Pacifique (sigle XPF pour la dénomination internationale) est la monnaie locale que l'on trouve également en Polynésie française et à Wallis-etFutuna. « Depuis 1949, le F.CFP a une parité fixe avec le franc métropolitain, puis avec l'euro, sur la base de 1 000 F.CFP pour 8,38 euros » (Lagadec, 2010 :144).

Dans ce schéma de développement économique, une attention est portée sur la ressource principale du territoire, le nickel. La Nouvelle-Calédonie est parmi les cinq producteurs mondiaux et les Indépendantistes comptent sur le déploiement de ce secteur pour s'extraire du joug de l'Etat français. C'est la principale ressource d'exportation mais sa contribution au Pib calédonien est estimée seulement à 12 % au début des années 2000. Dès lors, le financement exogène, caractéristique des départements et collectivités d'outre-mer français, constitue une « rente administrative » à la fois créatrice de richesse et d'emplois. Cette manne financière provoque un effet semblable à celui du syndrome hollandais (Dutch disease) traduisant « l'éviction » des importations au profit de la rente administrative (Poirine, 1993). En Nouvelle-Calédonie c'est donc « la rente administrative (transferts métropolitains) plus que la rente tirée du nickel qui provoquerait un syndrome hollandais. Mais elle s'en écarte aussi par certains traits, notamment par la faiblesse de son taux d'ouverture à l'importation » (CEROM, 2005 : 17; Poirine, 1995).

Enfin, le niveau de développement de la Nouvelle-Calédonie se mesure à son Pib par habitant. Proche de la moyenne nationale, en 2006 il s'élève à 23 000 euros contre 29 000 euros en métropole, soit un écart de 20 % alors que l'écart en 1960 était de 50 %. Cette évolution résulte d'une croissance calédonienne régulière, notamment entre 1998 et 2007, au rythme annuel moyen de 3,7 %. Le Pib par habitant calédonien équivaut à celui de la Polynésie française et il est supérieur de presque 50 % à la moyenne des départements d'outre-mer (DOM). En Océanie, la Nouvelle-Calédonie tire également son épingle du jeu. Son Pib/habitant, en 2006, est proche de celui de Singapour, supérieur à la Nouvelle-Zélande et loin devant la plupart des petites économies insulaires (PEI) du Pacifique : le rapport de grandeur entre la Nouvelle-Calédonie et Fidji est de 1 à 8, de 1 à 17 avec le Vanuatu et de 1 à 30 avec la Papouasie-Nouvelle-Guinée ou les îles Salomon (CEROM, 2005). La limite du Pib par habitant est qu'il ne tient pas compte des inégalités au sein de la population, il ne suffit donc pas à caractériser le développement de la Nouvelle-Calédonie. Le caractère plurivoque du développement s'appréhende par le terme de « développement durable » envers les générations futures ou le terme de « gouvernance » qui souligne la dimension politique du développement. Notre attention porte sur un autre terme, le « développement humain ».

Un développement humain élevé

Le PNUD (Programme des Nations Unies pour le Développement) s'inspire de la théorie des besoins alimentaires édictée dans les années 70 par le BIT (Bureau International du Travail), pour définir le développement humain. Il caractérise « la disponibilité d'un minimum de biens pour assurer la survie (alimentation, habillement, etc.) et de services de base comme la santé ou l'éducation » (Deubel, 2011 : 464). Ces besoins sont quantifiables, universels et favorisent la croissance économique. Dans son rapport annuel, le PNUD définit le développement humain comme « l'élargissement des possibilités tout autant que l'amélioration du bien-être matériel ». Il clarifie les possibilités (ou capabilities en anglais) comme celles « de vivre longtemps et en bonne santé, d'acquérir des connaissances et un savoir, et de pouvoir accéder aux ressources nécessaires pour vivre dans des conditions décentes » (PNUD, 1997 : 16).

Sa mesure repose sur l'IDH (Indicateur de Développement Humain). Sa construction est inspirée des travaux Amartya Sen qui a obtenu le prix Nobel d'économie en 1998. L'IDH correspond à la moyenne arithmétique de trois composantes : la longévité (l'espérance de vie), le savoir (le taux d'alphabétisation des adultes et le nombre moyen d'années d'études) et le niveau de vie (Pib réel par habitant ajusté par les parités de pouvoir d'achat qui est un taux de change neutralisant les différences de prix entre les pays). Le PNUD calcule un IDH pour les pays du Monde, dont la France, mais il ne le ventile pas à un niveau infra - territorial. Olivier Sudrie calcule, selon la même méthodologie du PNUD, l'IDH pour les DCOM (département et collectivité d'outre-mer). Ses travaux actualisent cet indicateur présenté dans les deux études CEROM auxquelles l'économiste avait participé. En 2010, l'IDH calédonien s'élève à 0,789 soit la 51ème position mondiale sur 200 pays, loin derrière la France (20ème place). Comparé au reste de l'outre-mer, il se situe derrière la Guadeloupe (39ème place), la Martinique (41ème place) mais devance tous les autres DCOM. Dans le Pacifique, la Nouvelle-Calédonie figure en quatrième position derrière l'Australie, la Nouvelle-Zélande, et loin devant les autres PEI. Au total, la Nouvelle-Calédonie figure dans « le cercle étroit des pays à développement humain très élevé » (Sudrie, 2012 : 17). La construction de cet indicateur composite permet de distinguer l'indice du développement humain non monétaire (combinaison des facteurs éducation et santé) de l'indice économique correspond au revenu par habitant (c'est-à-dire le Pib augmenté du solde des échanges de revenus primaires avec le reste du monde). Ainsi, entre 1990 et 2010 la croissance de l'IDH calédonien, qui s'élève à 15 %, s'explique à 80 % par l'augmentation de l'indice non monétaire et à 20 % par l'indice monétaire.

Tout comme le Pib par habitant, l'IDH souffre de limites. Il ne permet pas de savoir si le développement atteint résulte d'un progrès propre au pays marqueur d'un processus ou d'une aide extérieure qui peut être ponctuelle. Il mesure le niveau de développement à un instant précis alors que le développement est un processus dynamique de changement socioéconomique. Il n'indique pas le niveau des inégalités à l'intérieur d'un pays. Ce résultat soulève une contradiction : la Nouvelle-Calédonie est un territoire développé selon les indicateurs macroéconomiques mais les inégalités au sein de la population sont fortes. La présence de deux économies aux finalités différentes, apporte un premier élément de réponse.

COEXISTENCE DE DEUX ÉCONOMIES

En Nouvelle-Calédonie deux systèmes coexistent. D'une part, le système domestique kanak, fondé sur une économie sans monnaie numéraire, qui repose sur la production agricole, les pratiques de la chasse et de l'élevage. Les pratiques agricoles concernent surtout la production de tubercules que sont le taro et l'igname. Ils représentent à la fois un apport nutritionnel et un symbole dans le cadre des échanges coutumiers entre clans (mariage, deuil, naissance d'un enfant) (Bensa, 1990). Elsa Faugère, dans ses travaux sur l'île de Maré, distingue trois références à la coutume. L'expression « c'est la coutume » désigne la tradition kanak, alors que dire « c'est une coutume » fait référence à une cérémonie particulière (mariage, deuil…) tandis que « faire la coutume » correspond aux gestes et aux paroles effectués à l'occasion de certaines cérémonies familiales (Faugère, 2000, 2002). Selon les travaux de Karl Polanyi, ce type d'économie repose sur des processus de production collectifs qui combinent trois composantes : la réciprocité des échanges selon un modèle symétrique d'organisation ; la redistribution au travers d'un membre obligé ; l'administration domestique fondée sur la famille restreinte comme unité de production et de consommation. Dès lors, dans ce type d'économie, les relations sociales sont encastrées dans le système économique qui n'est qu'une simple fonction de l'organisation sociale (Polanyi, 1983).

L'organisation sociale du système domestique se caractérise par une hiérarchie sociale de type aristocratique qui « relie et intègre les groupes et les personnes de telle façon que la situation de paria, de clochard n'existe pas » (Bensa, 1995 : 40). Lorsqu'un conflit survient entraînant le départ d'un individu de la tribu, il trouvera ailleurs une autre position sociale. La hiérarchie dans ce type de société est « un principe de classement qui s'applique de façon conjoncturelle. Il s'agit à la fois d'ordonner qualitativement les groupes et les individus et de légitimer, par un étagement rigide, des rapports de domination politique » (Bensa, 1995 : 40). Cette hiérarchie n'est pas imperméable au changement de position sociale puisque l'espace politique repose sur la hiérarchie du clan où les statuts assurent un équilibre de fonctions. Les lignages qui composent les clans sont organisés des plus anciens aux plus récents. Les noms des lignages les plus prestigieux sont de véritables titres. Lorsque le titre tombe une compétition s'ouvre qui se solde par « une décision collective ou un coup de force » (Bensa, 1995 : 40). Dès lors, le niveau de diplôme, le type d'emploi occupé et la rémunération ne sont pas des marqueurs de distinction sociale dans le système domestique kanak, contrairement au système capitaliste. D'autre part, le système capitaliste est caractérisé par une économie marchande, des échanges d'importations et d'exportations, un marché agricole restreint alors que le secteur tertiaire et les services sont largement implantés dans le territoire. Selon les travaux de Karl Polanyi, ce type d'économie est désencastré de la sphère sociale car la redistribution comme mode d'organisation socio-économique et politique supplante la réciprocité des échanges (Polanyi, 1983). Le système capitaliste repose sur une société hiérarchisée par la division du travail. Le salariat détermine la place occupée par l'individu dans le rapport de production, marqueur de position sociale et d'intégration sociale. Il est le système dominant en Nouvelle-Calédonie.

La coexistence de ces deux systèmes économiques ne doit pas être étudiée sous l'angle de l'opposition et encore moins selon une approche évolutionniste de la tradition vers la modernité. Si la logique marchande n'est pas le moteur de la société domestique, son système économique n'est pas pour autant dépourvu de rationalité économique. De plus, pour que le rééquilibrage s'enclenche, il est indissociable d'une intégration à l'économie marchande. Il faut donc comprendre l'articulation des deux économies et le changement social qui en résulte, selon la dialectique intégration et exclusion au système capitaliste, et les formes que prend cette dialectique.

CHAPITRE 2

GENESE ET REVENDICATION DU RAPPORT INEGALITAIRE

La présence de poterie Lapita, remontant à 1 300 ans avant Jésus Christ, est la preuve la plus ancienne de la population mélanésienne en Nouvelle-Calédonie. James Cook découvrit l'archipel en 1774, qu'il nomma « New Caledonia » en raison de sa ressemblance avec l'Ecosse. Cette terre était alors occupée par le peuple autochtone, les Kanak. Le navigateur anglais resta seulement huit jours en Nouvelle-Calédonie et il relata des contacts pacifistes avec la population autochtone. L'amiral français D'Entrecasteaux mouilla sur les côtes calédoniennes vers 1793. Il resta également un court moment car le roi Louis XVI le chargea de retrouver les traces du navire du capitaine de vaisseau La Pérouse (son bateau échoua probablement aux abords des îles Salomon). Contrairement à James Cook, le navigateur français ainsi que les équipages suivants, principalement des baleiniers, accostèrent en Nouvelle-Calédonie sans s'y installer, et adoptèrent un comportement où « à la courtoisie va succéder une attitude de moquerie ouverte et de sournoise hostilité » (Dousset-Leenhardt,1970 : 40). La quasi décennie, 1843-1852, marque la phase de l'implantation missionnaire. L'influence du protestantisme de la London Missionary Society (LMS), financée par les Anglais, s'opposa à l'influence du catholicisme de la Société de Marie encouragée par les Français. Mais la Grande-Bretagne se retira de la Nouvelle-Calédonie pour se consacrer à l'annexion d'espaces plus grands : l'Australie et la Nouvelle-Zélande. Le 24 septembre 1853, la France coloniale prit possession de la Nouvelle-Calédonie sous le commandement du contre-amiral Febvrier des Pointes.

Ce chapitre s'ouvre sur l'histoire coloniale qui explique le peuplement actuel de la Nouvelle-Calédonie et la genèse du rapport inégalitaire entre les colons blancs et riches, en haut de la structure hiérarchique, et les exploitants de brousse, les bagnards, les immigrés ainsi que les Kanak, peuple autochtone.

Il se poursuit par la revendication de ce rapport inégalitaire sur la scène politique calédonienne depuis le changement de statut de la Nouvelle-Calédonie, de colonie à Territoire d'Outre-Mer. Trois temps se distinguent. A la sortie de la Seconde Guerre mondiale, l'UC (Union Calédonienne) revendique une plus large autonomie politique pour lutter contre le monopole des riches familles calédoniennes détentrices des grandes propriétés foncières et minières. Puis, les années 60, marquées par le boom du nickel, conjugué à la politique migratoire orchestrée par l'Etat français, renforcent l'exclusion des Kanak à l'économie marchande. Cette décennie modifie les rapports sociaux et bouscule le paysage politique. Enfin, les revendications indépendantistes tenues principalement par des Kanak, durant les années 70, dénoncent le rapport inégalitaire colonial et post colonial, par l'exclusion des Kanak au système marchand. Ces revendications occupent le devant de la scène politique jusque dans les années 80, décennie qui témoigne des clivages politiques et des discordes sociales dans le territoire.

LA DOMINATION COLONIALE SUR LE PEUPLE AUTOCHTONE

En annexant la Nouvelle-Calédonie en 1853, la France coloniale devait répondre à deux objectifs : « à toute colonie il faut des colons et à ces colons il faut des terres » (Dousset-Leenhardt, 1970 : 76). Dans cette perspective, l'administration coloniale orchestra une double stratégie de peuplement. Comme la Guyane, la Nouvelle-Calédonie devint une colonie pénitentiaire. Elle s'organisa selon trois formes de bagne : la transportation, la déportation et la relégation. D'autres stratégies furent mises en œuvre par l'administration coloniale selon les caractéristiques des territoires annexés. Par exemple, l'île déserte de La Réunion fut une colonie de peuplement (population libre et esclaves de provenance diverses) (Dion, 2006).

Les stratégies de peuplement

Les transportés (1864-1897) étaient les condamnés aux travaux forcés pour crimes. Ils résidaient à perpétuité dans l'archipel lorsque leur peine s'élevait à huit ans minimum. Les autres devaient y vivre un temps équivalent à la durée de leur peine. Si la conduite des transportés était satisfaisante, ils pouvaient, au cours de leur peine, travailler dans les bureaux de l'administration comme domestiques ou bénéficier d'une concession agricole. La concession pouvait devenir définitive à leur libération. Les déportés étaient les prisonniers de la Commune de Paris ainsi que les Arabes et les Kabyles d'Algérie réprimés pour avoir participé à des révoltes locales. Enfin, les relégués étaient des récidivistes (à l'inverse des transportés) condamnés à des peines criminelles ou correctionnelles. On distinguait la relégation simple de la relégation collective. La première concernait les prisonniers qui pouvaient louer leurs services librement dans la colonie où ils décidaient de vivre. La seconde obligeait à résider en Nouvelle-Calédonie et imposait des travaux forcés sous le contrôle de l'administration.

L'autre politique de peuplement établie par l'administration coloniale était la colonisation libre. Elle reposait sur l'installation volontaire de migrants prêts à travailler dans le secteur agricole : exploitation de coton, de café et de sucre. L'exploitation de sucre, par exemple, suscita l'arrivée de créoles de l'île Bourbon, qui deviendra l'Ile de La Réunion, et de Chinois. L'administration coloniale rencontra des difficultés à promouvoir l'installation volontaire de colons libres : les productions agricoles, au cours spéculatif, n'assuraient pas un équilibre financier et les soulèvements de contestation du peuple autochtone, exproprié de ses terres, ne favorisaient pas l'image d'une installation paisible et durable en Nouvelle-Calédonie. Le gouverneur Paul Feuillet tenta de dynamiser la colonisation agricole en proposant des concessions gratuites de dix à vingt-cinq hectares aux résidents ou immigrants disposant d'un capital de 5 000 Franc-or. L'accession à la terre était définitive au bout de cinq ans à la condition que des plantations de café aient eu lieu. En 1896 la population libre s'élevait à 12 500 personnes ; soit 1,5 fois plus que la population pénale (Graphique II.1). La chute du cours du café et la difficulté à proposer des terres aux descendants de colons libres entraînèrent le déclin de la colonisation agricole et le développement des exploitations minières. Les extractions d'or, de cuivre, de plomb, de fer et surtout de nickel[10] favorisèrent l'ouverte de mines. Les investisseurs (français, anglais et hollandais notamment), pour répondre à un besoin de main-d'œuvre, organisèrent des vagues d'immigration en provenance du Vanuatu (anciennement Nouvelles-Hébrides), du Vietnam, du Japon, d'Indonésie… Ces immigrés étaient employés sous contrat mais ils ne bénéficiaient pas de protections juridique et

---

[10] Le nickel est également nommé la garniérite a été découvert par Jules Garnier. C'est un métal blanc qui fait partie du groupe du fer. On l'utilise pour la confection des pièces de monnaie, le plaquage du fer ou du cuivre.

sociale réelles en raison de l'absence de force syndicale jusque dans les années trente. Les employeurs avaient donc toute puissance sur le monde salarial.

GRAPHIQUE II.1. POPULATION LIBRE ET POPULATION PENALE 1866-1896

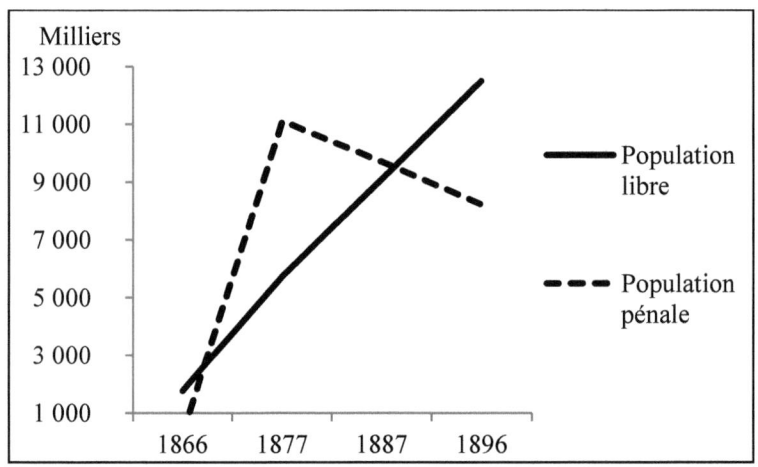

Ainsi, la structure économique de la Nouvelle-Calédonie fonda le rapport inégalitaire. En haut de la structure hiérarchique se trouvaient les colons blancs et riches. En bas, se côtoyaient avec méfiance les petits exploitants blancs de brousse, les bagnards, les immigrés dont la force de travail était associée à un « racisme de classe (…) d'une population intégrée de force aux plus bas échelons de la hiérarchie sociale » (Bensa, 1995 : 121) et la force de travail des Kanak soumise à l'Etat colonial selon les restrictions du code de l'Indigénat mise en place de 1887 à 1946.

Propriété individuelle contre propriété collective

En Nouvelle-Calédonie, l'administration coloniale souhaitait un contrôle administratif des terres en vue d'une exploitation agricole et minière. Son projet d'expansion économique reposait sur la propriété foncière individuelle destinée et réservée aux Blancs. A cet effet, l'administration coloniale usa de mesures législatives pour s'approprier les terres non occupées, sans tenir compte des savoirs agricoles et de la dimension symbolique de la terre, et plus largement de la nature, pour les Kanak. Le gouverneur Guillain, par les arrêtés de 1867 et 1868, instaura les tribus : « c'est un mot de l'Administration coloniale pour désigner une Réserve, terme juridique employé depuis la fin du XIXe siècle et qui désigne les espaces dans lesquels les Kanak sont refoulés » (Bensa, 1995 : 34). Ces terres étaient incommutables, inaliénables, insaisissables et pouvaient être modifiées selon l'évolution de la population kanak ainsi que les besoins fonciers de l'administration coloniale (arrêté du 6 mars 1876). Ces espaces, peu propices à l'exploitation agricole et bafouant l'organisation clanique kanak, relevaient du droit de propriété collective. L'administration coloniale octroya ce droit aux Kanak en interprétant leur organisation économique et sociale par un collectivisme fonctionnant sur « un mode de communisme primitif » (Merle, 2000).

Les tribus furent les prémices du cantonnement des Kanak instauré en 1897. Le cantonnement permettait à l'administration coloniale, au nom de la propriété de conquête, de s'approprier les terres et d'accorder au peuple autochtone un droit de propriété sur une portion restreinte de leur ancien territoire. Les Kanak étaient ainsi relégués à un « statut d'usufruitier » de leur propre terre (Merle, 2000 : 219). Le ministère de la Marine et des colonies ne s'opposa pas au cantonnement du peuple autochtone mais il souhaitait que le principe de la propriété individuelle lui soit étendu au même titre que la législation foncière du « sénatus-consulte » en Algérie française. L'objet de cette législation était d'assimiler les indigènes algériens aux rouages de la propriété individuelle pour les rapprocher des normes de la société coloniale. Les gouverneurs successifs de la Nouvelle-Calédonie refusèrent d'appliquer la législation du sénatus-consulte en Nouvelle-Calédonie. Imprégnés par les stéréotypes coloniaux et le racisme, ils considéraient que la population autochtone était imperméable aux rouages (rationalité marchande et de gestion) de la propriété individuelle, symbole de la civilisation. D'ailleurs, dans l'esprit de certains membres de l'administration coloniale, les réserves permettaient au Kanak de vivre et progressivement s'éteindre comme le veulent les règles de leurs coutumes « archaïques » (Merle, 2000).

Cette explication est partielle, car même si une partie du monde colonial se positionnait pour une stratégie d'exclusion et d'extermination, l'autre partie (dont les missionnaires) promouvait une stratégie d'assimilation du peuple autochtone par le travail et l'enseignement en cette fin du XIXe siècle. Qui plus est, le fondement même de la stratégie d'expansion économique s'appuyait sur « une colonisation d'un type rigoureusement bureaucratique

(…). D'où l'importance cruciale d'exercer un contrôle étroit sur le domaine foncier et les modes d'attribution des terres » (Merle, 2000 : 230). Malgré le soin de l'administration coloniale à concentrer le domaine foncier, certains propriétaires réussirent à s'approprier des surfaces foncières étendues. Ainsi, en empruntant la terminologie des travaux sur la législation du sénatus-consulte, les réserves kanak avaient une double fonction : leur fonction patente était le rôle léonin de l'Etat colonial dans la gestion des terres et leur fonction latente était l'expropriation des terres du peuple autochtone (Bourdieu, Sayad, 1964).

Le rapport à la terre des Kanak

Sous l'époque coloniale, Maurice Leenhardt assura les fonctions de pasteur auprès de la population autochtone. En sa qualité d'ethnologue il créa le concept de « personnalité » kanak, expliqué dans son ouvrage *Do Kamo* publié en 1947, par un double système de relation. D'une part, le mythe rattache l'individu à la lignée du père et de la mère. D'autre part, l'individu est ce qu'il est, du fait de la place sociale qu'il occupe selon son nom et ses relations avec les autres membres du clan. La « personnalité » kanak traduit l'identité kanak par l'imbrication de l'individualité de chaque membre de la population autochtone à celle du clan. Ses travaux sont un héritage pour les anthropologues contemporains car, paradoxalement le cantonnement des Kanak dans les réserves a participé à la survie de pans entiers de leurs savoirs agricoles (horticoles) et de leurs traditions sous l'emprise directe des seuls missionnaires. Ils étaient les seuls Blancs, autorisés par le code de l'Indigénat instauré en 1887, à vivre dans les tribus pour « civiliser » les Kanak afin de les convertir au christianisme (Bensa 1995; Kohler, Wacquant 1985). Cet acquis s'est perpétué au XXème siècle.

Selon Alban Bensa chaque individu dans la population kanak se positionne par rapport à des groupes d'appartenance dont le clan, la famille, la lignée et la chefferie. Cet attachement se caractérise par une relation à la terre qui s'exprime sous deux formes. D'une part, le nom porté trace la généalogie, le totem et les droits d'accès à la terre du clan du père. Le clan se compose de plusieurs familles rattachées à un ancêtre fondateur d'un site. C'est une unité patrilinéaire, son nom se transmet par les hommes et il se subdivise en lignage. Quant au clan de la mère, il symbolise le corps et l'âme. Les oncles maternels ont en charge l'éducation et la transmission du savoir coutumier à l'enfant.

D'autre part, chaque individu est rattaché à un terroir : « les gens sont partis de leur site originel, se sont dispersés, fragmentés, segmentés, puis – chacun ayant conservé son identité première – ils se sont rassemblés, quelle que soit leur origine, dans un même terroir et là ils se sont organisés » (Bensa, 1995 : 32). Le terroir est également appelé tribu dans le vocabulaire français local, ou groupe de résidence. En son sein, les groupes de familles s'organisent selon leur ordre d'arrivée du plus ancien au moins ancien. Le plus ancien est nommé maître du sol ou maître de la terre et détient une forme d'autorité sur les moins anciens. Le chef est désigné par les membres du terroir (il peut exister plusieurs chefs) et se voit remettre par les maîtres de la terre un masque et une flèche faîtière. Il est l'étranger car il est choisi parmi les groupes de familles les moins anciennes. Sa position lui permet d'avoir un regard neutre pour régler les problèmes de l'intérieur. Le chef incarne la tradition, il est le « calendrier vivant » des rites agraires mais il ne prend pas de décisions qui relèvent de l'autorité des « anciens » (Bensa, 1998 : 45). Par exemple, il assure la représentation du groupe, il participe au maintien des diverses unités sociales du terroir et il assure un rôle de médiateur pour résoudre un conflit. Cette organisation bicéphale est un critère de hiérarchisation marqué par l'ancienneté. Alban Bensa, empruntant les propos de Maurice Leenhardt, parle d'une société aristocratique : « l'idée de noblesse est liée à celle d'ancienneté : ancienneté dans le clan, les lignées ainées sont plus prestigieuses que les cadettes, et ancienneté dans le terroir, les anciens sont plus prestigieux que les gens arrivés récemment » (Bensa, 1995 : 38). Le mariage entre membres du clan est interdit mais il est recommandé avec les membres du clan du frère de la mère pour participer aux alliances. Ces alliances sont organisées en fonction du rang des personnes. A ce clan correspond tous les hameaux qu'occupèrent tous les descendants de l'ancêtre.

Les relations plus ou moins fortes entre ces groupes d'appartenance s'inscrivent dans un système d'échange coutumier qui repose sur la production de tubercules. La production de l'igname et du tarot sont les piliers de cette économie de subsistance. D'ailleurs, Maurice Leenhardt a caractérisé la population kanak de « civilisation de l'igname » ; d'une part, pour désigner la diversité des pratiques agricoles, et d'autre part, pour souligner l'imbrication de la production de tubercule aux pratiques et à l'organisation sociale ainsi qu'aux représentations du monde kanak (Haudricourt 1964; Leenhardt 1947). Ces dernières s'articulent à la fois au temps et à l'espace. Par exemple, le calendrier imposé par la production de l'igname régule l'activité productive et les activités sociales. Ce rythme cultural s'imbrique à l'espace en référence à la terre des ancêtres. Ainsi, lors des plantations de l'igname, une pierre qui condense la puissance des ancêtres est enterrée pour en favoriser la croissance. Le souvenir des ancêtres est prégnant dans le monde des vivants. Les ancêtres se réincarnent en plantes, en pierres, en sculptures lors d'invocations. Ils apportent une protection et perpétuent la tradition (Bensa, 1995).

Conséquences de l'autorité coloniale sur les Kanak

Pour résumer, la mise en place des réserves (1868), le code de l'Indigénat (1887), qui octroyait aux Kanak le statut de sujets de la France coloniale, et la logique de cantonnement (1897), orchestrèrent la domination de l'administration coloniale sur les Kanak. Les conséquences de cette domination se résument en trois points. Tout d'abord, le rapport à la terre des Kanak fut mis à mal. Les spoliations foncières entraînèrent des révoltes du peuple autochtone, contrecarrées par les forces armées de l'administration coloniale sous l'autorité du Gouverneur. L'une des plus violentes et meurtrières fut la grande Insurrection de 1878, menée par le grand chef Ataï, qui dura près de six mois et causa la mort d'un millier de Kanak. La délimitation géographique des réserves figea une segmentation communautaire de l'espace encore patente aujourd'hui. Les quatre petites îles, nommées Iles Loyauté, étaient intégralement considérées comme des réserves kanak. Sur la Grande Terre, les grands espaces de la zone Ouest étaient accaparés par l'administration coloniale. Les Kanak furent relégués dans les montagnes, bafouant leur organisation sociale et spatiale. La zone Est se composa principalement de tribus. Plus proche du récif corallien, elle offre moins de terres propices à l'exploitation agricole. Enfin, Nouméa, située dans le Sud, devint le centre économique de la Nouvelle-Calédonie. C'était le point de passage obligatoire pour établir des relations commerciales extérieures et des actions commerciales d'import et d'export. Elle fut longtemps surnommée « la Blanche » en raison de la marginalité des Kanak et de la concentration de la population européenne non pénale.

Puis, l'administration coloniale soumit les Kanak au système marchand. Au plan juridique, le peuple autochtone était régi par le statut de droit particulier, indissociable du code de l'Indigénat. Au plan économique, les autochtones étaient contraints de travailler sur les plantations des Européens, perturbant le calendrier agricole de leur économie de subsistance. Ils devaient également se soustraire à l'échange monétaire propre au système économique des colons. Exploités, leur faible rémunération servait à régler l'impôt de capitation (Merle, 1996). Cet impôt était levé par un chef (administratif) kanak, figure d'autorité imposée par l'administration coloniale. La perpétuation de cette figure d'autorité est encore aujourd'hui un non-sens par rapport au chef issu de la tradition kanak. Au plan éducatif, les Kanak suivaient l'enseignement des missionnaires dont l'objectif premier était de les convertir suivant une « visée assimilationniste » (Bensa, 1995 : 49). Pour cela, ils apprirent les langues vernaculaires pour communiquer, enseigner le français et apprendre les tâches qui incombaient à la population autochtone (savoir technique de travail notamment). Les Kanak n'avaient pas le droit d'accéder aux écoles des non Kanak, ce qui était facilité par le fait que l'enseignement s'effectuait dans les réserves : « aux écoles missionnaires revenaient la charge de l'enseignement des Mélanésiens, celui des enfants des colons étant assuré par le réseau des écoles publiques » (Kohler, Wacquant, 1985 : 16). L'enseignement des enfants kanak était sommaire, élémentaire, manuel et souvent marqué par la pénibilité du travail à l'école (Salaün, 2005).

Enfin, les conditions de vie difficiles et les conditions sanitaires déplorables dans les réserves, cumulées aux conflits avec l'autorité coloniale et les politiques de peuplement, entraînèrent une baisse de la population autochtone. Entre 1887 et 1906 la population kanak fut divisée par deux, passant de 42 500 à 28 500 personnes. S'ensuivit, jusqu'en 1936, une stabilisation de leur effectif (autour de 28 000 personnes) ainsi que du nombre de non Kanak (autour de 24 000 personnes), marquant la difficulté pour l'administration coloniale de maintenir cette dernière dans le territoire. Elle peinait en effet à trouver des volontaires pour s'installer sur cette terre au climat chaud et à l'exploitation foncière difficile.

RECONNAISSANCE ET DÉNONCIATION
DU RAPPORT INÉGALITAIRE

L'engagement politique des Kanak est progressif, associé à l'attribution de la citoyenneté française à la sortie de la Seconde Guerre mondiale, lorsque la Nouvelle-Calédonie devient un TOM. Ce n'est que dans les années 70, à l'initiative de Kanak, que des groupuscules puis des partis politiques verront le jour. Ils prônent un indépendantisme envers l'Etat français, afin de s'extraire d'un état de domination post coloniale, du système capitaliste détenu par les non Kanak. Les Indépendantistes s'opposent aux Loyalistes, qui prônent le maintien d'une Nouvelle-Calédonie française.

La construction politique des revendications indépendantistes

A la sortie de la Seconde Guerre mondiale et sous l'influence des Nations Unies, le Général De Gaulle modifia le statut de la Nouvelle-Calédonie, de colonie à celui de Territoire d'Outre-Mer (TOM). Ce changement de statut entraîna l'abolition du code de l'Indigénat, permettant aux Kanak d'accéder à la citoyenneté française. Cette mesure tendait à restreindre le fossé causé par l'époque coloniale en mettant les Kanak sur le même pied d'égalité que les Français d'origine. La citoyenneté française acquise administrativement permit aux Kanak de circuler librement dans le territoire, d'accéder au salariat et de disposer des droits et des devoirs équivalents aux Français d'origine (système juridique, système scolaire unique…). Ils passèrent d'une exclusion du champ politique à une participation active en rejoignant l'Union Calédonienne (UC), qui résultait de la fusion de deux groupements religieux indigènes : l'UICALO (Union des Indigènes Calédoniens Amis de la Liberté dans l'Ordre) et l'AICLF (Association des Indigènes Calédoniens et Loyaltiens Français). Fondée en 1953 par Maurice Lenormand [11], l'UC revendiquait un meilleur partage de l'héritage colonial détenu par les grandes familles calédoniennes, résumé par le slogan : « deux couleurs, un seul peuple ». La loi-cadre, dite loi Deferre (1957-1963)[12], s'inspirant de la charte des Nations Unies, prévoyait des réformes et des mesures institutionnelles favorisant l'autonomie des Territoires d'Outre-Mer. A l'issue de cette loi, la Nouvelle-Calédonie comportait une assemblée territoriale qui légiférait sur tous les domaines relatifs au TOM : un exécutif élu, le Conseil du gouvernement, et un gouverneur qui était à la fois chef du Territoire, représentant de l'Etat et du président du Conseil du gouvernement. L'UC dominait la scène politique locale et municipale, comme le souligne Benoit

---

[11] Maurice Lenormand est à la fois pharmacien, homme d'affaires et ethnologue. C'est un ancien élève du pasteur et ethnologue Maurice Leenhardt. Il a assuré le premier le poste de député de la Nouvelle-Calédonie en tant que TOM en 1956 qu'il renouvèlera jusqu'en 1964 (www.assemblee-nationale.fr).

[12] En Nouvelle-Calédonie, cette loi s'applique par l'instauration du décret du 22 juillet 1957.

Trépied : « La montée en puissance de l'Union Calédonienne à Koné [13] s'accompagna en effet d'une augmentation sans précédent du nombre de représentants municipaux « non blancs » issus de la population communale, qu'il s'agisse des Asiatiques ou surtout des Kanak. (…) Ces transformations du recrutement municipal après l'émergence de l'UC avaient en commun de marginaliser politiquement les « vieilles » familles européennes de Koné » (Trépied, 2007 : 490). La Constitution de 1958 offrait aux TOM la possibilité de maintenir leur statut ou de le modifier. Ils avaient le choix entre la départementalisation (DOM) ou de devenir un Etat indépendant membre de la « Communauté » prévu par la Constitution. L'Assemblée de la Nouvelle-Calédonie opta pour le maintien du statut de TOM. Gagnant en autonomie institutionnelle, les élus locaux pouvaient contrecarrer les grandes familles calédoniennes, propriétaires foncier et minier. L'Etat n'était donc pas l'adversaire, à cette époque.

Au début des années 60, la France reconsidéra son intérêt stratégique dans le Pacifique du fait des expériences atomiques en Polynésie Française et de la maîtrise de l'industrie minière en Nouvelle-Calédonie. Dès lors, l'autonomie nouvellement acquise par l'UC était mise à mal par un cumul de dispositifs législatifs. Par exemple, en 1963, la loi Jacquinot restreignait l'autonomie de l'exécutif au profit du pouvoir du gouverneur, ce qui favorisa, d'un point de vue institutionnel, le retour de l'Etat dans les affaires locales. Autre exemple, en 1969, les lois Billotte donnaient à l'Etat la possibilité de prendre le contrôle de la recherche, de l'exploitation minière en plein essor du nickel, des investissements industriels, et les communes étaient sous son contrôle. Outre ces mesures législatives, la gestion du Territoire par l'UC était critiquée par des mouvements politiques tels que le Rassemblement Calédonien (Rascal) et l'Union Démocratique (UD)[14], qui préconisaient un rattachement à la France. Les mesures législatives, cumulées aux différends politiques locaux, renforcèrent le rôle de l'Etat français en Nouvelle-Calédonie. Il marqua également son empreinte par l'injection massive de transferts d'argent, en plein boom du nickel, au début des années 70 (Freyss, 1995). A cette période,

---

[13] Koné est une commune située dans le nord-ouest de la Grande Terre.
[14] Fondés respectivement en 1958 et 1969 par Henri Lafleur, riche descendant d'une famille néo-calédonienne industrielle et propriétaire de mine. Il siégea à l'Assemblée territoriale de la Nouvelle-Calédonie et assura le poste de sénateur de la Nouvelle-Calédonie en 1947 et assura cette fonction pendant près de 25 ans (www.senat.fr).

l'Etat français orchestra une politique migratoire. Les Français de métropole, rapatriés d'Algérie ou du Maroc, ainsi que les populations des Départements d'Outre-Mer (DOM) de Polynésie Française et de Wallis et Futuna étaient incités à venir s'installer sur le caillou. Les arguments mis en avant paraissaient attrayants : « soleil, bénéfices rapides, avantages fiscaux et indexations de salaire (…) » (Bensa, 1990 : 111). Cette stratégie de peuplement post-colonial amenuisa la nette reprise démographique des Kanak entamée depuis la Seconde Guerre mondiale (Rallu, 1985). En 1974, 78 000 non Kanak vivaient sur le territoire, soit 1,4 fois plus que les Kanak. Dix ans plus tôt, les effectifs de ces deux sous-populations étaient équivalents (Graphique II.2). Cet épisode marque encore aujourd'hui l'évolution du peuplement de la Nouvelle-Calédonie.

Outre le déséquilibre démographique, cet afflux migratoire généra deux autres conséquences majeures. En premier lieu, les migrations des Kanak vers Nouméa, débutées à la fin de la Seconde Guerre mondiale, s'intensifièrent durant le boom du nickel. Entre 1963 et 1974, la croissance annuelle des Kanak restait stable alors que l'effectif des Kanak à Nouméa augmentait de 9 000 à 13 000 personnes (Graphique II.3). En 1974, un Kanak sur quatre était installé dans la zone urbaine contre un sur cinq en 1963. Ce phénomène d'urbanisation était caractérisé à la fois par des installations définitives de Kanak et par un va-et-vient avec la tribu. Les Kanak prirent alors conscience de la persistance de leur exclusion du développement du territoire et de l'inégale répartition des richesses issues du boom du nickel : « situés au bas de l'échelle économique – mais aux premières loges – les Kanak assistèrent sans en bénéficier à l'augmentation soudaine des richesses et à l'émergence d'un nouveau monde blanc, urbain, riche et moderne » (Trépied, 2007 : 602). Les inégalités devinrent encore plus criantes lorsque le cours du nickel chuta au milieu des années 70, entraînant un ralentissement économique et des suppressions d'emplois. Une partie des Kanak repartirent dans leurs tribus et réalisèrent le décalage avec les conditions de vie de la zone urbaine (infrastructures, équipements…).

GRAPHIQUE II.2. POPULATION DE LA NOUVELLE-CALEDONIE 1956-1983

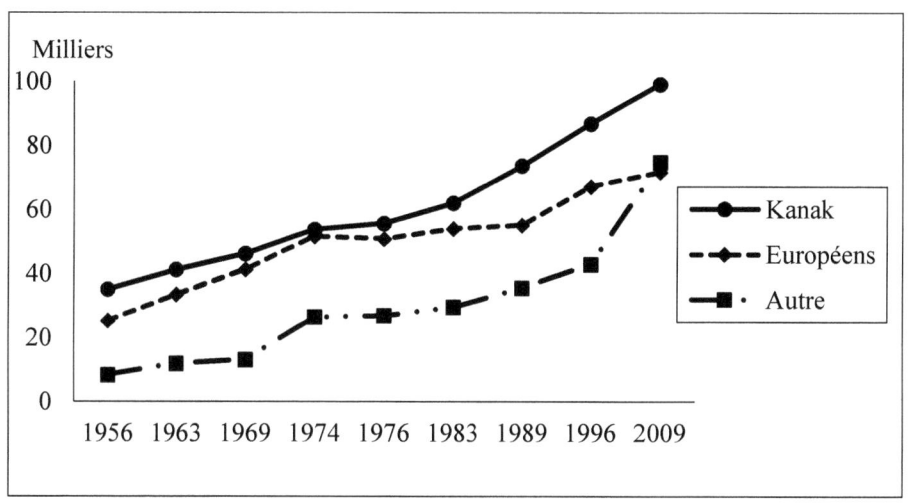

GRAPHIQUE II.3. POPULATION A NOUMEA 1956-1983

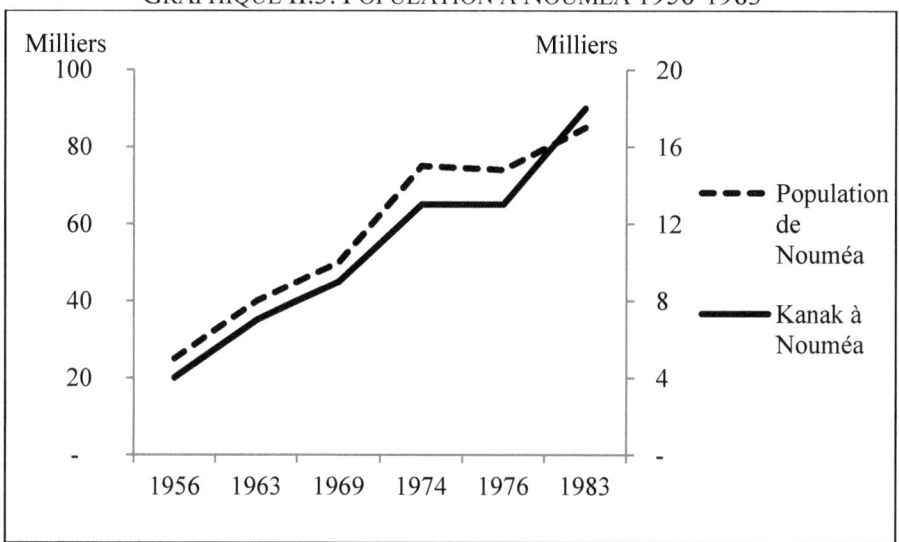

Seconde conséquence, les nouveaux arrivants déstabilisèrent le paysage politique calédonien. A la sortie de la Seconde Guerre mondiale, les opprimés du système colonial étaient rassemblés sous le slogan « deux couleurs, un seul peuple » marquant la bipolarité entre les partisans et les adversaires de l'UC. Or les flux migratoires et la modernisation du territoire (industrialisation et urbanisation) au cours des années 70 freinèrent l'unification des partisans de l'UC et favorisèrent l'émergence de revendications indépendantistes. Jacques Lafleur[15] réussit alors à rassembler ceux qui ne se reconnaissaient plus dans le slogan de l'UC. Il réunit notamment les partisans loyalistes (à la République française) et les personnes qui prônaient l'autonomie mais pas l'indépendance. Selon Benoît Trépied « la grande force de Jacques Lafleur résidait dans sa capacité à tisser de multiples liens politiques dans une dynamique de rassemblement, malgré la diversité des expériences sociales des différents groupes «loyalistes », qu'il s'agisse des descendants des petits colons de brousse, des nouveaux immigrants européens et wallisiens-futuniens installés au chef-lieu, des rapatriés d'Algérie des années 60, des maraîchers et commerçants asiatiques de l'agglomération nouméenne, ou des Kanak non indépendantistes » (Trépied, 2007 : 67). De plus, le clientélisme politique sur l'attribution des marchés et des emplois publics détenus par les dirigeants « loyalistes » orienta le choix politique des nouveaux arrivants en faveur des non-Indépendantistes.

La radicalisation et l'influence de Jean-Marie Tjibaou

Au tournant des années 70, des leaders kanak souhaitèrent modifier les conditions de vie de la population en proposant des alternatives politiques, économiques et sociales. Ils nommèrent ce mouvement « réveil canaque » : il aboutit à la revendication politique de l'indépendance de la Nouvelle-Calédonie. Deux facteurs majeurs marquèrent ces années. Le premier fut l'apparition de groupuscules kanak : les « foulards rouges » et « le groupe 1878 », qui portèrent un discours révolutionnaire à l'encontre de l'Etat, symbole de la perpétuation de l'ordre colonial. Ils regroupèrent une nouvelle génération de dirigeants et de partisans intellectuels, influencée par les événements de 1968 durant leur cursus universitaire et par les affirmations

---

[15] Jacques Lafleur reprit le flambeau « loyaliste » au décès de son père Henri Lafleur. Il créa en 1977 le Rassemblement Pour la Calédonie (RPC).

Tiers-mondistes. Les « foulards rouges » se positionnaient fermement sur l'affirmation de la « personnalité kanak[16] » pour mettre fin au paternalisme des Blancs et à l'exclusion des Kanak par les Blancs. Tandis que « le groupe 1878 », en référence à l'Insurrection menée par le grand chef Ataï, revendiquait plus spécifiquement une réappropriation des terres kanak de la Grande Terre[17] spoliées durant l'époque coloniale. Ces terres renvoient aux tertres qui étaient les lieux d'habitation des ancêtres avant la colonisation. Elles représentent certes une légitimité foncière mais également un gage de leur identité. Cette revendication est une manière de résister à de nouvelles opérations foncières et, de surcroît, d'obtenir des agrandissements de réserves. En 1976, le PALIKA (Parti de libération kanak) rassembla les groupuscules de jeunes kanak radicaux (Foulard rouge, Groupe 1878). Il se rallia quelques années plus tard au Front Indépendantiste (FI)[18], créé en 1979, qui prônait une indépendance envers l'Etat français.

Le second facteur fut l'action de Jean-Marie Tjibaou. Son engagement culturel du « fait kanak » appuya son action militante politique (Tjibaou, 1996 : 108, 212). Cet ancien prêtre partit en métropole où il suivit les cours d'ethnologie de Jean Guiart avant d'entamer un mémoire universitaire sous la direction de Roger Bastide, qu'il interrompit en raison du décès de son père. De retour en Nouvelle-Calédonie, il s'engagea dans la vie associative dont l'objet était de remédier au malaise de la population kanak par des actions culturelles et éducatives. S'appuyant sur ces initiatives, il organisa en 1975 un festival nommé Mélanesia 2000 sous financement de l'Etat. Quatre objectifs sous-tendaient son action. Premièrement, en retournant le stigmate de l'époque coloniale, il souhaitait que les Kanak retrouvent une fierté dans une « personnalité culturelle » qui rappelle le concept de personnalité kanak développé par Maurice Leenhardt (Tjibaou, 1996 : 14, 131). Pour cela, et c'était le deuxième objectif, il fallait établir un inventaire de la culture kanak

---

[16] Les indépendantistes se réapproprient le concept de « personnalité kanak » développé par Maurice Leenhardt pour asseoir leurs revendications. Pour une lecture critique, l'article d'Alban Bensa et de Pierre Bourdieu, *Quand les Canaques prennent la parole* (Bourdieu, Bensa, 1985).

[17] Pour rappel, l'intégralité des Iles Loyauté sont des réserves. Les revendications concernaient donc exclusivement la Grande Terre.

[18] Le FI compte notamment l'UC en perte de vitesse à la fin des années 70. Se positionnant pour une indépendance totale envers la France, l'UC se priva de ses partisans et électeurs d'origine européenne.

afin de définir la « philosophie de l'art de vivre autochtone » (danse, chant, artisanat…) (Tjibaou, 1996 : 15). En effet, la culture kanak n'est pas vécue à l'identique aux Iles Loyauté (et entre les trois îles) et dans la Grande Terre. Troisièmement, le festival devait être le moyen de faire « renaître » un socle de valeurs culturelles permettant aux Kanak de s'affranchir de « l'aliénation » de l'époque coloniale qui généra des sentiments d'infériorité, de honte et de désespoir trouvant souvent réponse dans le refuge de l'alcool. Le Kanak devait affirmer « son droit d'être et d'exister culturellement en Nouvelle-Calédonie » (Tjibaou, 1996 : 14). Quatrièmement, ce festival devait être le moyen de faire connaître, et surtout reconnaître, la « culture autochtone » (Tjibaou, 1996 : 14) par les autres communautés concentrées à Nouméa, afin qu'émerge un « avenir culturel ». A l'issue de cet événement culturel, Jean-Marie Tjibaou rédigea un ouvrage qui se voulait avoir la dimension d'un mythe, *Kanaké, Mélanésien de Nouvelle-Calédonie,* dans lequel il présente le festival, les grands traits culturels kanak et les réalités auxquelles fait face le personnage Kanaké dans le monde moderne.

Deux ans après l'organisation du festival, Jean-Marie Tjibaou s'engagea sur la scène politique, d'abord comme maire de Hienghène, puis comme vice-président de l'Union Calédonienne. Sa position pour une indépendance envers l'Etat français était claire. A la dissolution du Front Indépendantiste (FI) qu'il fonda, il prit la tête du Front de Libération National Kanak Socialiste (FLNKS)[19] en 1984. Il promouvait une « indépendance viable » donnant les moyens aux Kanak de s'approprier les outils de la civilisation occidentale (le droit, l'administration, l'enseignement scolaire…) tout en conservant leur personnalité culturelle par la capacité à se ressaisir de l'histoire. Cette forme d'indépendance était, selon lui, accessible par une participation active au pouvoir politique et par la maîtrise d'une économie solide fondée sur le « patrimoine minier viable » comme outil de développement. Maîtriser le développement, économique notamment, c'était éviter de calquer par mimétisme le système marchand et c'était aussi s'extraire d'un état de soumission au système dominant en place depuis l'époque coloniale (Tjibaou,

---

[19] Le « S » de socialiste correspond à une idéologie qui combine l'identité kanak et la référence socialiste. Ce type d'idéologie est présente dans les mouvements nationalistes de la Mélanésie (Vanuatu, Papouasie-Nouvelle-Guinée, Iles Fidji) nommés « socialisme mélanésien » ou « Melanesian Way ». Bernard Poirine, par la dimension économique, étudie le « Pacific way », qui consiste à « mettre en avant un développement et de préserver un mode de vie respectueux des valeurs océaniennes traditionnelles » (Poirine, 1994 : 10).

1996 : 234, 116). Jean-Marie Tjibaou, résumait très clairement cette position lors de son intervention en 1984 à Montpellier devant les membres du Comité local de soutien au peuple kanak : « l'appareil économique est entre les mains des Européens comme les finances et le savoir-faire. Le système économique n'est pas issu de la coutume, ce n'est pas le patrimoine des Kanak. Certes on l'utilise comme consommateurs... mais c'est une révolution que nous essayons d'amorcer aujourd'hui » (Tjibaou, 1996 : 293). Dans cette perspective, il préconisait une plus forte insertion économique de la Nouvelle-Calédonie dans le Pacifique et un renouement des liens historiques entre les Kanak et les autres peuples d'Océanie. Au total, la reconnaissance de la personnalité culturelle kanak devait favoriser l'expression d'un nationalisme autochtone, élément fondamental pour revendiquer une souveraineté institutionnelle par rapport à l'Etat français (Bensa, Wittersheim, 1997).

La réponse de l'Etat : la promotion mélanésienne

Ce paragraphe est une synthèse des travaux du socio-économiste Jean Freyss. Son ouvrage, *Economie assistée et changement social en Nouvelle-Calédonie*, est une lecture critique du développement économique et du changement social dans la société domestique kanak. La première partie de son ouvrage, « Le développement pour quoi faire ? », offre une dimension historique de ses propres recherches du processus de la promotion mélanésienne jusqu'au plan Dijoud. Ces informations sont complétées par l'ouvrage collectif dont les éditeurs sont trois universitaires anglo-saxons (australien et néozélandais), *Nouvelle-Calédonie : essai sur le nationalisme et l'indépendance*, notamment le chapitre rédigé par Michael Ovington, sur « L'impact du Plan Dijoud ».

En Nouvelle-Calédonie, les années 70 font craindre à l'Etat français l'explosion sociale. La crise du nickel, la montée indépendantiste, les revendications des terres coutumières et les inégalités économico-communautaires incitèrent l'Etat français à instaurer un programme intitulé la « promotion mélanésienne ». Celle-ci se décline en deux temps. Au début des années 70, l'Etat par un document du service d'étude et de la législation de Nouméa, donna le sens à accorder à la promotion mélanésienne. La population autochtone devait rattraper le standard de vie des non kanak par la formation des hommes et l'équipement de l'intérieur du territoire. Dans cette perspective, le Centre de formation d'animateurs de jeunesse (CEFA) fut créé et rattaché à la Direction territoriale de la jeunesse et des sports. Sa mission consista à former des animateurs dont l'action devait cibler les jeunes. Ces formateurs, investis dans la condition kanak, feront du CEFA un lieu d'échange et de réflexion sur les conditions et les changements de la société kanak. Parmi ces formateurs, on compta Jean-Marie Tjibaou. Le CEFA proposa plusieurs mesures pour faire évoluer le monde kanak en le sensibilisant au développement du territoire. Dans cette perspective il créa, en 1974, un Comité pour le développement, afin de rassembler et de coordonner les initiatives et les projets de Kanak conscients du travail de développement à mener dans les tribus. Ces actions s'inscrivirent parallèlement à l'émergence de nouvelles associations en charge d'impulser des projets de développement[20]. Cette même année, le VIIème Plan comporta une section « Promotion et développement » qui émit des pistes de réflexions pour améliorer la situation du monde mélanésien. Cette section se composa de responsables d'associations mélanésiennes et de chefs et de maires kanak, ce qui fut novateur puisqu'elle plaça les Kanak comme acteurs à la résolution des problèmes du monde mélanésien. Cette section proposa la mise en place d'aide au développement rural, une formation à la gestion d'entreprise, la création d'un centre de formation pour l'insertion des Kanak à la fonction publique, l'amélioration des conditions de vie dans les tribus, une modernisation des équipements. Dans cette dynamique, l'organisation du Festival des arts mélanésiens *Mélanésia 2000* initié et organisé par Jean-Marie Tjibaou, fut évoquée ainsi que la création d'un Institut d'études mélanésiennes. L'esprit du rapport de la section fut d'assimiler la population autochtone à la société capitaliste, comme le spécifia la partie consacrée à la jeunesse : « le mélanésien est face à un choix entre deux sociétés »[21] (Freyss, 1995 : 35). En juin 1974, une note du haut-commissaire fut adressée au secrétaire d'Etat chargé des DOM-TOM pour favoriser la promotion mélanésienne. Cette note, qui prépara les décisions du Conseil interministériel envers les TOM, fut « d'une grande importance, car elle définit une approche des problèmes calédoniens qui va être la « philosophie » de l'action publique pendant plus de quinze ans » (Freyss, 1995 : 38). Son programme comporta

---

[20] La SIPCA par exemple, association d'origine métropolitaine qui oriente des projets de développement économique et social. L'ADRI (Association pour le Développement Rural et Industriel) est proposée par l'UPM (Union progressiste multiraciale), parti politique mobilisé pour l'indépendance.

[21] « Section promotion et développement de la commission territoriale du VIIème plan », 2ème partie, « Jeunesse, enseignement, formation professionnelle » (Freyss, 1995 : 35).

trois axes : l'amélioration des conditions de vie, l'accroissement de l'égalité des chances et la réduction des inégalités économiques. Pour répondre à ce dernier point, le FADIL (Fond d'aide au développement de l'intérieur et des îles) fut instauré. Ses missions devaient favoriser le « décollage économique » par l'attribution de prêts bancaires et par la réforme du statut foncier dans les réserves (cadastre et propriété individuelle) (Freyss, 1995 : 39). Or, ces deux moyens furent pensés selon des initiatives individuelles, sans tenir compte des rapports sociaux propres à la société domestique kanak. Ces mesures ne répondaient pas aux attentes des Indépendantistes et la situation sociale et économique entre les communautés ne s'améliora pas.

Seconde étape, en 1978 fut instauré le Plan Dijoud, du nom du secrétaire d'Etat aux DOM-TOM sous le gouvernement de Raymond Barre. Il instaure une double commande – le Haut-Commissariat représentant l'Etat et le conseil de gouvernement de la Nouvelle-Calédonie – et prévoit un Plan de réforme foncière ainsi qu'un Plan de développement économique et social à long terme qui comporte deux axes. D'une part, répondre à la crise du nickel par une diversification de l'économie calédonienne (agriculture, par des mesures telles que l'Opération Café [22], industrie, tertiaire, tourisme...), et d'autre part, repousser les revendications indépendantistes en poursuivant et en encourageant la promotion mélanésienne. Celle-ci ne fut pas l'œuvre d'un chapitre spécifique mais se déclina tout au long du Plan. Selon Jean Freyss, cet extrait du Plan Dijoud résume l'esprit de la promotion mélanésienne reposant sur la redistribution des terres à la population autochtone afin de reconquérir une dignité : « la crise révèle les difficultés de la communauté mélanésienne : ses représentants sont peu nombreux à exercer des responsabilités dans le territoire, ses membres éprouvent quotidiennement des inégalités de leur situation, et ses enfants n'arriveront à l'âge d'homme et à la dignité qu'au prix de durs efforts. Comment lui refuser notre aide, ainsi que l'espace naturel et la terre dont elle est issue et dont elle a besoin pour vivre ? » (Freyss, 1995a : 47). La mise en œuvre de ce plan qui dura deux ans, jusqu'à l'arrivée de la gauche au pouvoir, n'a pas satisfait les responsables kanak : « on cherche à les associer à un marché de dupes : d'un côté une « promotion mélanésienne » entravée, de l'autre des privilèges européens confortés et entretenus par l'Etat ; le tout dans un contexte politique et institutionnel

---

[22] Pour une analyse critique de l'Opération Café voir *Développement et enjeux sociaux en Nouvelle-Calédonie : l'opération Café* (Pillon, 1985).

verrouillé » (Freyss, 1995 : 53). Les Indépendantistes souhaitèrent que des Kanak accèdent à des postes politique et économique, pour s'extraire du joug de l'Etat français et asseoir une indépendance viable.

L'impasse des années 80

Les revendications indépendantistes sur la scène politique modifièrent le rapport inégalitaire postcolonial. A la dimension économique du rapport inégalitaire s'emboîta la dimension communautaire – Kanak contre non Kanak – reflet du dualisme politique ; Indépendantistes contre non-Indépendantistes. Le secrétaire d'Etat aux DOM-TOM, George Lemoine, tenta d'apaiser les discordances politiques calédoniennes. Il organisa une table ronde en 1983 à Nainville-les-Roches (Essonne, France) avec les dirigeants des principaux partis politiques : le FI et le RPCR. Un communiqué final, rédigé par George Lemoine, entérina l'abolition du fait colonial et la reconnaissance d'une indépendance. Ce document ne fut pas signé par le représentant de l'Etat et le RPCR émit des réserves. Suite à cette rencontre, le Parlement vota la loi du 6 septembre 1984, dite « statut Lemoine », qui octroya trois avancées vers l'autonomie. Un : le conseil du gouvernement eut des compétences accrues. Deux : une Assemblée de Pays, consultée sur les projets de développement économique, social, culturel... fut créée. Elle se composait d'une chambre coutumière et d'un collège d'élus locaux. A cet effet, le territoire fut partagé en six circonscriptions appelées pays. Chaque pays nomma les représentants à la chambre coutumière alors que les représentants du collège des élus furent désignés par les conseillers municipaux des communes de chaque pays. Trois : un comité Etat-territoire fut mis en place pour préparer un scrutin d'autodétermination cinq ans plus tard (Bedei, 1984; Christnacht, 2004).

La voie de l'autonomie était tracée mais trop tardivement car les dispositions de la déclaration et de la loi ne faisaient pas consensus. Les Indépendantistes souhaitaient s'engager dans un processus d'accès à l'indépendance et non plus dans un statut d'autonomie. Les non-Indépendantistes désapprouvèrent la perspective d'autodétermination et le gouvernement français refusa de restreindre le corps électoral du scrutin d'autodétermination exigé par les Indépendantistes. Entre-temps, le FI laissa place, en 1984, au FLNKS, qui appela au boycott des élections territoriales du 18 novembre 1984, ouvrant une page sombre de l'histoire des populations en

Nouvelle-Calédonie. « Les Evénements[23] », tels qu'ils furent communément qualifiés par les médias et les travaux de chercheurs, plongèrent la Nouvelle-Calédonie dans un climat social violent et sanglant. Trouver une solution politique aux désaccords du RPCR et du FLNKS devint une priorité d'ordre social. L'Etat proposa le statut Fabius-Pisani (loi du 23 août 1985). Il consistait à mettre en place une indépendance-association entre la Nouvelle-Calédonie et l'Etat français que les Calédoniens sanctionneraient par un référendum en 1987. Ce statut instaura quatre régions (Iles Loyauté, Nord, Centre et Sud) disposant d'une large autonomie dans les domaines du développement et de l'aménagement régional, de l'enseignement primaire et de l'action sanitaire et sociale. La délimitation de ces régions « respectent les relations socioculturelles du monde mélanésien » (Arréghini, Waniez, 1993; Freyss, 1995 : 58). Ce statut reçut l'aval du FLNKS, mais il suscita des réserves de la part du RPCR et de la droite métropolitaine. Aux élections régionales du 29 septembre 1985, les Indépendantistes, sous l'étiquette FLNKS, furent à la tête des régions Nord, Iles Loyauté et Centre, tandis que le RPCR fut vainqueur en province Sud. Ce dernier dénonça ce découpage géographique favorable aux Indépendantistes. Ces résultats démontrèrent que la représentativité des Kanak au travers du FLNKS était avérée et que l'idéologie de l'indépendance était une volonté d'un grand nombre de votants. En province Sud, les Indépendantistes recueillent 14 % des votes alors que le corps électoral ne comporte qu'environ 10 % de Kanak qui ne sont pas tous partisans des idées promues par les Indépendantistes (Leblic, 1993). L'indépendance reste une priorité kanak mais pas seulement.

Un an plus tard, en France métropolitaine, la droite remporta les élections législatives. Le gouvernement français nomma Bernard Pons secrétaire d'Etat de la Nouvelle-Calédonie. Son intervention traduisit une régression dans tous les domaines de la condition kanak : « la population kanak est mise sous haute surveillance par une « nomadisation » des forces de l'ordre qui, en grand nombre (…) s'installent à proximité des tribus « sensibles » et pratiquent une sorte d'îlotage. (…) En bref, c'est une dure période d'humiliation, de marginalisation et d'exclusion des Kanak » (Freyss, 1995 : 61). Le statut Pons imposa un remaniement statutaire et réduisit les compétences et les délimitations des régions, marquant ainsi la volonté de réduire le champ

---

[23] Cette terminologie rappelle celle employée par les médias pour relater le processus violent d'indépendance de l'Algérie.

d'action des Indépendantistes dans la vie politique des régions et du Territoire. A cet effet, le gouvernement français remania les frontières des trois régions de la Grande Terre : la région Nord était remplacée par la « région Est – à dominante kanak – et une région Ouest – à dominante caldoche[24]– ; la région Sud englobe toute la pointe Sud jusqu'à l'île des Pins. Ce découpage institutionnel est donc calqué sur la répartition communautaire et sur les disparités économiques » (Arréghini, Waniez, 1993 ; Leblic, 1993 : 68). Cette réorganisation permit aux Indépendantistes d'être majoritaires dans deux des quatre régions. L'aboutissement de la période Pons se solda par le drame de la grotte d'Ouvéa, le 5 mai 1988, où quatre gendarmes et dix-neuf Kanak perdirent la vie. Quelques mois plus tard, François Mitterrand remporta l'élection et fut réélu Président de la République.

UNE SOLUTION NEGOCIEE

En 1988, le nouveau gouvernement, dirigé par Michel Rocard se donna pour mission de pacifier les clivages sociopolitiques. Elle aboutit aux Accords de Matignon (26 juin 1988), signés par le FLNKS[25], le RPCR et l'Etat français. Cette volonté de conciliation et de collaboration aboutit grâce à la fraction modérée des indépendantistes, représentée par Jean-Marie Tjibaou. Cette fraction fit le choix de préparer l'indépendance avec le concours de ses opposants et des représentants de l'Etat français (Kohler, 1987). Ce choix coûta la vie au leader et signataire indépendantiste kanak Jean-Marie Tjibaou ainsi qu'à son bras droit, Yeiwéné Yeiwéné, le 4 mai 1989. Cet événement tragique se déroula sur l'île d'Ouvéa lors d'une cérémonie coutumière consacrée à la levée du deuil des dix-neuf Kanak tués un an plus tôt à la grotte de Gossanah. Il fut commis par Djubelly Wéa, ancien pasteur, partisan du

---

[24] Caldoche : mot utilisé pour définir un calédonien d'origine européenne, vivant depuis une ou plusieurs générations et le plus souvent vivant en brousse (Bensa, 1995). Selon le lexique *Mille et un mots calédoniens*, Jacqueline Schmidt inventa ce mot dans les années 60 (Fédération des œuvres Laïques, 1982). Journaliste en Nouvelle-Calédonie, elle signait ses articles prenant position contre l'instauration des « lois Billotte » du pseudonyme caldoche : Cald parce qu'elle se sentait calédonienne et oche pour les insultes de « sale boche » subies durant son enfance. Depuis 1983, la bande dessinée « La Brousse en folie », de Bernard Berger, qui se définit caldoche, participe à la vulgarisation de ce mot. Incontournable en Nouvelle-Calédonie, elle présente et représente tous les « personnages » du caillou au travers d'histoires humoristiques (www.brousse-en-folie.com).

FULK (Front Uni de la Libération Kanak), hostile aux Accords de Matignon-Oudinot, avant d'être lui-même abattu par un garde du corps des deux hommes assassinés.

Ces Accords, permirent au territoire de sortir d'une impasse politique et d'un climat social violent. Pourtant, aucune mesure de décolonisation proposée par le FLNKS ne fut retenue, ni les réformes d'ordre structurelles, ni visant à l'assainissement de l'économie. La principale raison est que l'Etat se positionna « (…) comme un arbitre dans un accord entre les deux communautés » (Freyss, 1995 : 64). Le consensus reposa alors sur l'instauration d'une politique de rééquilibrage vouée à réduire les inégalités en faveur de la population autochtone, la planification d'un référendum d'autodétermination et la création d'institutions politiques propres à la Nouvelle-Calédonie. Un projet de loi mettant en œuvre les Accords de Matignon-Oudinot fut soumis à un référendum national. La question posée fut « approuvez-vous le projet de loi soumis au peuple français par le Président de la République et portant dispositions statutaires et préparatoires à l'autodétermination de la Nouvelle-Calédonie ? » Le taux d'abstention en métropole fut très élevé : 63 % contre 37 % en Nouvelle-Calédonie. En revanche, en métropole, 80 % des votants étaient favorables au projet de loi, contre 57 % en Nouvelle-Calédonie (Faberon, Postic, 2004). A l'approche de l'échéance des Accords de Matignon-Oudinot, les politiciens de la Nouvelle-Calédonie ainsi que l'Etat ont anticipé d'éventuels affrontements qui auraient pu trouver leurs origines sur le re-questionnement de l'indépendance. Dans cette perspective, les représentants du RPCR, du FLNKS et de l'Etat signent en 1998, l'Accord de Nouméa, dont les dispositions sont posées par la loi organique du 19 mars 1999. Ce nouvel accord reconduit, notamment, la politique de rééquilibrage et s'attache à reconnaître l'identité kanak.

CHAPITRE 3

RECONNAISSANCE DE L'IDENTITE KANAK

L'Accord de Nouméa tente de renverser le rapport inégalitaire issu de l'époque coloniale d'un point de vue symbolique, idéologique et institutionnel par la reconnaissance de l'identité kanak. Elle doit être considérée comme le résultat d'un processus d'identification au sein d'une situation relationnelle qui évolue, plutôt qu'une caractéristique d'un groupe. Inscrite dans le document d'orientation de l'Accord de Nouméa, l'identité kanak est traduite par cinq caractéristiques : le statut civil particulier, le droit et les structures coutumières, le patrimoine culturel, la terre et les symboles identitaires de la citoyenneté de la Nouvelle-Calédonie. L'originalité de l'Accord de Nouméa est qu'il associe cette traduction à une restitution de l'identité confisquée de la population autochtone, dû aux méfaits du fait colonial décrit en deux temps. D'une part, comme un vaste mouvement historique marqué par la domination de l'Europe et l'installation aux conséquences multiples d'allochtones (apport d'idéaux, de connaissance, d'espoir…), animés par des attentions diverses (apporter le progrès, animer par la foi religieuse…). D'autre part, comme une période « sombre » pour la population autochtone. Le fait colonial est alors posé comme la genèse du rapport inégalitaire en Nouvelle-Calédonie et comme un frein à la construction identitaire de la population kanak.

Ce « choc » lié à la colonisation peut être entendu comme une crise identitaire au sens de Erikson, c'est-à-dire que le « sens de l'identité » de la population kanak s'est affaibli sous le joug de la domination coloniale, entraînant un sentiment d'échec, une insuffisance au regard de soi, une incapacité à prendre des décisions et à s'engager dans un avenir (Descombes, 2013). L'Accord de Nouméa associe cette perte identitaire à la colonisation foncière : « Chaque individu, chaque clan se définissait par un rapport spécifique avec une vallée, une colline, la mer, une embouchure de rivière, et gardait la mémoire de l'accueil d'autres familles. Les noms que la tradition donnait à chaque élément du paysage, les tabous marquant certains d'entre eux, les chemins coutumiers structuraient l'espace et les échanges (…) Des clans ont été privés de leur nom en même temps que de leur terre. Une importante colonisation foncière a entraîné des déplacements considérables de population, dans lesquels des clans kanak ont vu leurs moyens de subsistance réduits et leurs lieux de mémoire perdus. Cette dépossession a conduit à une perte des repères identitaires » (Accord, 1998). Pour éviter une vision manichéenne du passé, voire un acte de repentance, le fait colonial se lit également comme une histoire partagée entre les descendants de la population autochtone et de la population allochtone, constitutive d'une identité collective (« nous »). La dimension historique participe à l'intériorisation du fait colonial dans la mémoire collective.

Selon l'Accord de Nouméa, la restitution de l'identité de la population autochtone équivaut à reconnaître sa souveraineté. Au sens strict, la souveraineté renvoie à l'attribut de la citoyenneté de la Nouvelle-Calédonie. Les Kanak, en tant que population autochtone, répondent aux critères d'attribution. Au sens large, la souveraineté correspond à l'émanation d'une « communauté humaine » ou une « communauté de destin » composée de la population autochtone et des autres membres, en charge de faire émerger un projet politique, le « destin commun » (Accord, 1998). Il est associé dans l'Accord de Nouméa à une identité en devenir, pouvant être alors entendu au sens de Claude Levi-Strauss comme un concept-horizon, c'est-à-dire un concept purement théorique qui « ne correspond en réalité à aucune expérience mais qui peut orienter les interrogations sociologiques, même s'il [le concept-horizon] ne se prête pas à l'observation directe » (Lévi-Strauss, 1977; Schnapper, 2007). D'ailleurs, la signature de l'Accord de Nouméa par les deux principales instances politiques calédoniennes marque la volonté pour les Indépendantistes de concevoir l'avenir plus largement qu'à la population kanak et pour les non-Indépendantistes de prendre en compte toutes les conséquences de la reconnaissance du fait colonial (Faberon, 2002). Dans cette perspective, selon la terminologie de Dominique Schnapper, l'Accord de Nouméa pose une logique d'intégration tropique de la population autochtone. Elle est caractérisée par la création d'un système de valeurs et de normes calédoniennes tenant compte de l'identité kanak. Elle s'emboîte à une logique d'intégration systémique (ou une intégration à un système plus large), caractérisant le groupe dans son ensemble, soit le destin commun (Schnapper, 2000).

Ce chapitre présente l'objectivation de l'identité de la population autochtone selon l'Accord de Nouméa. Il se poursuit par l'étude de l'évolution de la terminologie et l'exploitation statistique de la question de la communauté d'appartenance par les recensements de la population. Opération partagée entre la Nouvelle-Calédonie et l'Etat, le recensement de 2009 illustre la philosophie de l'Accord de Nouméa.

L'ACCORD DE NOUMÉA : TRADUIRE L'IDENTITÉ KANAK

La restitution de l'identité de la population autochtone en cinq caractéristiques, peut être présentée en deux temps : d'une part, la mise à égalité du droit et des institutions coutumières et républicaines, et d'autre part, la création de symboles de la citoyenneté de la Nouvelle-Calédonie tenant compte d'attributs culturels de la population autochtone.

Reconnaître pour distinguer

Restituer l'identité kanak nécessite de la définir. Le caractère subjectif de l'identité ne permet pas d'établir une définition unique et universelle. L'identité est une construction sociale, elle est le signifiant de la différence et de la contestation du majoritaire. L'identité renvoie à une norme d'appartenance consciente car fondée sur des oppositions symboliques tandis que la culture relève d'un processus inconscient qui peut aller sans conscience identitaire. L'identité est également associée à la culture en tant que propriété inhérente au groupe parce que transmise, dans et par celui-ci, sans référence aux autres groupes. Ainsi, l'identité culturelle s'inscrit dans une question plus large, l'identité sociale, définissant le groupe à la fois par son inclusion à l'ensemble social et par son exclusion lorsque le groupe est distingué des autres (Cuche, 2010). L'identité culturelle est donc une construction sociale qui s'établit à l'intérieur de cadres sociaux, qui déterminent la place des individus et des groupes, et qui orientent leurs représentations ainsi que leurs choix. L'identité culturelle ainsi posée traduit une conception objectiviste (langue, culture, religion, psychologie collective, des éléments d'origine commune...) de sa définition et de sa construction. Dès les années 70, Jean-Marie Tjibaou par l'organisation du festival *Melanésia 2000*, a clairement participé à la re-construction de l'identité culturelle des Kanak. Celle-ci s'est inscrite dans un contexte post colonial où l'objectif politique était d'assimiler la population autochtone au système marchand sans tenir compte de leur identité. Cette reconstruction a servi à asseoir les revendications politiques indépendantistes dans un contexte de discordes politiques. La quête de la reconnaissance de l'identité kanak par les Indépendantistes traduit, au sens bourdieusien, « des luttes de classement, [des] luttes pour le monopole du pouvoir de faire voir et faire croire, de faire connaître et de faire reconnaître, d'imposer la définition légitime des divisions du monde social et, par-là, de faire et défaire les groupes » (Bourdieu, 1980 : 65).

Ce n'est pas tant l'inventaire des attributs culturels qui détermine l'identité culturelle, mais les traits retenus par les membres du groupe pour la vivre et la définir. Les quatre premières caractéristiques de l'identité kanak, selon l'Accord de Nouméa, objectivent la coutume[1] au sens générique du terme. La première caractéristique porte sur la reconnaissance du statut civil coutumier comme l'égal du statut de droit commun. L'instauration de deux statuts date de l'époque coloniale qui distingue le statut civil des sujets coloniaux de celui des citoyens. Cette distinction se perpétue après la Seconde Guerre mondiale lorsque la Nouvelle-Calédonie devient un TOM et que tous les ressortissants sont régis par la Constitution de 1946. Les Kanak, mais aussi les Wallisiens, les Futuniens et les Mahorais, dépendent du statut personnel (ou statut particulier) tandis que les autres citoyens sont rattachés au statut civil français. Le passage du premier au second statut est possible mais pas l'inverse. Le maintien de cette distinction s'explique par le droit français qui « a admis l'existence de rapports sociaux spécifiques aux communautés sur lesquelles la Métropole avait étendu son autorité ; ces rapports et le cadre institutionnel dans lequel ils se déroulaient accordant une large place au groupe parental, il fut admis que leur maintien était souhaitable, sinon nécessaire, notamment en matière de droit de la famille et des successions » (Agniel, 2009 : 82). Selon Alban Bensa, la population autochtone tient à ce statut « d'une part parce qu'il

---

[1] Jean-Marie Tjibaou, définissait la coutume comme une invention des non Kanak pour exprimer « un ensemble de choses qu'ils ne comprennent pas et qui sont les manières d'être des Kanak (…) Pour nous [les Kanak], le terme générique de coutume, c'est plutôt le droit, notre manière de vivre, l'ensemble des institutions qui nous régissent » (Tjibaou, 1996 : 171). Il distingue cette approche générique, « des coutumes » qui marquent la relation entre des groupes, telles que la naissance d'un enfant, un deuil ou le mariage d'un couple (Tjibaou, Guiart, 1976). Dans ce sens, « des coutumes » correspondent à un rassemblement de personnes où s'établissent des gestes d'échange pour rappeler la relation.

stipule leur spécificité de colonisés, d'autre part, parce qu'il protège les Réserves, devenues de petits refuges fonciers » (Bensa, 1995: 35). Cette affirmation n'est paradoxale qu'en apparence, elle servira aux Kanak à asseoir leurs revendications politiques.

La Constitution de 1958 perpétue cette distinction. La seule modification porte sur la nomination du statut civil français qui devient le statut civil de droit commun. Concrètement, lorsque le juge civil est face à des litiges entre deux personnes de statut différent ou de statut spécifique, il cherche une solution pour pouvoir appliquer le code civil : « la situation se résumait donc, jusqu'au dernier quart du siècle, à une unicité de la juridiction face à un dualisme du droit applicable et aurait pu conduire à une véritable déculturation juridique » (Agniel, 2009 : 84). La juridiction française reconnaît la coutume kanak en instaurant les assesseurs coutumiers par l'ordonnance du 15 octobre 1982. Ils siègent au tribunal aux côtés d'un juge civil et règlent les conflits tels que la garde d'enfants en cas de séparation. Mais dans les faits, le recours aux assesseurs, par manque d'information des justiciables ou refus des magistrats, n'est pratiquement pas utilisé jusqu'au début des années quatre-vingt-dix.

L'Accord de Nouméa prévoit dans son préambule que « la pleine reconnaissance de l'identité kanak conduit à préciser le statut coutumier et ses liens avec le statut civil des personnes de droit commun (…) » (Accord, 1998). Le statut particulier est renommé statut civil coutumier kanak [2]. Cette modification terminologique met sur un pied d'égalité le statut civil coutumier et le statut de droit commun. Selon la loi organique du 19 mars 1999, le système juridique de droit civil correspond au droit de la famille, au droit des personnes, au droit des contrats, au droit des terres et tout ce qui se trouve dessus. Tous les autres droits relèvent du droit commun. Qui plus est, il n'est plus le statut à devenir de tous, puisque l'Accord de Nouméa permet aux personnes bénéficiant d'un statut de droit commun de revenir au statut civil coutumier. Dans la perspective de construire un destin commun, les dispositions de la loi organique répondent à « une égalité entre les identités et donc des statuts civils en présence » (Cornut, 2008 : 8). Depuis 1998, la coutume, interprétée sous un angle juridique, est plus prégnante dans les litiges qui sont réglés à l'amiable par les autorités coutumières et, en cas de

---

[2] Depuis la loi organique du 19 mars 1999, trois statuts civils coexistent : le statut civil de droit commun, le statut civil particulier, qui concerne les Wallisiens, les Futuniens et les Mohorais, et le statut civil coutumier propre aux Kanak.

conflit, par une juridiction particulière où siègent des assesseurs coutumiers présents dans les trois provinces. Dès lors, les délibérations des assesseurs valent autant que celles du juge professionnel. Les assesseurs sont aussi présents au niveau de la cour d'appel, où ils ont le même pouvoir de décision que les magistrats professionnels

La deuxième caractéristique, le droit et les structures coutumières, s'attache à reconnaitre institutionnellement la coutume aux côtés des institutions politiques. D'une part, le Sénat coutumier remplace le conseil consultatif coutumier mis en place par les Accords de Matignon-Oudinot. Il est « obligatoirement consulté sur les sujets intéressant l'identité kanak » (Accord, 1998). Outre sa fonction consultative, il assure également une fonction délibérative concernant les projets ou propositions de lois du pays sur les signes identitaires de la Nouvelle-Calédonie, le statut civil coutumier, le régime des terres coutumières, le régime des palabres[3] coutumiers, les limites des aires coutumières et les modalités d'élection au sénat coutumier et aux conseils coutumiers. Il peut également saisir à tout moment le gouvernement, le congrès ou une province pour toute proposition concernant l'identité kanak (ISEE-TEC, 2012). D'autre part, le conseil coutumier est composé de seize membres (deux représentants par aire) issus des huit aires coutumières (ou pays coutumiers) du territoire instaurées en 1988. Il assure une fonction consultative et est saisi en cas de litige sur un acte coutumier. Ses compétences concernent les affaires de droit privé liées au statut civil coutumier, les terres coutumières et les questions relatives à la langue et à la culture kanak (ISEE-TEC, 2012). Le Président change chaque année selon le principe de la présidence tournante entre les huit aires coutumières.

La troisième caractéristique de l'identité kanak, le patrimoine culturel, se décline en cinq points : le rétablissement des noms de lieux sacrés ; le retour d'objets culturels de l'art kanak qui se trouvent dans les musées ou dans les collections en France métropolitaine ou à l'étranger ; la protection des langues par leur enseignement et la création d'une académie des langues kanak ; le

---

[3] Le palabre coutumier est « une décision prise collectivement, comparable à une résolution d'une assemble délibérante. Le procès-verbal de palabre (appelé « acte coutumier » depuis 2007) est établi par l'officier public coutumier, qui joue le rôle d'un notaire en ce qu'il garantit la sincérité des événements et décisions qu'il retranscrit. C'est là le moyen de passer de l'oralité à l'écrit » (Lafargue, 2012).

développement culturel par des formations artistiques par exemple, sous l'autorité de l'Agence de Développement de la Culture Kanak (ADCK)[4] ; la création du Centre culturel Tjibaou, édifié en l'honneur du dirigeant indépendantiste en mai 1998.

La quatrième caractéristique, la terre, fait référence aux actions de l'ADRAF en charge de restituer le foncier aux Kanak, pilier de leur économie de subsistance et de leur organisation sociale. Cette agence est un établissement public d'Etat depuis les Accords de Matignon-Oudinot. Elle fait suite à d'autres structures, mises en place depuis les années 70, en charge d'organiser des réformes foncières en réponse aux revendications de la population kanak. Ses missions consistent à instruire les demandes de revendications foncières, à acquérir des terrains, à attribuer des terres aux GDPL (Groupement de Droit Particulier Local), qui regroupent des individus attachés entre eux par des liens coutumiers, qui bénéficient pour la plupart du statut civil coutumier, et à accompagner des projets de développement économique sur les terres coutumières. En 2010, l'ADRAF a acquis 800 hectares et en a attribué 3 629 à quatorze GDPL et à deux collectivités. Elle possède en stock 17 033 hectares (ISEE-TEC, 2012).

Distinguer pour unir

Objectiver l'identité kanak risque de cloisonner la population autochtone dans un carcan culturaliste. Un triptyque identitaire se dessine : Kanak du passé soumis à l'autorité coloniale, Kanak du présent, peuple souverain enclin à prendre des décisions, Kanak de l'avenir, acteur dans la construction du destin commun. Mais Kanak avant tout identifié aux rouages de la société domestique qui ne revêt pas le même sens aux inégalités et à la finalité économique, que le système marchand. Pour éviter ce piège, l'Accord de Nouméa, définit l'identité kanak par une cinquième caractéristique : les symboles de la citoyenneté de la Nouvelle-Calédonie. Engagée dans un processus de décolonisation, la Nouvelle-Calédonie se distingue du reste de

---

[4] Elle est en charge de valoriser le patrimoine archéologique et linguistique kanak, d'encourager des formes d'expression artistiques et culturelles et de promouvoir les échanges culturels dans la région du Pacifique Sud. Une grande partie de ses activités est organisée au centre culturel Jean-Marie Tjibaou.

l'outre-mer par l'octroi d'une citoyenneté[5] qui se superpose à la citoyenneté française. Instaurée par l'Accord de Nouméa, elle est définie par rapport au corps électoral restreint à l'élection des membres des assemblées provinciales et du congrès. L'article 188 de la loi organique du 19 mars 1999, restreint le corps électoral selon le droit du sol et du sang. Le droit du sol s'applique d'une part, aux personnes qui ont voté aux élections de 1988, et d'autre part, à celles arrivées entre 1988 et 1998, inscrites sur le tableau annexe (c'est-à-dire qu'elles n'étaient pas admises sur la liste spéciale) et justifiant de dix ans de résidence. Enfin, le droit du sol et le droit du sang définissent la citoyenneté des jeunes qui atteignent la majorité après 1998. Il faut qu'ils justifient de dix ans de résidence continue en 1998 ou qu'un de leurs parents soit citoyen (Chauchat, 2011; Christnacht, 2004).

Les Kanak en tant que population autochtone, répondent aux critères d'attribution de la citoyenneté de la Nouvelle-Calédonie. D'ailleurs, la terminologie désignant la population autochtone dans le préambule de l'Accord de Nouméa passe de la « population d'origine » au « peuple kanak », décliné deux fois selon l'expression « peuple d'origine », trois fois par « peuple fier » et trois fois comme « peuple kanak ». Le mot, peuple, est significatif car associé à la légitimité d'accéder au principe de souveraineté (peuple souverain). La citoyenneté est source de lien social : son attribut juridique traduit les valeurs de liberté et d'égalité qui sont au fondement de l'autonomie des individus et de l'acquisition d'un statut social constitutif de l'identité individuelle et collective des citoyens. Le vote manifeste l'égalité entre les citoyens et la légitimité de l'ordre politique. Il représente la liberté de choisir les dirigeants, d'exprimer une confiance ou un mécontentement envers eux. A l'occasion des élections, « la collection d'individus isolés se constitue fugitivement et symboliquement comme une communauté des citoyens, source de la légitimité politique » (Schnapper, 2000 : 142).

Les symboles identitaires de la citoyenneté de la Nouvelle-Calédonie doivent être créés par la « communauté humaine ». Ils consistent à déterminer, un nom, un drapeau, un hymne, une devise et un graphisme des billets de banque propre à la Nouvelle-Calédonie. Ils doivent exprimer

---

[5] Ceux qui ne votent pas aux élections provinciales et au référendum d'autodétermination sont nommées "résidents". Ils forment le tableau annexe et peuvent voter aux scrutins nationaux (élections présidentielles, législatives, municipales, européennes et référendums nationaux).

l'identité kanak ainsi que le « futur partagé entre tous » afin que l'ensemble de la population résidant en Nouvelle-Calédonie s'y reconnaisse (Accord, 1998). Le but de ce type de « rites » est de « maintenir le sens de la communauté, d'entretenir le sentiment d'appartenance au collectif et la croyance dans la singularité et la grandeur des valeurs nationales » (Schnapper, 1994). A cet effet, le comité de pilotage des signes identitaires du pays (CPSIP), créé en 2007 par le gouvernement, est chargé d'émettre des propositions concrètes à celui-ci puis au congrès. Il est dirigé par Déwé Gorodey, vice-présidente indépendantiste du gouvernement, chargée de la culture, de la condition féminine et de la citoyenneté. Il comprend plus d'une vingtaine de membres représentant la société calédonienne (politiques, religieux, syndicats, société civile et monde associatif), organisés en cinq collèges. Le CPSIP a proposé un concours auprès de la population pour déterminer trois signes identitaires sur cinq : l'hymne, la devise et le graphisme des billets de banque. La seule condition pour concourir est de résider en Nouvelle-Calédonie. La grande majorité des membres du CPSIP s'est positionnée comme jury afin de sélectionner les propositions des artistes candidats et de formuler une proposition au gouvernement. Lorsque cette proposition est retenue, elle doit être validée par le Conseil d'Etat (français) puis par le Congrès de la Nouvelle-Calédonie.

Un cahier des charges pour les trois concours a été rédigé par le CPSIP, mentionnant notamment la composition des jurys et les critères de choix. Au préalable, le CPSIP a établi une liste des « valeurs philosophiques » (plus de vingt) que les artistes devront prendre en compte. Organisées par ordre hiérarchique, elles comptent les valeurs de l'Accord de Nouméa, les valeurs océaniennes, celles de la République française, les valeurs chrétiennes et enfin les autres valeurs. De cette démarche participative, l'hymne retenu est *Soyons unis, devenons frères*, qui sera joué après la Marseillaise lors des cérémonies officielles. La devise de la Nouvelle-Calédonie est, *Terre de parole, terre de partage*. Le graphisme des billets, décliné en trois propositions pour chaque billet, servira de support à la création des billets par la Banque de France. La mise en circulation des nouveaux billets est prévue en janvier 2014 et ils remplaceront progressivement les coupures de billets actuelles. La loi de pays portant sur ces trois signes identitaires est votée le 18 août 2010. Les deux signes, le drapeau et la re-nomination de la Nouvelle-Calédonie, attisent le plus de réticences quant à leur adoption car les propositions revêtent un caractère politique. Concernant l'adoption d'un drapeau commun, les discussions se sont imposées à l'approche des jeux du Pacifique organisés du 27 août au 10 septembre 2011. A l'initiative d'un dirigeant politique non-indépendantiste, le drapeau de la France et celui du FLNKS[6] flottent côte à côte. Ce dernier est perçu comme un emblème des revendications indépendantistes car il a été brandi pour la première fois durant les Evénements. En opposition à cette proposition, le Collectif pour un drapeau commun, a lancé un concours pour adopter un étendard choisi par tous dans la perspective de construire un destin commun. Mais le consensus n'est pas trouvé. Quant au nom de pays, les Indépendantistes proposent d'adopter Kanaky. Prononcé pour la première fois par le FLNKS lors du soulèvement kanak contre les élections territoriales du 18 novembre 1984, c'est un acte symbolique de la revendication indépendantiste. A la même période, le drapeau indépendantiste est hissé pour la première fois à La Conception, tribu du Grand Nouméa. Quant aux non- Indépendantistes, ils souhaitent conserver l'appellation Nouvelle-Calédonie, voire Calédonie. A l'instar de la Papouasie Nouvelle-Guinée, une proposition serait de combiner les deux appellations : Kanaky-Nouvelle-Calédonie.

OBJECTIVER LE SENTIMENT COMMUNAUTAIRE PAR LE RECENSEMENT

La statistique contribue à créer la réalité sociale. Depuis l'époque coloniale les résidents du territoire sont catégorisés selon l'ethnie et depuis le recensement de 1996, selon la communauté d'appartenance. Instauré dans une relation qui oppose un groupe à un autre, ce mode de catégorisation, implique un caractère légitime et normatif de l'identité ethnique. La dernière évolution porte sur le recensement de 2009 qui réintroduit la question de l'appartenance communautaire par rapport au recensement de 2004. Cette évolution illustre le passage d'une logique d'assimilation à celle d'intégration de la population autochtone à son destin commun.

---

[6] Le Congrès propose par un vœu, le 13 juillet 2010, que les deux drapeaux flottent sur les édifices publics de Nouvelle-Calédonie.

L'historique de la question communautaire

En Nouvelle-Calédonie, le premier recensement de la population autochtone, en 1887, repose sur d'anciennes estimations. Les suivants s'appuient sur le registre de tribus renseigné par les gendarmes, distinguant la population autochtone résidant dans les tribus et hors des tribus[7]. Au total, sous l'époque coloniale, le recensement organise la population en trois catégories : la population libre ; la population pénale (condamnés, relégués, libérés), la population autochtone ainsi que les étrangers. Cette classification traduit une hiérarchie de statut, de pouvoir économique et d'origine géographique. La dimension religieuse est sous-jacente à cette classification, permettant de distinguer au sein de la société, les chrétiens des autres confessions. En effet, le processus de colonisation s'est appuyé sur la religion comme facteur de différenciation de la population kanak, assujetti à l'autorité coloniale, et comme moyen d'assimiler la population autochtone au système colonial (cf. les travaux de Maurice Leenhardt). On peut donc émettre l'hypothèse que la classification résultant de la distinction religieuse s'est orientée vers une construction ethnographique et sociale de la société rendant impossible de penser de manière uniforme la stratification sociale de la population résidant en Nouvelle-Calédonie.

Au recensement de 1946, au moment où la Nouvelle-Calédonie devient un TOM, la population est organisée selon la nationalité, distinguant les citoyens de l'Union Française (c'est-à-dire les Français de souche métropolitaine), les citoyens naturalisés français, et les étrangers. La population autochtone, sujet sous l'empire colonial, s'inscrit dans la sous-catégorie « naturalisés français » pouvant être comprise comme « introduite » à la France. Cette nationalité acquise par assimilation juridique, s'accompagne d'une citoyenneté française partielle puisque le statut civil coutumier est maintenu ainsi que l'organisation spatiale et résidentielle de la population autochtone dans les tribus. Les recensements suivants jusqu'en 1969, ont présenté les résultats selon le groupe ou la catégorie ethnique du recensé, sans faire l'objet d'une question à part entière. Par exemple, en 1969, les personnes étaient listées dans une colonne intitulée « nationalité et souche » à l'intérieur de la feuille de logement. La consigne était d'inscrire F.S. pour les Français de souche, F.M. pour souche

---

[7] Une distinction est également opérée entre les Français libres nés en Nouvelle-Calédonie de ceux nés en France ou hors du territoire.

mélanésienne, F.P. pour souche polynésienne, F.W. pour souche wallisienne, F.I. pour souche indonésienne, F.V. pour souche vietnamienne, F.E. pour souche européenne, F.A. pour souche autre, et le nom de la nationalité étrangère pour les autres. La colonne suivante intitulée « pour les Français de souche mélanésienne », il fallait indiquer la tribu d'origine ainsi que la nature du statut (statut particulier ou statut de droit commun). La distinction ethnique est un moyen d'organiser la population selon son origine et elle traduit une stratification sociale qui concurrence celle de classe sociale (« catégorie »). Un groupe ou une catégorie ethnique se définit selon quatre critères : il se perpétue biologiquement ; il a en commun des valeurs culturelles fondamentales, réalisées dans des formes culturelles ayant une unité manifeste ; il constitue un espace de communication et d'interaction ; ses membres s'identifient et sont identifiés par les autres comme une catégorie qui se distingue des autres groupes (Barth, 1995). Cette définition cloisonne les groupes les uns des autres. En 1976, la question ethnique existait sous cette forme : « Origine ethnique » avec huit modalités : *Européenne, Indonésienne, Mélanésienne, Néo-Hébridaise, Tahitienne, Vietnamienne, Wallisienne, Autre*. En sous-question, les Mélanésiens devaient indiquer la tribu d'origine et le statut (particulier ou de droit commun).

Au lendemain des Accords de Matignon-Oudinot, le recensement de 1989 introduit le terme « communauté » : « A laquelle des communautés ethniques suivantes la personne estime-t-elle appartenir ? » Les modalités sont celles que l'on retrouve dans le recensement de 2009 [8] et suivent un ordre alphabétique : Européenne, Indonésienne, Mélanésienne, Ni-Vanuatu, Tahitienne, Vietnamienne, Wallisienne - Futunienne, Autre asiatique et Autre. En sous-question : « Pour les Français de souche mélanésienne » ils devaient indiquer la tribu d'appartenance, la commune et le statut (particulier, de droit commun). Le recensement suivant de 1996, mené deux ans avant la signature de l'Accord de Nouméa, supprime le terme ethnique et adresse directement la question de la communauté d'appartenance au recensé : « A laquelle des communautés estimez-vous appartenir ? » Par le terme communauté il ne faut pas entendre « une forme sociale mais un lien social qui pourrait faciliter l'intégration dans la société globale » (Khellil, 2005 : 91) ou pour reprendre l'Accord de Nouméa une « communauté de destin ».

---

[8] Au recensement de 2009, la modalité Néo-Hébridaise est remplacé par Ni-Vanuatu et la modalité « Futunienne » est distincte de celle « Wallisienne ».

Le boycott du recensement de 2004

Quelques mois avant le démarrage de la campagne du recensement de 2003, le Président Jacques Chirac en déplacement en Nouvelle-Calédonie, a répondu à une question d'Isabelle Artus, championne de karaté de 25 ans : « *Je suis née à Vannes et je vis en Nouvelle-Calédonie depuis l'âge de deux ans, mais je ne me sens pas zoreille* [métropolitain vivant en Nouvelle-Calédonie, différent de caldoche]. *Alors dans la colonne ethnie* [notons que c'est le terme communauté d'appartenance qui est en vigueur depuis 1996] *des documents officiels, je mets « autre ». Quelle est la place de « l'autre » en Nouvelle-Calédonie ?* ». Le Président de la République a répondu : « *Cette idée de faire cocher une origine ethnique est scandaleuse (...) je ne peux que condamner de la manière la plus sévère cette histoire du recensement décidée par quelqu'un de tout à fait irresponsable. (...) Il n'y a qu'une seule réponse, vous êtes Française et il y a des Français de toutes origines ethniques* » (Wéry, 2003).

En Nouvelle-Calédonie le recensement est dit « classique » car le dénombrement de la population est exhaustif. Il est placé sous la responsabilité de l'Insee qui finance l'opération, assure le pilotage de la collecte et détermine la population légale. L'Isee participe à la collecte, assure la cartographie des zones à recenser, organise la saisie des bulletins individuels et des feuilles de logement et exploite les données. C'est donc une opération partagée entre les deux instituts. Le recensement de 2004 a été reporté d'une année et les bulletins individuels n'ont pas fait mention de la question de l'appartenance communautaire. La discorde politique quant à cette décision a été immédiate. Du côté des non-Indépendantistes, Pierre Frogier, président du RPCR, a déclaré : « *ce qui est important, c'est d'avoir un comptage de la population, mais compte tenu des aspirations de tous les Néo-calédoniens à construire une société en commun, rien aujourd'hui ne justifie cette segmentation par ethnie* » (Wéry, 2003). Du côté des Indépendantistes trois arguments sont avancés. Premièrement, la statistique mesure le rééquilibrage entre les communautés. Deuxièmement, elle quantifie l'évolution des communautés de migrants historiquement les plus importantes ; soit la population de métropole et celle de Wallis et Futuna. Ce point fait écho au troisième argument des Indépendantistes concernant la revendication du gel du corps électoral au référendum d'autodétermination. A cette occasion, Paul Néaoutyine, président de la province Nord, mentionnait que « *si le gel est rétabli, c'est vrai que cette question ethnique ne se justifie plus (...) d'autres questions pour pouvoir mesurer les effets du rééquilibrage* » entre les communautés devront être trouvées (Wéry, 2003). Dans les faits, les Indépendantistes ont appelé la population autochtone à boycotter le recensement de 2004. Un lourd travail de redressement des données manquantes a été assuré par l'Insee ayant pour conséquence des suspicions sur la validité des données, qui pour la première fois de l'histoire du recensement de la Nouvelle-Calédonie ne présentent aucune statistique communautaire.

LES INNOVATIONS DU RECENSEMENT DE 2009

La Commission Nationale de l'Informatique et des Libertés (CNIL) a donné un avis favorable pour réintroduire la question de l'appartenance communautaire au recensement de 2009[9]. Elle rappelle une délibération de 2002, dans laquelle elle avait affirmé que « le recueil de l'appartenance ethnique des personnes, compte tenu des caractéristiques sociodémographiques propres au territoire de Nouvelle-Calédonie, répond à un motif d'intérêt public [...] ». Par contre, la CNIL règlemente l'exploitation statistique de la communauté d'appartenance au niveau territorial et provincial. Le recensement de 2009 s'inscrit dans la logique de l'Accord de Nouméa en trois points. Premièrement, il innove avec la terminologie des modalités de réponse. Le terme Kanak remplace Mélanésien dont le sens plus large correspond aux populations noires de la Mélanésie. Ce changement a été souhaité en conformité avec les accords de Matignon-Oudinot puis de Nouméa, par les autorités locales, lors de la consultation sur le projet de décret d'organisation du recensement de la population de 2009. Deuxièmement, en raison de la mise à égalité du statut du droit particulier et du droit commun, la question du statut jusque-là posée, a été supprimée. Les personnes qui se sentent appartenir à la communauté kanak doivent indiquer le nom de la tribu d'appartenance ainsi que la commune où se trouve cette tribu. Le décret n°2003-485 du 5 juin 2003, relatif au recensement de la population, stipule que la population se considérant comme appartenant à une tribu est

---

[9] La CNIL interdit la statistique ethnique, outre l'exploitation des données du recensement de la Nouvelle-Calédonie et de Wallis-et-Futuna. Pour autant, des chercheurs en sciences sociales posent un débat scientifique sur l'introduction des questions ethniques dans les enquêtes publiques. Pour plus de détail se reporter à l'article « La variable ethnie comme catégorie statistique » de la revue *Population* publié en 1998 et le dossier-débat de la *Revue Française de Sociologie* de 2008, « L'usage des catégories ethniques en sociologie ».

comptabilisée au titre de la population comptée à part de la commune où est située la tribu. Cette catégorie de population est une composante de la population légale qui est la référence dans les textes législatifs dont ceux relatifs aux dotations budgétaires des communes. Troisièmement, les recensés qui cochent « autre » peuvent affiner leur réponse au-delà des huit autres catégories proposées. Certains se sont d'ailleurs déclarés « Calédonien » ou « Néo calédonien ». Les recensés ont également la possibilité de déclarer se sentir appartenir à plusieurs communautés pour traduire le métissage. Le test réalisé en août 2008 sur un échantillon de 150 ménages a montré l'intérêt de pouvoir, si la personne le souhaite, cocher plus d'une case. Le bilan du test pour le Comité du label d'octobre 2008, stipule que plus d'un individu sur dix opte pour ce panachage et que le métissage reflète une frange non négligeable de la population testée, malgré la complexité supplémentaire à analyser les résultats. Quelques exemples sont cités : européens-mélanésien, indonésien-wallisien, wallisien-tahitien, européen-vietnamien, mélanésien – autres (antillais)… Au cours du test, quatre cases ont été cochées pour des enfants : deux cases expriment le métissage de la mère et deux autres celui du père, par exemple.

La question du métissage a été habilement exploitée par les agents de l'Isee en présentant des combinaisons pour les trois ethnies les plus importantes. Ainsi, les personnes qui se sont déclarées Kanak, plus une (ou plusieurs) autre communauté sont les « Kanak métissés » (Tableau III.1). Ils stipulent que le « nombre relativement conséquent de panachages déclarés et de non-réponses ne permet pas le suivi immédiat de l'évolution communautaire par rapport au recensement de 1996 » (Rivoilan, Broustet : 2011a). Les proportions des trois communautés sont les mêmes entre 1996 et 2009 si l'on tient compte des réponses multiples.

TABLEAU III.1. PROPORTION DE METISSES EN 2009

	1996	2009
Kanak	44,1 %	40,3 %
Kanak métissés		44,3 %
Européens	34,1 %	29,2 %
Européens métissés		33,9 %
Wallisiens-Futuniens	9,0 %	8,7 %
Wallisiens-Futuniens métissés		10,4 %

Quel est l'intérêt de saisir le métissage en Nouvelle-Calédonie ? Une hypothèse serait, à long terme, la suppression de la question communautaire du recensement de la population. S'il n'est plus possible de dégager des groupes communautaires distincts les uns des autres, les résultats n'auront plus de significativité statistique et de représentativité sociale. Un parallèle peut être opéré avec la Polynésie française. Le recensement de 1988 ne pose plus la question relative à l'appartenance ethnique de l'individu mais celle de ses deux parents avec la possibilité de déclarer deux réponses pour chacun d'eux. La catégorisation directe de l'individu est déterminée par la catégorisation indirecte de ses parents. Le traitement des données aboutit à la création de 27 catégories communautaires distinctes, regroupées dans trois catégories habituelles (Polynésiens et assimilés, Européens et assimilés, Asiatiques et assimilés). La validité sociale d'autant de catégories n'étant pas assurée, l'expression du métissage a favorisé la suppression de la question ethnique depuis le recensement de 1996 (Troadec, 1992; Rallu, 1993). Le caractère subjectif a supplanté au cours du temps l'objectivation du sentiment d'appartenance communautaire. La représentation statistique du métissage a longtemps relevé de la difficulté de distinguer les « Demi », des Polynésiens-Européens et des Polynésiens en tant que classe sociale. En Nouvelle-Calédonie, cette hypothèse irait dans le sens de l'Accord de Nouméa qui stipule que la reconnaissance de l'identité kanak est un « préalable à la refondation d'un contrat social entre toutes les communautés qui vivent en Nouvelle-Calédonie » (Accord, 1998). Le terme « contrat social », permet de lire l'héritage de la philosophie des Lumières et de la Déclaration des droits de l'homme de 1789 où historiquement la nation française est fondée sur le lien politique. Pour être citoyen, ou le devenir, il n'est pas nécessaire de se référer à une appartenance communautaire. En attendant, le recensement de la population de la Nouvelle-Calédonie reste la principale source de mesure des effets de la politique de rééquilibrage entre les Kanak et les autres communautés. Instaurée en 1988, cette politique est vouée à réduire les inégalités en faveur de la population autochtone.

CHAPITRE 4

REEQUILIBRAGE ET CHANGEMENT SOCIAL

Le rééquilibrage s'apparente à une politique de développement, créant les conditions sociales et politiques propices au développement d'une économie stable, par la réduction des inégalités en faveur de la population autochtone. Son objectif est double : favoriser une paix durable entre les communautés et maintenir une économie stable, pour permettre aux électeurs du référendum d'autodétermination « de choisir librement et assurés de leur avenir, la maîtrise de leur destin » (Christnacht, 2004 : 57). Instaurée en 1988, le rééquilibrage est pour les Indépendantistes le gage d'une solution négociée avec les non-Indépendantistes et l'Etat français, et ce afin de s'acheminer vers l'indépendance institutionnelle de la Nouvelle-Calédonie. Les Indépendantistes comptent sur le partage du pouvoir politique pour déployer le secteur minier, principale richesse du territoire. L'objectif étant de s'extraire du joug économique de l'Etat français et de maîtriser le développement pour éviter de calquer par mimétisme le modèle de l'économie marchande. Le rééquilibrage, dont la durée n'est pas fixée, est d'abord politique et économique. La production scientifique et la presse font du rééquilibrage une politique de développement rappelant la politique de « rattrapage » des DOM vers la mère patrie (Temporal, 2008). Le développement porte une dimension normative, l'associant au progrès technique et social, à l'élévation du niveau de vie et à la croissance économique. Concept dans l'air du temps, le rééquilibrage, est un terme souvent utilisé par les instances internationales de développement (FMI et Banque mondiale), caractérisant les politiques, économiques notamment, adoptées par les pays en difficulté. Il est marqueur de changement, d'un nouvel équilibre vers lequel tendre et prémices de politique d'ajustement : « rééquilibrage et réformes de structures participent d'ailleurs de la même logique et reposent sur les mêmes principes d'assainissement financier, de réduction du rôle de l'Etat et d'ouverture sur l'extérieur » (Blanchet, 1999 : 50).

Les Accords de Matignon-Oudinot mentionnent le rééquilibrage à trois reprises. A chaque fois, il est associé au soutien financier de l'Etat à la Nouvelle-Calédonie ou aux provinces, sous forme de contrat de développement. Les principaux objectifs sont, « l'organisation des formations initiales et continues, le rééquilibrage économique du Territoire et l'amélioration des infrastructures de désenclavement, le développement des équipements sanitaires et sociaux, la promotion de la culture mélanésienne, le développement des activités économiques productives » (Accords, 1988). L'Accord de Nouméa reconduit le rééquilibrage selon les mêmes caractéristiques. Associé à l'idée de partage dans le préambule, il est mentionné dans les paragraphes relatifs aux compétences régaliennes, à la formation des hommes et au développement économique du secteur des mines. Par contre, son renouvellement s'inscrit dans un contexte où le processus de décolonisation est renforcé par le transfert de compétence de l'Etat et la reconnaissance de l'identité kanak à la construction d'un destin commun. Ce renforcement suppose que la réussite du rééquilibrage glisse d'une responsabilité partagée entre l'Etat français et la Nouvelle-Calédonie, à une responsabilité locale. D'ailleurs, la loi organique du 19 mars 1999 stipule, dans le titre VIII relatif au rééquilibrage (article 211), qu'un Schéma d'Aménagement et de Développement de la Nouvelle-Calédonie sera mis en place. Il doit orienter les objectifs de rééquilibrage notifiés par les contrats de développement, veiller à un développement équilibré du territoire, fixer des objectifs et prévoir les moyens à mettre en œuvre pour faire valoir le rééquilibrage. Le Schéma, instauré en 2008, émet des préconisations pour une Nouvelle-Calédonie à l'horizon 2025 dit NC 25. Il repose sur neuf ateliers thématiques (solidarité et égalité des chances - adéquation population et emploi – vie et performance des entreprises – mondialisation – développement, culture et valeur identitaire – environnement et cadre de vie – organisation spatiale, service à la population et activités – organisation spatiale, organisation du sol, ruralité et urbanisation – administration) qui retranscrivent la parole des Calédoniens.

Ce chapitre est une présentation de la mise en œuvre locale du rééquilibrage. Il s'organise par l'instauration des provinces et de mesures discriminatoires envers la population autochtone, entendues comme une mesure spéciale pour que les valeurs collectives (égalité, lutte contre le racisme…) soient respectées. Il se poursuit par la présentation de quatre paramètres au rééquilibrage qui conditionnent le changement social en Nouvelle-Calédonie et plus spécifiquement, du système domestique kanak.

LE RÉÉQUILIBRAGE EN REPONSE AU RAPPORT INEGALITAIRE

La mise en œuvre du rééquilibrage s'appuie sur l'organisation du territoire en trois provinces et de mesures discriminatoires envers la population autochtone. Ces deux outils politiques doivent favoriser l'intégration tropique de la population autochtone. Selon Dominique Schnapper, cette forme d'intégration est une participation à la vie collective par l'activité économique, l'apprentissage des normes de consommation ou encore des échanges avec ses pairs et les institutions. Elle a vocation de donner les moyens aux individus de participer à la vie collective sur une base égalitaire (le plus possible), ce qui implique que les citoyens sont égaux en droits et que des mesures sont prises pour les traiter de la même manière. Ce modèle d'intégration s'applique également en France, mais la différence porte sur la population visée par ce type de politique. En Nouvelle-Calédonie, la population autochtone doit intégrer, sans perdre son identité, le système dominant imposé par les allochtones. Tandis qu'en France, c'est la population immigrée et ses descendants qui doivent intégrer le système sociétal français.

La mise en œuvre du rééquilibrage par les provinces

En 1988, les provinces entérinent les Régions dont les limites sont calquées sur les zones de cantonnement des Kanak sous l'époque coloniale (Figure IV.1). Sur les 245 580 Calédoniens recensés en 2009, 7 % vivent en province Iles Loyauté, 18 % en province Nord et 74 % en province Sud. Parmi la population loyaltienne, 97 % se déclarent Kanak. Cette proportion s'élève à 74 % dans le Nord. La population du Sud est hétérogène[1] mais dominée par la communauté européenne : 36 %, contre 27 % pour les Kanak. L'appartenance communautaire est une spécificité du recensement calédonien. Exception au concept républicain de l'égalité, l'exploitation de cette question est fortement

---

[1] L'hétérogénéité de la province Sud s'exprime de la manière suivante : 11 % Wallisienne et Futunienne, 10 % de plusieurs communautés, 7 % autre communauté, 3 % tahitienne, 2 % indonésienne, 1 % ni-Vanuatu, 1 % vietnamienne, 1 % autre et 1 % non déclaré.

réglementée par la CNIL. Seuls les croisements au niveau provincial sont possibles.

La délimitation des provinces superpose la répartition ethnique de la population issue de l'époque coloniale, encore patente. Le découpage longitudinal de la Grande Terre a pour avantage de répartir la population kanak résidant en milieu rural et de partager le pouvoir politique entre les deux principaux partis. Le Nord, comme les Iles Loyauté, sont dirigés par les Indépendantistes alors que les non-Indépendantistes sont à la tête de la province Sud. Nouméa n'est plus l'unique centre de décision politique.

FIGURE IV.1. DELIMITATION DES PROVINCES

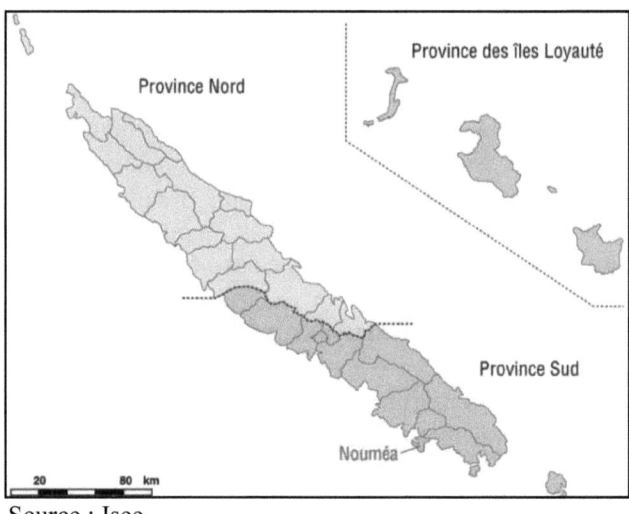

Source : Isee

Les provinces tirent essentiellement leurs ressources de la Nouvelle-Calédonie et des transferts de l'Etat français. Dans le cadre du rééquilibrage, la dotation budgétaire favorise les provinces du Nord et des Iles Loyauté par rapport à la province Sud, proportionnellement à leur population. Tout d'abord, les recettes fiscales de la Nouvelle-Calédonie sont versées aux provinces par dotation de fonctionnement et par dotation d'équipement. La loi référendaire du 9 novembre 1988 spécifie que la distribution des recettes fiscales est inégalement répartie, proportionnellement à la population des provinces. Ainsi, les dotations de fonctionnement s'élèvent à 50 % pour le Sud, 32 % pour le Nord et 18 % pour les Iles Loyauté. Concernant les dotations d'équipement, la répartition s'établit à 40 % pour le Sud, 40 % pour le Nord et 20 % pour les Îles Loyauté. Les provinces bénéficient d'une dotation globale de fonctionnement et d'une dotation globale de construction et d'équipement des collèges, versées par l'Etat (ISEE-TEC, 2012 : 158). Elles établissent également des contrats de développement avec l'Etat qui finance, depuis les années 1990, en moyenne 44 milliards de F.CFP (368 millions euros) pour chaque contrat de développement[2] (ISEE-TEC, 2012 : 167), dont près des deux tiers sont attribués aux provinces. Selon les Accords de Matignon-Oudinot, sept objectifs doivent réduire le retard structurel des provinces Nord et Iles Loyauté : l'organisation des formations initiales et continues, le rééquilibrage économique du territoire et l'amélioration des infrastructures de désenclavement (dont la route transversale, la Koné-Tiwaka, qui relie le Nord-Ouest au nord-est de la Grande Terre), le développement des équipements sanitaires et sociaux, la promotion de la culture mélanésienne, le développement des activités économiques productives, la création ou la réhabilitation d'établissements scolaires ou de formations, des hôpitaux et des dispensaires, des mesures en faveur du logement social et de la couverture sociale unifiée.

Les provinces mettent en place deux types de mesures de développement. Premièrement, les subventions provinciales financent des projets d'entreprises privées. Chaque province adopte un code (de développement et/ou d'investissement) spécifique qui recense les dispositions générales et les modalités d'application de leurs régimes d'aides respectifs. Deuxièmement, les sociétés d'économie mixte (SEM), créées par l'article 139 de la loi du 22 janvier 1989, sont des sociétés qui associent des partenaires privés et publics (ISEE-TEC, 2012 : 168). Dans le Sud, Promosud intervient dans le secteur de l'environnement et des énergies renouvelables, participe à des projets hôteliers et détient des participations importantes dans le secteur minier. Aux Iles Loyauté, la Sodil (Société de développement et d'investissement de la province Iles Loyauté) priorise les projets de transport, d'hôtellerie et de la

---

[2] Prévus par les articles 84 et 85 de la loi référendaire n°88-1028 du 9 novembre 1998, les premiers contrats de développement ont été signés par l'Etat et les provinces pour la période 1990-1992, les deuxièmes pour 1993-1997, prolongés par avenants en 1998 et 1999, les troisièmes contrats, pour 2000-2004, prolongés par avenants en 2005. Enfin, les contrats de 2006-2010 ont été suivis par ceux de 2011-2015.

pêche. Dans le Nord, les Indépendantistes ont pour projet d'envergure le développement de l'industrie minière. A ce titre, la Sofinor (Société de financement et d'investissement de la province Nord) concentre ses priorités sur le secteur du nickel. Sa filiale dans ce secteur est la SMSP (Société Minière du Sud Pacifique, filiale à 87,25 % de la SOFINOR), dont l'assise ne cesse de se déployer : création et promotion d'une usine d'extraction de minerai dans la commune de Voh, exportation de minerais à basse teneur auprès de clients métallurgistes, etc. L'accord de Bercy, ratifié quelques mois avant la signature de l'Accord de Nouméa, organise le transfert des gisements de nickel du massif du Koniambo de la SLN (Société métallurgique Le Nickel) à la SMSP ainsi qu'à son partenaire industriel Falconbridge. Grâce aux retombées financières de la SMSP, la Sofinor favorise le développement de micros projets économiques, en faveur de la population autochtone notamment, dans des secteurs d'activités tels que l'agroalimentaire, la pêche, l'élevage, le tourisme et l'aménagement de la zone VKP (VKP correspond à la première lettre des trois communes de la côte est : Voh, Koné, Pouembout).

La mise en œuvre communautaire du rééquilibrage

Les Accords de Matignon-Oudinot mentionnent le recours à un rééquilibrage en faveur de la population kanak, « première victime des déséquilibres issus de la colonisation » (Accords, 1988) traduisant les inégalités provinciales. Le constat est sans appel. Durant la période 1987-1989, les hommes de la province Sud vivent en moyenne 68,2 ans, soit six ans de plus que ceux du Nord et des Iles Loyauté. Le différentiel provincial s'observe également pour les femmes. Dans le Sud, elles vivent en moyenne 75,2 ans contre 67,9 ans dans les deux autres provinces (Baudchon, Rallu, 1999). Les inégalités face au marché de l'emploi sont fortes. En raison de la polarisation de l'activité économique : en 1989, le taux d'emploi[3] en province Sud s'élève à 57 %, contre 49 % dans le Nord et 34 % aux Iles Loyauté. Les inégalités se traduisent également par l'exposition au chômage. En 1989, le taux de chômage des Kanak atteint 28 %, suivi de près par celui des wallisiens-futuniens (21 %), contre seulement 6 % pour les Européens. Ces inégalités face au marché de l'emploi se traduisent par des revenus plus faibles. En 1991, le revenu mensuel moyen d'un ménage s'élève à 256 000 F.CFP (2140 euros). Près de 60 % des ménages n'atteignent pas ce montant moyen. En province

---

[3] Rapport entre le nombre de personnes ayant un emploi et la population totale correspondante.

Sud, un ménage vit en moyenne avec 294 000 F.CFP (2 460 euros) par mois. C'est deux fois plus que dans le Nord et 2,3 fois plus qu'aux Iles Loyauté (Benoit, Denis, 1992; Denis, 1992).

La formation est l'un des leviers de la politique de rééquilibrage et constitue un enjeu majeur pour la Nouvelle-Calédonie. Les Accords de Matignon-Oudinot ont instauré un programme de formation professionnelle, nommé « 400 Cadres » dont l'objet est « de rééquilibrer le partage de l'exercice des responsabilités par la formation de cadres, particulièrement de cadres mélanésiens » (Accords, 1988). L'Accord de Nouméa reconduit ce programme sous le nom « Cadres Avenir ». Il est défini comme « un programme spécifique, qui prendra la suite du programme « 400 Cadres » et concernera les enseignements secondaire, supérieur et professionnel, tendra à la poursuite du rééquilibrage et à l'accession des Kanak aux responsabilités dans tous les secteurs d'activités » (Accord, 1998). Le programme est géré par le GIP (Groupement d'Intérêt Public) intitulé Formation Cadres Avenir et il est financé à hauteur de 90 % par l'Etat et 10 % par la Nouvelle-Calédonie. Pour être bénéficiaire du programme, il faut remplir quatre conditions : disposer d'une expérience professionnelle de deux ans minimum, avoir un projet professionnel d'un niveau cadre moyen ou supérieur, disposer du baccalauréat (ou d'un diplôme équivalent) et avoir moins de quarante ans. Le projet professionnel doit correspondre aux besoins liés aux transferts de compétences, spécifiés par le Comité de Suivi du Programme Cadres Avenir. Ces besoins, selon le GIP, couvrent un large éventail de métiers du secteur privé, à savoir les métiers de la mine, de la métallurgie, de l'industrie non métallurgique, du secteur tertiaire des entreprises privées (finances, gestion, ressources humaines, administration commerciale), de la banque, de l'assurance, de l'hôtellerie et du tourisme. Le GIP stipule que le Comité, depuis 2010, donne la priorité aux demandes de préparation aux concours du CAPES et du CAPET (enseignement au collège et lycée général et technique) (www.gip-cadres-avenir.nc). Entre 1989 et 2007, 968 personnes ont bénéficié d'une de ces formations. Kanak à 69 %, ces cadres sont 67 % à être originaires des Iles Loyauté, 21 % du Nord et 12 % du Sud (GIE, 2008). Le GIP est également en charge de deux autres programmes : Après-Bac Service et Passeport Mobilité. Ces deux dispositifs, attribués sous conditions de ressources, aident à la préparation d'un voyage en métropole pour les candidats qui souhaitent poursuivre des études ou une formation.

Les programmes gérés par le GIP Formation Cadres Avenir, bénéficient à tout résident de la Nouvelle-Calédonie (selon certaines conditions d'âge, de diplômes…) et ne sont donc pas réservés aux Kanak. Ils traduisent une politique discriminatoire dont le fondement est l'égalité des chances. Elle consiste à appliquer des législations anti-racistes ou de lutte contre la discrimination à l'école ou à l'emploi. En France, c'est ce type de politique qui est privilégié en faveur des migrants et de leurs descendants. Aux Etat-Unis, c'est la politique discriminatoire dite positive (ou par quotas) qui est appliquée. Elle consiste « à accorder des droits dérogatoires au droit commun à des populations qui ont été victimes de discriminations dans le passé et qui continuent à l'être aujourd'hui » (Schnapper, 2000 : 209). Dans le cadre d'une politique discriminatoire positive envers la population autochtone, ces programmes pourraient, par exemple, s'appliquer à ceux qui justifient du statut civil coutumier. Ce type de mesure tente de combler les inégalités entre les groupes tandis que l'égalité des chances repose sur la dimension universaliste de donner les mêmes chances aux individus pour abolir les inégalités. Dans la même dynamique, le Comité des droits de l'homme des Nations Unies a stipulé que la distinction du corps électoral de la citoyenneté de la Nouvelle-Calédonie de celui du référendum d'autodétermination « ne constitue pas en elle-même une discrimination si elle est fondée sur des critères objectifs et raisonnables et si le but visé est légitime ». Quant à la Cour européenne des droits de l'homme, elle légitime ces dispositions par le statut transitoire de la Nouvelle-Calédonie (Salaün, Vernaudon, 2009 : 68). Ainsi, la citoyenneté de la Nouvelle-Calédonie sert de référence aux dispositions à l'emploi local. En juillet 2010, le Congrès de la Nouvelle-Calédonie a adopté la loi de pays relative à la protection, à la promotion et au soutien de l'emploi local des personnes durablement établies en Nouvelle-Calédonie. Le dispositif prévoit, sous condition de qualification et de compétence égale, une priorité d'embauche aux citoyens de la Nouvelle-Calédonie, un accès facilité pour leur conjoint et des niveaux de protection pour les personnes durablement installées (10 ans, 5 ans et 3 ans).

QUEL RÉEQUILIBRAGE POUR QUEL CHANGEMENT SOCIAL ?

La période coloniale, en raison de la réclusion des Kanak dans les réserves et de leur exclusion au système dominant, a engendré des conséquences socio-économiques et culturelles homogènes à l'ensemble de la population autochtone. Le changement de statut, à partir de la Seconde Guerre mondiale, a fait passer les Kanak d'un état de soumission à celui de citoyen, acteur de son avenir. La transformation sociale la plus apparente est l'émergence de Kanak urbanisés, impulsée par le déploiement du salariat et de l'argent. Le changement social est un processus qui interfère dans un groupe ou un sous-groupe d'individus générant un changement structurel (total ou partiel). Le rééquilibrage accélère le changement social du système domestique kanak.

Les paramètres au rééquilibrage

Le rééquilibrage consiste à amorcer une dynamique économique (macro et micro) afin d'assurer le déploiement d'équipements, d'infrastructures et d'actions sociales (hygiène, santé, programme d'enseignement) au profit de la population Kanak, résidant principalement en province Nord et en province Iles Loyauté. Quatre contraintes au rééquilibrage peuvent être avancées. La première porte sur l'imbrication de la dimension économique et sociale du rééquilibrage. Cette articulation est fortement contestée par la définition du développement de Jean Copans : « le développement se ramène toujours à un problème de rapports sociaux. Avant d'être une affaire d'ordre politique mondiale, d'aide et d'investissements économiques, de progrès technique et culturel, le développement s'explique par le rôle des structures sociales, des catégories, des groupes, de classes, des genres et des individus, acteurs du développement, des conditions sociales de l'exercice du pouvoir et de la production économique » (Copans, 2006 : 9). Dans cette perspective, Jean Freyss considère le système marchand des non Kanak comme la clé de voûte du système économique calédonien et comme une contrainte au changement social, notamment envers le système domestique. Il distingue le changement social diffus, qui s'impose comme quelque chose qui va de soi (l'extension de l'argent, du salariat, de la consommation de masse et de l'urbanisation), du changement social voulu, par le rééquilibrage, entendu comme une politique de développement volontariste (Freyss, 1995). Il va même plus loin en mentionnant qu'en 1988, le rééquilibrage pour les non-Indépendantistes, était une stratégie d'intégration à une société pluri-ethnique, détournant ainsi les Indépendantistes du rêve dangereux de l'indépendance. En tenant cette position, on suppose que Jean Freyss s'inscrit dans l'analyse du rapport de domination de Pierre Bourdieu. Il stipule que la domination « est impliquée dans la possession des moyens (capital économique et culturel) de s'approprier les mécanismes du champ de production économique et du champ de production culturelle qui tendent à assurer leur propre reproduction par leur fonctionnement même et indépendamment de toute intervention intentionnelle des agents » (Bourdieu, 1976 : 122). Pierre Bourdieu met en évidence un habitus[4] de classe qui attribue une place à l'individu dans le mode de production et les conditions économiques, sociales et culturelles. Cette situation « objective » va donner un ensemble de perceptions, de goûts et d'opinions que l'individu intériorise et incorpore de manière inconsciente. L'habitus se manifeste également par « un sens pratique », soit des manières de se comporter en fonction des situations vécues. La classe dominante se perpétue par les valeurs et les normes qu'elle impose aux autres classes et par sa participation au changement social. D'ailleurs, Pierre Bourdieu parle de tension à l'intérieur des classes dominantes et de lutte pour la domination symbolique, impliquant des pratiques innovantes.

La deuxième, porte sur le découpage des provinces qui segmente le développement. Grossièrement, le Nord a choisi la voie de l'industrie minière et les Iles Loyauté le tourisme, pour rattraper la province Sud. Cette logique provinciale les cloisonne dans leur propre délimitation géographique, laissant peu de place à l'innovation, et se heurte à des rapports économiques historiquement ancrés. Les vives réactions suscitées par le rachat de l'hôtel Surf de Nouméa par la province Nord, au cours des années quatre-vingt-dix, révèle de manière significative le sentiment du chacun chez soi, selon Jean Freyss. Les provinces ont été instaurées dans un contexte politique tendu, où chacun des partis a souhaité disposer de son espace (géographique et politique) pour impulser sa logique de développement (économique notamment), sans vraiment penser à une dynamique territoriale. Or, à long terme, cette partition du développement n'est certainement pas un enjeu viable pour la Nouvelle-Calédonie. D'une part, le rééquilibrage des provinces Nord et Iles Loyauté ne peut être totalement isolé de celui de la province Sud qui polarise l'activité économique depuis l'époque coloniale. D'autre part, la Nouvelle-Calédonie risque d'être dans l'impasse d'une « intégration marginale ou d'un dualisme institutionnalisé » (Freyss, 1995 : 432). Comme

---

[4] Bourdieu définit les habitus comme « des systèmes de dispositions durables et transposables, structures structurées prédisposées à fonctionner comme des structures structurantes, c'est-à-dire en tant que principes générateurs et organisateurs de pratiques et de représentations qui peuvent être objectivement adaptées à leur but sans supposer la visée consciente des fins et la maîtrise expresse des opérations nécessaires pour les atteindre » (Bourdieu, 1980 : 88–89).

le souligne Jean Freyss, « l'impératif du développement est présenté comme le problème du monde kanak, comme si la communauté européenne ainsi que les autres communautés non Kanak étaient, elles, insérées dans un système économique développé. (…) Le développement n'est pas l'affaire des seuls Kanak, mais de la société calédonienne tout entière » (Freyss, 1995 : 229). Pour autant, la volonté politique, selon l'Accord de Nouméa, de faire émerger un destin commun, laisse présager une évolution des stratégies provinciales vers des stratégies inter-provinciales. Les mesures engagées depuis les années 2000 relatives à la protection sociale laissent entrevoir cette nouvelle aspiration (voir chapitre 9).

La troisième contrainte est le financement du rééquilibrage. Il repose sur les transferts financiers de l'Etat français qui, depuis le début des années 1990, représentent un tiers du Pib calédonien. Il intervient au travers des dépenses directes vers les ménages et les administrations, par les contrats de développement et d'agglomération ainsi que par le dispositif de défiscalisation (ISEE-TEC, 2012 : 166). Il peut sembler paradoxal que l'Etat participe au financement du processus de décolonisation de la Nouvelle-Calédonie. La rédemption face à l'époque coloniale et la volonté de maintenir son influence dans le Pacifique Sud, sont deux explications possibles. Or, cette assistance n'impulse pas une réelle dynamique économique pour enclencher une croissance interne et ne permet pas aux Kanak de contrôler les règles du système dominant (monnaie, fiscalité, fonction publique). Ce point fait référence à la thèse défendue par Jean Freyss. Il soutient que « les contraintes socioculturelles, c'est aux Kanak d'y trouver des solutions. En revanche, c'est à l'Etat de desserrer les contraintes de l'économie assistée, c'est-à-dire de décoloniser la base économique, la rendre efficace et ouverte au développement » (Freyss, 1995 : 430). Dès lors, selon lui, ce constat entre en contradiction avec le déploiement d'une « décolonisation par le bas » (Freyss, 1995 : 429) ; c'est-à-dire que le processus de changement au travers de micros projets ne peut pas engendrer un changement structurel des rapports économiques. Quant aux mesures macros économiques, mis à part le projet de l'usine du Nord, elles restent encore marginales.

La quatrième contrainte au rééquilibrage est d'ordre micro économique. Pour que le rééquilibrage fonctionne, il est indissociable d'une logique d'intégration des Kanak à l'économie marchande. Or, les dirigeants du Nord et des Iles Loyauté souhaitent que la population relaie les projets et les initiatives provinciaux de développement, tout en maintenant la tradition à travers le culte de la « personnalité culturelle kanak ». Cette dichotomie apparente signifie que la population kanak doit intégrer les rouages du système marchand (diplôme, emploi, échange marchand), sans déstructurer et mettre en péril l'intégration au système domestique kanak, pour lequel les inégalités ne revêtent pas le même sens. En effet, le système domestique kanak repose essentiellement sur une économie vivrière d'autosubsistance qui s'imbrique à des relations de parenté et de résidence. Cette contrainte favorise un système hybride qui puise dans les rouages de l'économie marchande et non marchande.

L'existence d'un système hybride

Le système hybride en Nouvelle-Calédonie s'illustre par l'usage de l'argent. Sa diffusion dans les pratiques d'échanges marchands remonte au colonialisme. L'argent a été introduit par des transactions d'opérations foncières sur des terres où résidaient les Kanak et par des dédommagements financiers minimes lorsque leurs terres ont été accaparées. De plus, le code de l'Indigénat a imposé aux Kanak le paiement d'un impôt de capitation, dont le coût de 10 francs par Kanak et par an correspondait à un salaire de 10 jours de travail pour un colon (Merle, 1996). Ce rapport argent-foncier a bafoué le rapport identificatoire que les Kanak entretiennent à la terre. Il n'est toujours pas admis par la population autochtone. L'imprégnation de l'argent dans le système domestique s'est développée à la sortie de la Seconde Guerre mondiale, lorsque les Kanak ont accédé à la citoyenneté française. Elle s'est accélérée sous le joug de la politique de rééquilibrage incitant les Kanak à participer au développement économique du territoire. Or, dans le système kanak, l'argent est régulé socialement. Il n'est pas un moyen de monter dans la hiérarchie sociopolitique puisque celle-ci, d'inspiration aristocratique, fonde la distinction de statut sur l'ancienneté, « elle-même manifestée par les noms de terre d'où l'on tire son identité lignagère » (Bensa, Freyss, 1994 : 4). Dès lors, l'argent est perçu comme le moyen d'acquérir des biens de consommation et non comme une accumulation de richesses marqueur de différenciation sociale. Cette approche de l'argent renvoie à un type de vêtement ou d'habitat qui est loin d'être ostentatoire. Si c'est le cas, « l'orgueilleux prend le risque des attaques de sorcellerie » (Bensa, Freyss, 1994 : 5). Qui plus est, l'argent représente les logiques marchandes des non Kanak, rentrant en contradiction avec les rouages de l'économie domestique, car « l'argent on le gagne en étant fonctionnaire ou salarié mais pas comme producteur indépendant ou comme chef d'entreprise » (Bensa, Freyss, 1994 : 11). Elsa Faugère confirme cette appréhension et cette distance à l'argent, mais souligne le décalage entre la symbolique de l'argent et les faits puisque les Kanak ont intégré l'argent dans le système domestique, au travers de la coutume notamment. Cette « diabolisation » résulte d'une confusion entre argent et marché (Faugère, 2000 : 41). Deux exemples mettent en évidence le recours maitrisé à l'argent dans le système domestique kanak.

Premier exemple, l'argent entre dans les échanges cérémoniels qui ponctuent la vie sociale (naissance d'un enfant, mariage, deuil) au même titre que les produits agricoles autoproduits (Bensa, Freyss, 1994; Faugère, 2000; Faugère, 2002). Les produits d'autosubsistance sont également donnés à des parents ou à des alliés qui retournent le geste au cours de cérémonies. « Ces échanges cérémoniels (*gé*) frappent par leur ampleur, leur minutie et leur inutilité économique : des volumes relativement importants de tubercules, d'étoffes et de billets de banque européens changent de main, chaque lot offert ou reçu donnant lieu à de solennels discours et à de stricts comptages sans que les partenaires présents se retrouvent plus riches après qu'avant la transaction, ni même en possession d'un bien qui leur aurait fait précédemment défaut. Aucune compétition politique donc par une accumulation ou une destruction ostentatoire des richesses comparable au *potlatch*, mais, à l'inverse, des liens familiaux réaffirmés et stabilisés par des transferts égalitaires » (Bensa, Freyss, 1994 : 3). Outre les produits agricoles autoproduits, la circulation des *âdi* est un marqueur « du déni des vertus de l'utile » de ces échanges cérémoniels. Ce sont des objets précieux fabriqués par des spécialistes. Plus précisément, ce sont des coquillages « abrasés, percés et enfilés sur une fine cordelette, dont l'une des extrémités est ornée de petits cônes et d'une pièce de sparterie ou de bois sculpté. (…) Ils ne servent pas d'équivalents des biens mais trônent sur les tas de tubercules comme pour les valoriser » (Bensa, Freyss, 1994 : 4). Les *âdi*, contrairement à l'argent, ne donnent pas accès aux marchandises.

Deuxième exemple, les usages véritables des échanges monétaires s'opèrent à la « périphérie du système socio-idéologique kanak » (Bensa, Freyss, 1994 : 5). Le surplus de la production agricole peut être vendu dans les marchés ou aux abords des routes. L'argent qui en résulte sert à acheter des biens de consommation qui peuvent être réinjectés dans le circuit des échanges cérémoniels. Séverine Bouard et Jean-Michel Sourisseau parlent de

« stratégie des ménages kanak » du fait que « la pluriactivité est très présente et semble diriger les stratégies d'acquisition de revenus » (Bouard, Sourisseau, 2010 : 270). Leurs résultats sont issus d'enquêtes réalisées en province Nord, dans le cadre d'un dispositif de suivi participatif de l'Opération Groupée d'Aménagement Foncier (OGAF)[5] dans trois communes (Touho, Poindimié et Ponérihouen) de la côte est, éloignées des bassins miniers et de la zone urbaine. Le revenu monétaire moyen des ménages enquêtés s'élève à 661 euros/mois, un montant inférieur au seuil de pauvreté calédonien (voir chapitre 7). Les revenus des ménages sont issus d'une pluriactivité : agriculture, chasse, pêche et salariat. Les principales activités tribales c'est-à-dire hors salariat, représentent seulement 20 % des revenus monétaires. Le recours à ces activités répond d'abord à des logiques sociales et culturelles et ensuite à une logique productive pour en retirer un revenu d'appoint. Bouard et Sourisseau appuient leurs propos en détaillant chaque activité : l'agriculture est l'activité principale, les ménages y consacrent 134 jours/homme/an. Puis la pêche est pratiquée par 80 % des ménages à hauteur de 68 jours/homme/an alors que seulement deux tiers des hommes enquêtés pratiquent la chasse, équivalant à une durée de 27 jours/homme/an. L'activité salariale prédomine dans les ressources monétaires (57 %), suivie par les transferts sociaux (17 %) et les autres ressources monétaires (5 % comprenant les transferts familiaux, les locations et les autres activités). Quant au salariat il est « un élément structurant des stratégies d'acquisition de revenus : 80 % des ménages enquêtés ont eu une activité salariée dans l'année » (Bouard, Sourisseau, 2010 : 271). Peu qualifiés, les emplois occupés sont souvent de courte durée. Les auteurs mettent ainsi en évidence des « modes hybrides de commercialisation » initiés par les ménages kanak. Ils représentent 39 % des ventes des productions agricoles, ce qui « témoigne d'une réelle intégration aux circuits marchands » (Bouard, Sourisseau, 2010 : 272) même si les quantités ne répondent pas à une commercialisation de spécialisation et qu'elles sont partiellement régies par des coordinations marchandes. Ils présentent quatre cas de figure : les marchés de proximité, les étals de bords de route, les ventes à des particuliers et les foires. En moyenne, chaque ménage recourt à près de quatre modes de commercialisation différents, pour

---

[5] OGAF : opération de développement local dont le dispositif s'appuie sur « une association locale composée d'acteurs du territoire de projet et sur des comités locaux de discussion qui favorisent la participation d'un plus grand nombre d'acteurs aux politiques de développement » (Bouard, 2011 : 9).

des recettes moyennes de 1 676 euros/an/ménage. D'autre part, il est clair qu'en Nouvelle-Calédonie deux systèmes coexistent en raison du maintien de la société domestique kanak. Selon les travaux d'ethnologues et d'anthropologues, l'époque coloniale a supplanté certaines pratiques : « la politique étatique (en ses formes militaires ou hygiénistes) et l'activité missionnaire ont mis fin à la guerre, à l'anthropophagie, à l'exposition et à la garde des cadavres dans les arbres, aux rites de circoncision, à l'usage des masques et des pierres propitiatoires, au port des vêtements anciens et à la construction des habitats traditionnels. Encore faut-il rappeler que, si ces pratiques ont cessé, leur sens a pu demeurer relativement actuel : ainsi des guerres, dont l'importance sociologique et identitaire explique qu'elles aient laissé des souvenirs et qu'elles gardent un sens dans la définition de soi et dans les revendications foncières » (Naepels, 1997 : 8). Concernant les permanences, des chercheurs mentionnent que la constitution des réserves a participé à la sauvegarde de pans entiers de la culture. Michel Naepels pose alors la question suivante, à juste titre : comment expliquer l'enjeu et la revendication foncière des Kanak et des Indépendantistes ? Ensuite, à la sortie de la Seconde Guerre mondiale, l'attribution progressive de la citoyenneté française aux Kanak et les nouvelles libertés qui leur sont accordées (de déplacement notamment) favorisent l'accès au salariat, à l'urbanisation et à la structure de consommation, mais elle s'inscrit dans un rapport de domination et d'inégalité issu du colonialisme.

Changement social et permanence de la société domestique

Les recherches scientifiques étudient les conséquences du rééquilibrage sur le système domestique kanak par le déclin de l'agriculture vivrière et l'intégration au salariat. Pour rappel, au recensement de 2009, trois Kanak sur cinq vivent en dehors de la zone urbaine du Grand Nouméa. Cette articulation peut se décliner en quatre thématiques que nous empruntons à Michel Naepels (Naepels, 2010 : 248). Premièrement, le débat scientifique sur les revendications foncières et les mutations du monde tribal et rural a évolué des années 1960 jusqu'à la signature des Accords de Matignon-Oudinot. Depuis 1988, les recherches mettent en évidence les différentes modalités de réponses de la population kanak qui réside dans des tribus, espaces créés durant l'époque coloniale. En parallèle, le débat foncier est l'œuvre d'une réappropriation juridique, technique et politique (« savante ») au travers d'institutions et des accords (1988 et 1998). Ainsi, les Kanak résidant dans les espaces ruraux subissent l'inadéquation des formes imposées par la colonisation (tribu, chefferie administrative et conseil des anciens) et une transformation des échelles de l'action politique. Ce point fait notamment référence à l'implantation, en province Nord dans la commune de Voh, de l'usine d'extraction de nickel. Cette usine se situe sur la presqu'île de Vavouto, terre coutumière revendiquée par plusieurs clans. Ainsi, pour l'opérateur industriel de l'usine métallurgique, KNS (Koniambo Nickel SAS), c'est le clan de Fouange qui est le propriétaire légitime de la terre, mais les clans de Goa et Gouneboadjane, déclarent disposer de tertres (lieu d'habitation des ancêtres avant la colonisation) à Vavouto. Le clan Gouneboadjane a d'ailleurs créé un GDPL[6] pour asseoir ses revendications foncières. « En résumé, ce ne sont pas les impacts sur l'environnement naturel (destruction des mangroves, pollution du lagon et des rivières, etc...) qui suscitent les réactions les plus virulentes, mais les impacts sur l'environnement culturel, car l'identité même des populations est touchée » (Kowasch, 2012 : 17). La mise en service complète de l'usine, en 2012, et la pleine capacité de production en 2013 (l'objectif est une production annuelle de 60 000 tonnes de nickel-métal) a créé l'embauche de 800 à 1 000 personnes. La mise en service du site entraîne quatre conséquences auprès de la population : les clans sont touchés et sensibilisés par la dégradation environnementale (mangrove, lagon, rivières...) ; l'offre de contrats de sous-traitance entraîne des conflits virulents entre tribus ; les retombées financières divisent les clans ; des familles entrent en conflit pour des raisons foncières (Kowasch, 2011). Ce constat corrèle les résultats de l'enquête agricole de l' l'Institut Agronomique néo-Calédonien réalisé avec le Centre de coopération internationale en recherche agronomique pour le développement (IAC-CIRAD). En 2013, contrairement aux tribus les plus isolées, celles qui se situent à proximité des pôles de développement (Grand Nouméa, Sud-Ouest et Sud-Est) privilégient les activités salariales plutôt que l'autoproduction (chasse, pêche, champs). Les auteurs soulignent la particularité de l'Ouest de la Grande Terre, notamment de la zone VKP. L'investissement dans le temps de travail agricole, les pratiques de la chasse et de la pêche, est maintenu, alors que le nombre moyen d'heures consacrées aux autres activités (dont salariat) est proche de celui des individus de la province Sud. La principale explication est la précarité du développement des activités minières (IAC - CIRAD, 2013).

---

[6] Pour rappel, un Groupement de Droit Particulier Local (GDPL) regroupe des individus liés par des liens coutumiers qui bénéficient, pour la plupart, du statut civil coutumier.

Deuxièmement, les nouvelles formes de revendications, qui combinent travail, environnement et autochtonie entendue comme la revendication des spécificités culturelles kanak par la reconnaissance de droits notamment, impliquent des études sur le sens et l'usage de l'argent dans le monde kanak. Celles-ci laissent entrevoir de nombreuses formes d'emplois appropriées par les Kanak, qui puisent dans les rouages du système marchand tout en marquant une certaine distance avec le monde salarial. Des recherches ont alors porté sur la modernisation de l'agriculture, les contraintes structurelles et les dynamiques associatives pour faire émerger des marchés locaux et des petites entreprises. La place des questions environnementales est alors plus récurrente dans le débat politique, syndical ou économique. D'ailleurs, la loi organique du 19 mars 1999 mentionne la création d'un Comité consultatif sur l'environnement. Institué en 2006, il est en charge d'établir des études, d'apporter des conseils ou de coordonner tout projet relatif au développement durable auprès des pouvoirs publics. Il assure également un rôle d'informateur auprès du public. Il est obligatoirement consulté sur les projets ou les propositions de loi de pays et les délibérations du congrès de la Nouvelle-Calédonie, portant sur l'environnement et le développement durable, qui associent à la fois le respect de l'environnement, l'équité sociale et la rentabilité économique du territoire (www.biodiversité.nc). En 2005 est créé le Comité autochtone de gestion des ressources naturelles (CAUGERN). Cette association, dans la lignée des revendications indépendantistes des années 1970, se positionne sur l'enjeu environnemental, notamment les problèmes de pollution de l'industrie minière. Pour Christine Demmer, le CAUGERN défend une forme d'autochtonie exprimant l'antériorité sur une terre afin d'asseoir la souveraineté kanak. L'engagement de cette association est à la fois une stratégie économique relative au nickel et surtout une stratégie politique (le CAUGERN se présente comme un partenaire du FLNKS) pour défendre « aussi bien leur ancienneté sur le sol, par des droits dits "environnementaux", que leur mode de vie, par des droits dits "collectifs" » (Demmer, 2010 : 141). Ce type de revendication, « au nom de l'autochtonie, apparaît comme un des principaux lieux d'expression des tensions liées au rééquilibrage entre communautés et, dans une certaine mesure comme une nouvelle stratégie politique (…) » (Naepels, 2010 : 249).

Troisièmement, le rôle des femmes kanak dans le changement social de la Nouvelle-Calédonie est indéniable. Leur engagement dans les mouvements indépendantistes, dans la vie politique, l'élévation de leur niveau de diplôme ou leur insertion au marché de l'emploi, sont des exemples. Leur participation au changement social est telle que « les effets de la diffusion de modèles et de valeurs occidentaux, en particulier par la télévision, et de la multiplication des rencontres intercommunautaires sont aujourd'hui sensibles, et les formes anciennes de domination des femmes et des jeunes dans les communautés océaniennes désormais mis en cause » (Naepels, 2010 : 249). Mais des femmes kanak subissent les conséquences du rééquilibrage. Le développement de l'usine minière de la province Nord génère un nouveau phénomène migratoire de la côte est vers la côte Ouest. Les travailleurs sociaux de cette province, durant nos entretiens exploratoires, ont souligné que des femmes de la côte est, sont délaissées par leurs maris partis travailler dans la zone VKP. Cet abandon peut être financier, mais aussi matériel et affectif parce qu'ils ont reconstruit une famille « illégitime » ou qu'ils gaspillent l'argent dans l'achat d'alcool, générant une précarité financière et une montée de la violence domestique. Quatrièmement, les accords (1988 et 1998) établissent de nouvelles institutions et une citoyenneté de la Nouvelle-Calédonie qui tendent à bouleverser l'héritage du passé colonial comme il a été démontré précédemment.

L'ATTRACTION POUR LA ZONE URBAINE

Si le rééquilibrage tend à favoriser le développement, économique notamment, des provinces Nord et des Iles Loyauté, la polarisation de l'activité économique en zone urbaine maintient l'attraction de la population autochtone vers la province Sud. Cette dynamique est une autre modalité du changement social qui peut se décliner en deux temps. Tout d'abord, les droits accordés aux Kanak à la sortie de la Seconde Guerre mondiale ont favorisé leur déplacement vers la zone urbaine. Jean Freyss résume cette phase de l'histoire du peuplement de la Nouvelle-Calédonie de la manière suivante : « [au système] Nouméa des Blancs, Kanak des réserves et les broussards de brousse s'est substitué un autre système : Nouméa des Blancs, Kanak urbanisés, Kanak des tribus qui résultent de la fin des broussards[7] et de la montée des Kanak sur Nouméa » (Freyss, 1996 : 261). Au recensement de 2009, 39 000 Kanak résident en zone urbaine, soit environ un sur trois. Leur

---

[7] Les broussards sont les paysans français de Nouvelle-Calédonie établis sur les terres kanak dès l'époque coloniale.

effectif dépend de la croissance naturelle car les migrations ne s'accélèrent pas et sont caractérisées par un important va-et-vient avec la tribu d'origine. En parallèle de ce phénomène migratoire se sont développés des squats[8] dans le Grand Nouméa. Ce sont des habitations précaires, installées sur les terres qui appartiennent à l'Etat, qui suivent l'organisation spatiale d'une tribu. L'émergence de ce phénomène au milieu des années 1970 a été un moyen de revendiquer les terres coutumières. L'aménagement des parcelles de culture vivrière assure les pratiques agricoles. Des cabanes sont alors construites pour ranger les outils ou y séjourner le week-end et pour loger la famille en visite. La saturation du logement à Nouméa a poussé le cultivateur à s'installer dans la cabane et à y apporter quelques améliorations (Dussy, 1997, 2012). Les enquêtes sur les squats de 2006 et de 2008 mettent en évidence deux profils de ménages qui s'y installent. D'une part, des individus de brousse. La recherche d'un emploi et la scolarisation des enfants sont les deux principales motivations à migrer vers la zone du Grand Nouméa. Ils vivent dans les squats par manque de ressources, leur demande de logement social n'a pas abouti ou ils ont été expulsés de leur logement par les bailleurs sociaux. D'autre part, des individus du Grand Nouméa. Ils s'installent dans les squats en raison d'une perte d'emploi, d'expulsions, de violences conjugales ou de décohabitation (TNS, 2008). Au recensement de 2009, les constructions provisoires représentent plus de 3 % du parc de logements, concentrant 5 300 personnes. Ces habitants sont essentiellement des personnes qui se déclarent appartenir à la communauté kanak et wallisienne (Rivoilan, Broustet, 2011).

Ensuite, l'étude de la mobilité sociale des Kanak dans l'économie marchande serait passionnante. Sont-ils et cherchent-ils à maintenir leur place dans le système domestique ? Peut-on parler d'un déclassement social en confrontant la place occupée dans les deux systèmes ? Comment arrivent-ils à concilier les exigences relatives à l'économie vivrière et marchande ? Nous n'avons pas trouvé de références scientifiques sur ce sujet. Par contre, une riche littérature porte sur la relation entre le système éducatif et le niveau de diplôme de la population autochtone. Le système scolaire calédonien calque le système métropolitain où l'emprise du diplôme détermine fortement le destin social des individus. Outre la politique discriminatoire sur la formation

---

[8] Dorothée Dussy considère que la terminologie squat n'est pas appropriée car elle renvoie à une occupation illégale de locaux inoccupés ou aux bidonvilles. Elle préfère employer le terme « quartier d'habitat spontané » (Dussy, 1997).

continue des adultes, Kanak notamment, les accords (1988 et 1998) prévoient des financements pour les établissements scolaires, une adaptation des programmes nationaux de l'enseignement primaire et la mise à égalité des langues kanak et du français comme langue d'enseignement. Ces mesures sont déterminantes car l'école, au sens durkheimien, est un facteur d'intégration sociale et une instance de socialisation. L'individu intègre progressivement ce que le groupe auquel il appartient considère normal, c'est-à-dire conforme à ses valeurs et à ses normes, assurant ainsi la solidarité entre ses membres.

CHAPITRE 5

AMORCE D'UN REEQUILIBRAGE PAR LA FORMATION

L'époque coloniale a institué deux systèmes d'enseignement qui ont cohabité. L'un, consacré à certains enfants kanak, portait sur l'enseignement professionnel dispensé par les missionnaires qui se justifiait par la volonté d'améliorer leur condition matérielle et leur formation afin d'établir un lien avec les colonisateurs. L'éducation a été un moyen de limiter la violence physique pour soumettre les Kanak au système colonial. Pour autant, l'instauration des réserves et du code de l'indigénat ont démontré la stratégie d'exclusion opérée par l'administration coloniale envers les Kanak (Salaün, 2005). L'autre système, assuré par le réseau de l'école publique, était destiné aux enfants d'Européens. Des chercheurs vont alors poser comme hypothèse de recherche que cette contradiction est « la clé de l'histoire des institutions éducatives en Nouvelle-Calédonie et des formes prises par le champ scolaire » (Kohler, Wacquant, 1985 : 16).

Le modèle d'enseignement se modifie à partir de 1946, au moment où le code de l'indigénat est aboli. L'obligation de suivre l'enseignement scolaire est étendue aux Kanak, la distinction de deux systèmes éducatifs n'existe plus et les contenus d'enseignement sont uniformisés. Leur scolarisation est progressive et ne s'accompagne pas d'une démocratisation d'accès aux diplômes. Il faudra attendre 1962 pour qu'un Kanak obtienne le baccalauréat. Au recensement de 1976, 14 % des Kanak sont illettrés (ou le diplôme est non déterminé) contre 5 % pour les Européens et 10 % pour l'ensemble de la population. Durant cette décennie, les Indépendantistes, par la place occupée sur la scène politique, administrative et associative, posent la question de l'échec scolaire des Kanak. « La politique scolaire (…) parce qu'elle prône l'égalité de traitement entre les élèves pour une égalité des chances scolaires semble doublement condamnée à l'impuissance : d'une part, parce que la « promotion mélanésienne » à laquelle elle était censée contribuer ne s'appuie sur aucun projet de société (…), d'autre part (et surtout) parce que l'institution elle-même a fini par perdre toute légitimité aux yeux des Kanak » (Salaün, Vernaudon, 2009 : 70–71).

En 1985, le FLNKS appelle au boycott de l'école post coloniale et propose un projet d'école, les « écoles populaires kanak ». A contre-courant de l'école républicaine, elles placent l'identité kanak au centre de l'enseignement : les examens sont refusés, le calendrier scolaire se calque sur le cycle de la culture de l'igname, la pédagogie s'oriente vers le travail en atelier et l'apprentissage en groupe, l'enseignement est dispensé dans la langue maternelle des élèves (Gauthier, 1996). La dimension politique de ce projet d'école se ventile en deux motivations. D'une part, les Indépendantistes y voient le moyen de perpétuer la personnalité culturelle kanak tout en se soustrayant au système scolaire, matrice d'intégration du système marchand. D'autre part, ce type d'école est le moyen de diffuser et de promouvoir le nationalisme kanak. Les opposants (les non-Indépendantistes et l'Etat) mettent en avant deux arguments. L'un porte sur la nécessité de préserver l'école des tensions socio-politiques, l'autre sur celle de maintenir la neutralité des programmes pédagogiques (*statu quo* culturel et social) (Kohler, Wacquant, 1985 : 15-20). La fermeture des écoles populaires kanak a été progressive sous l'influence des accords de 1988 et de 1998. Ils accordent une place plus importante à l'identité kanak, au sein de l'école républicaine. Ainsi, l'Accord de Nouméa reconnaît les langues kanak, au même titre que le français, comme des langues d'enseignement et de culture. En 2005, les programmes scolaires de la Nouvelle-Calédonie, fortement inspirés des programmes métropolitains, intègrent des volets d'apprentissage sur l'environnement géographique local et régional du territoire ainsi que sur l'histoire de la colonisation (Salaün, Vernaudon, 2009). Ces programmes prévoient également un apprentissage des langues vernaculaires, lorsque les parents en ont exprimé le souhait (sept heures par semaine à l'école maternelle et cinq heures à l'école élémentaire). De plus, une académie des langues kanak est mise en place en 2007 pour promouvoir et développer l'ensemble des langues kanak. La construction d'une école calédonienne, par la reconnaissance de l'identité kanak, doit également tenir compte de deux autres points. D'une part, en raison du transfert de compétences de l'Etat vers la Nouvelle-Calédonie, les dépenses locales pour la formation initiale augmenteront. D'autre part, les besoins d'enseignement doivent corréler l'évolution démographique des moins de 20 ans. Ce chapitre explicite ces deux points relatifs au niveau de diplôme et de compétences de la population calédonienne. Il se poursuit par un état des lieux entre 1989 et 2009, du niveau de diplôme de la population, clé du rééquilibrage.

LA FORMATION

La question de la formation est un enjeu majeur dans le cadre des transferts de compétences et plus largement de l'indépendance. D'une part, la formation initiale ou l'école, prépare les futurs fonctionnaires dirigeants politiques calédoniens pouvant rayonner sur la scène internationale. D'autre part, elle favorise l'autonomie ainsi que l'indépendance de l'individu, préalable au statut de citoyen. Dans la perspective d'un destin commun, elle assure la diffusion d'un socle de valeurs et de références culturelles communes indispensables au partage des signes identitaires. Pour Dominique Schnapper, « plus profondément, à l'image de la société politique elle-même, elle [l'école] forme, elle aussi, un espace fictif, dans lequel les élèves, comme les citoyens, sont traités de manière égale, indépendamment de leur caractéristiques familiales et sociales. C'est un lieu, au sens matériel et abstrait du terme, qui est construit contre les inégalités réelles de la vie sociale, pour résister aux mouvements de la société civile » (Schnapper, 1994 : 190).

Le défi des transferts de compétences

La formation initiale, est obligatoire pour la population âgée de six à seize ans. Elle s'organise entre l'enseignement primaire, qui distingue la maternelle (cycle préélémentaire facultatif) et le cycle élémentaire (cinq années allant du CP au CM2), l'enseignement secondaire (c'est-à-dire le collège et le lycée), et enfin l'enseignement supérieur, dispensé, à l'issue de l'obtention du baccalauréat, dans des centres de formation d'enseignement et à l'Université de la Nouvelle-Calédonie. Sommairement, suite aux Accords de Matignon-Oudinot, l'Etat est compétent pour l'enseignement du second degré et supérieur, le territoire adapte les programmes nationaux de l'enseignement primaire tandis que les provinces assurent l'enseignement des langues vernaculaires (quota de cinq heures par semaine) et apportent leur soutien aux communes pour l'enseignement primaire (Accords, 1988). L'Accord de Nouméa planifie le transfert de compétences de la formation initiale en deux temps.

Premièrement, les programmes de l'enseignement primaire, la formation des maîtres et le contrôle pédagogique sont transférés dès 1998 à la Nouvelle-Calédonie. Le circuit de financement, en raison de ces transferts de compétences, renforce le rôle des collectivités locales (provinces et communes) et réduit celui de l'Etat. Ainsi, en 2010, le coût du système éducatif représente 12 % du Pib calédonien contre 7 % en France. Le taux de croissance, depuis 2005, de la dépense intérieure d'éducation (DIE) qui mesure l'effort consenti par la collectivité pour le fonctionnement et le développement du système éducatif, évolue au même titre que celui du Pib alors que la population d'élèves et d'étudiants est stable. La principale explication est la jeunesse de la population : les moins de vingt ans, en 2009, représente 34 % de la population totale, contre 25 % en métropole. En 2010, la DIE s'élève à 99 milliards de F.CFP (830 millions euros), dont 92 % sont destinés aux dépenses courantes (rémunération, fonctionnement...) (Wiorek, 2013). Trois entités financent la DIE. L'Etat couvre 56 % de la DIE en 2010, mais son poids diminue au profit des transferts de compétences en matière d'enseignement, amorcés depuis 2000. A cette date, la formation professionnelle continue, ainsi que la gestion de l'enseignement du 1er degré public, relèvent de la compétence de la Nouvelle-Calédonie. L'Etat reste responsable des programmes, de la formation des enseignants, via l'IFM-Nouvelle-Calédonie, et du contrôle pédagogique. L'essentiel de sa dépense concerne les rémunérations du personnel, notamment des enseignants du second degré public puis du premier et second degré privé sous contrat, l'université et le fonctionnement des services du vice-rectorat et des lycées. Ensuite, le gouvernement calédonien, les communes et les provinces assurent 40 % de la DIE en 2010, soit 8 points de plus qu'en 2000. A part égale, les communes et la Nouvelle-Calédonie se partagent un tiers de cette dépense. Les communes assurent le financement des cantines du premier degré, les rénovations et la construction des écoles ainsi que la rémunération du personnel non enseignant des écoles primaires. Les provinces assurent les deux autres tiers de la dépense. Elles gèrent la carte scolaire, la carrière des enseignants (affectation et rémunération) et peuvent adapter les programmes pour tenir compte des réalités culturelles et linguistiques (TEC, 2012). Le transfert progressif des compétences de l'Etat vers la Nouvelle-Calédonie renforce le rôle des provinces en matière d'enseignement initial. La DIE des provinces a doublé en dix ans, pour s'élever à 26,4 milliards de F.CFP (221 millions euros) en 2010. La rémunération des enseignants du premier degré public correspond à la moitié de leur budget éducation. La croissance du poste éducation est semblable dans les trois provinces malgré des situations différentes en raison de la situation démographique des moins de 20 ans. Ainsi, les dépenses dans le Nord et les Iles Loyauté portent sur l'équipement et l'aménagement des bâtiments, alors que le Sud concentre ses investissements sur la construction d'établissements nouveaux. Enfin, les ménages consacrent 3,1 milliards de F.CFP (26 millions euros) à l'éducation (frais de cantines, fournitures scolaires…) en 2010 ; soit 4 % de la DIE. Ces dépenses ont augmenté de 43 % depuis 2000 mais leur poids dans la DIE est en léger recul. Les ménages bénéficient de dispositifs de bourses et d'aides scolaires, soit 3,2 milliards de F.CFP (27 millions euros) en 2010, représentant une progression de 32 % par rapport à 2005. Ce montant correspond à une compensation recouvrant la moitié des dépenses des ménages.

Deuxièmement, d'après l'article 26 de la loi organique de 1999, au 1er janvier 2012, l'Etat transfère à la Nouvelle-Calédonie les compétences en matière d'enseignement du second degré public et d'enseignement privé, d'enseignement agricole, de santé scolaire ainsi que du centre de documentation pédagogique. Restent de la compétence de l'Etat la délivrance des diplômes, le contrôle pédagogique, la formation initiale et continue des enseignants du second degré public. L'enseignement supérieur et de recherche, relève de la compétence de l'Etat qui peut être transférée à la Nouvelle-Calédonie au titre de l'article 27 de la loi organique. L'Etat, pour couvrir les dépenses de fonctionnement engagées par le transfert de compétences, attribue une dotation de compensation annuelle. Elle recouvre les subventions de fonctionnement des lycées, les aides financières à l'enseignement privé, une partie du fonctionnement des services administratifs, les dépenses de construction et d'entretien des lycées publics. Une mise à disposition globale et gratuite (MADGG) permet à la Nouvelle-Calédonie de bénéficier du personnel rémunéré par l'Etat, alors que l'exercice relève de la compétence transférée en matière d'enseignement. La durée de la MADGG n'est pas fixée.

Le défi de l'évolution démographique de la population

En 2011, la Nouvelle-Calédonie scolarise 69 720 élèves du premier et second degré. En dix ans, les effectifs ont augmenté de 5 % mais se stabilisent depuis 2005 autour de 69 000 élèves. Durant cette période, les effectifs du premier cycle diminuent alors que ceux du second degré sont en hausse. Les principales explications sont la baisse de la natalité et le rétrécissement de la base de la pyramide des âges. La part des moins de 20 ans passe de 40 % en 1996 à 34 % en 2009. Les taux d'accroissement des effectifs du second degré ralentissent depuis 1996 en raison de la diminution des effectifs du premier cycle. Les efforts pour suivre l'évolution démographique dans le secondaire sont patents. D'une part, le territoire concentre ses efforts sur la construction des établissements. Parmi les 77 établissements du secondaire, dix ont été construits entre 2000 et 2010. Ces nouvelles constructions concernent la zone urbaine (sept constructions en plus en dix ans) et dans une moindre mesure le Nord et les Iles Loyauté (respectivement, deux et une nouvelle construction) et relèvent toutes de l'enseignement public. De manière générale, en 2010, la Nouvelle-Calédonie compte 356 établissements du premier et du second degré. Les deux tiers relèvent du secteur public et dépendent des ministères de l'Education nationale ou de l'Agriculture. Le secteur privé représente le tiers restant, qui est sous contrat d'association avec ces ministères (ISEE-TEC, 2012). Les établissements privés sont sous la responsabilité de l'Alliance Scolaire de l'Eglise Evangélique (ASEE), de la Direction Diocésaine de l'Enseignement Catholique (DDEC) ou de la Fédération de l'Enseignement Libre protestant (FELP). La province Sud rassemble 46 % des établissements contre 32 % pour le Nord et 23 % pour les Iles Loyauté. Héritage de l'histoire coloniale, l'enseignement privé est plus développé dans le Nord (près de la moitié des établissements) qu'aux Iles Loyauté (37 %) et dans le Sud (23 %).

D'autre part, l'effectif des enseignants du secondaire a augmenté de 14 % entre 2000 et 2010. Cette évolution concerne surtout les effectifs du secteur public alors que ceux du secteur privé diminuent. En Nouvelle-Calédonie, deux types de formation préparent aux métiers d'enseignants. D'une part, l'IFM-Nouvelle-Calédonie (Institut de Formation des Maîtres) forme les instituteurs selon un programme qui s'étale durant trois ans. D'autre part, l'IUFM (Institut Universitaire de formation des Maîtres), destiné aux candidats d'un master, prépare au poste d'enseignant de premier et de second degré. En partenariat avec l'UNC (Université de la Nouvelle-Calédonie), l'IUFM a mis en place un master, Métier de l'enseignement, dont l'objectif est de dispenser une formation localement. L'UNC, les trois formations aux métiers de l'enseignement (IUFM, IFM-Nouvelle-Calédonie et l'Ecole Normale des Enseignements Privés) et les Classes Supérieurs des Lycées (CSL) constituent l'enseignement supérieur en Nouvelle-Calédonie. Cet enseignement en 2011, compte 4 240 étudiants dont 2 650 se sont inscrits à l'UNC. Ce nombre ne cesse d'augmenter en raison d'un choix de formation de plus en plus large (licence, master, doctorat, préparation aux études de santé, formation de professeur d'écoles, de collèges et de lycées).

Les efforts déployés pour la formation initiale se conjuguent au développement de la formation professionnelle. Elle est destinée aux personnes déjà en activité ou qui recherchent un emploi. Elle consiste à promouvoir l'acquisition d'un diplôme ou d'un titre professionnel à l'issue d'une formation. C'est une compétence locale qui repose sur la Direction de la Formation Professionnelle Continue (DFPC), elle-même appuyée par l'Observatoire de l'Emploi, des Qualifications, des Salaires et de la Formation (OEQSF) et l'Institut du Développement des Compétences de Nouvelle-Calédonie (IDC-NC). Le programme de formation, annuel, cherche à couvrir les besoins structurels de formations afin de répondre aux besoins des entreprises et aux exigences de développement économique du territoire. La formation professionnelle est une compétence de la Nouvelle-Calédonie qui compte sur le financement de l'Union Européenne par les FED (Fonds Européen de Développement) et de l'Etat par les contrats de développement. Parmi ce type de formation, l'apprentissage est un programme lancé il y a un peu plus de dix ans. Il alterne un enseignement en Centre de Formation d'Apprentis (CFA) et une pratique professionnelle en entreprise. Il existe trois CFA en Nouvelle-Calédonie, gérés par la Chambre d'Agriculture, la Chambre de Commerce et d'Industrie et la Chambre de Métiers et de l'Artisanat (TEC, 2012). L'apprentissage est financé par une taxe d'apprentissage créée en 2001. Elle correspond à une cotisation des employeurs sur les salaires, au titre de la formation professionnelle, plafonnée, et dont le produit est reversé à l'ETFPA (Etablissement Territorial de Formation Professionnelle des Adultes), à la CCI (Chambre du Commerce et de l'Industrie) et à la Chambre de Métiers. Le taux de cotisation est fixé à 0,25 % (ISEE-TEC, 2012).

VINGT ANS DE REEQUILIBRAGE

En vingt ans, le niveau de formation de la population calédonienne a fortement progressé. En 2009, 28 % des Calédoniens n'ont aucun diplôme, c'est deux fois moins qu'en 1989. L'élévation du niveau moyen de formation des Calédoniens profite à toutes les communautés. En 2009, 20 % des non Kanak sont sans diplôme, soit 2,5 fois moins qu'il y a vingt ans. Durant cette période, la proportion des Kanak sans diplôme a également baissé mais plus lentement : 41 % en 2009 contre 67 % en 1989.

Des Calédoniens plus diplômés

La population vivant en province Sud est plus souvent concernée par l'amélioration générale du niveau de formation. En 2009, près d'une personne sur quatre est sans diplôme contre une sur deux en 1989. Elle préserve son « avance » dans l'accès au diplôme par rapport aux populations des deux autres provinces. En 2009, en province Nord et aux Iles Loyauté, deux personnes sur cinq sont sans diplôme contre quatre sur cinq en 1989 (Graphiques V.1). La population de la province Sud dispose également d'un niveau de diplôme plus élevé : en 2009, 17 % sont bacheliers et 20 % sont diplômés du supérieur. Ces proportions sont deux à trois fois supérieures à celles des populations résidant en provinces Nord et aux Iles Loyauté. Dans ces deux provinces, l'élévation du niveau de diplôme concerne surtout les diplômes professionnels inférieurs au baccalauréat. La principale explication est une moindre maîtrise des fondamentaux du CE2 et de la 6ème, qui conduit plus fréquemment les élèves à s'orienter en seconde professionnelle.

GRAPHIQUE V.1. PROPORTION DE DIPLOMES PAR PROVINCE

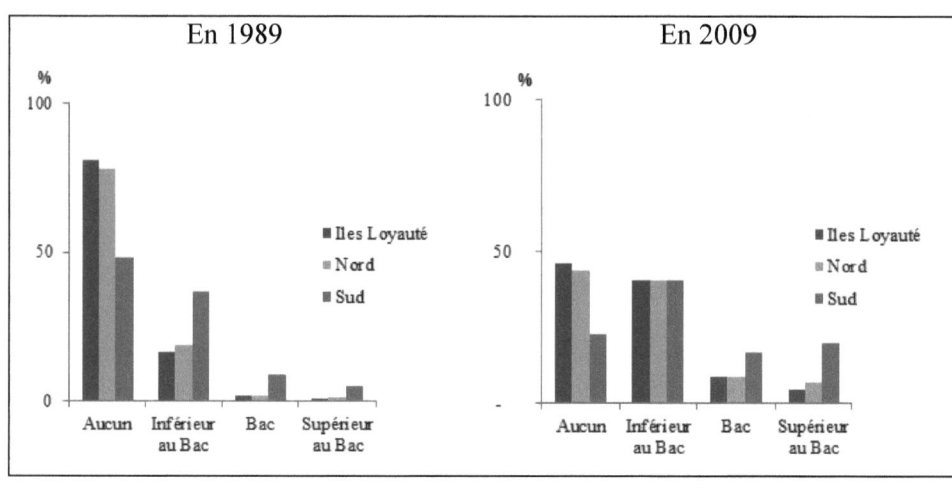

Quelle que soit la province de résidence, l'élévation du niveau de diplôme de la population calédonienne, profite le plus aux femmes. En 20 ans, les bachelières et les diplômées du supérieur comblent leur retard et devancent même les hommes. C'est surtout durant la période 1996-2009 que la part des bachelières ou diplômées de l'enseignement supérieur a le plus augmenté : 16 points contre 12 points pour les hommes. Ce phénomène est commun aux trois provinces et s'explique par un effet génération. Parmi les 20-40 ans, la part des diplômés du baccalauréat ou de l'enseignement supérieur a doublé passant de 21 % à 41 % en treize ans. Comme en métropole, l'insertion des femmes dans l'enseignement supérieur résulte de leurs meilleurs résultats scolaires et de l'allongement de la durée d'étude. Les femmes kanak ne dérogent pas à cette tendance, ce qu'explique Hélène Nicolas par un double mouvement. Premièrement, la politique scolaire menée en Nouvelle-Calédonie tend à rendre l'école calédonienne conforme à l'école métropolitaine. Cet objectif favorise la mixité des filles et des garçons dans les établissements scolaires, véhiculant un idéal égalitaire et une conception psycho-biologique des identités sexuées. Ce dernier point fait référence aux études de Marie Duru-Bellat et Annette Jarlegan qui démontrent que le système scolaire en métropole participe à la construction des identités sexuées (les stéréotypes sexués véhiculés par les manuels, les interactions avec le professeur, différents selon le sexe de l'élève…). Deuxièmement, les Indépendantistes prônent l'accès des Kanak à des postes à responsabilité dans la perspective de l'indépendance. Les filles ne sont plus cantonnées à la sphère domestique, mais elles sont éduquées pour obtenir un diplôme et par là même un emploi. Selon Hélène Nicolas, « dès les années 1990, les parents encouragent fortement les enfants des deux sexes à réussir à l'école : de la maîtrise des savoirs occidentaux dépend l'avenir du clan, de l'île, et du peuple kanak » (Nicolas, 2010 : 233). Ce double mouvement favorise l'élévation du niveau scolaire des femmes kanak en s'inscrivant, à la fois, dans la stratégie des Indépendantistes et dans des stratégies matrimoniales. En effet, grâce à leurs revenus les femmes participent aux dépenses de la vie quotidienne ainsi qu'aux échanges coutumiers de leur clan et de leur mari. De plus, le gain d'autonomie dans les relations conjugales (quitter le foyer et porter plainte pour violences conjugales), l'engagement des femmes en politique et dans les associations dénonçant la domination masculine sont également des conséquences de l'élévation du niveau de diplôme des femmes (Hamelin, Salomon, 2004, 2008, 2010). Déwé Gorodey, femme politique indépendantiste kanak (elle a dirigé, entre autre, le comité de pilotage des signes identitaires du pays (CPSIP)), mentionne que l'enjeu pour la société domestique est de « transformer les structures des rapports entre les deux sexes, afin que les femmes ne doivent pas toujours se tourner vers des institutions occidentales, pour avoir plus d'autonomie et de pouvoir sur leur vie » (Nicolas, 2010 : 237).

Les Kanak plus souvent diplômés

La formation d'une élite kanak, selon les Accords de Matignon-Oudinot et de Nouméa, doit participer au rééquilibrage de l'exercice des responsabilités politique et économique, entre les communautés. Mais c'est un processus qui est long. Entre 1989 et 2009, les différences de pourcentage entre les Kanak et les non Kanak deviennent positives uniquement pour les diplômes inférieurs au baccalauréat. Ainsi, les Kanak sont, en pourcentage, plus nombreux à obtenir comme diplôme le plus élevé un CEP, BEPC, CAP ou BEP (Graphiques V.2).

GRAPHIQUE V.2. PART DE DIPLOMES PAR ETHNIE

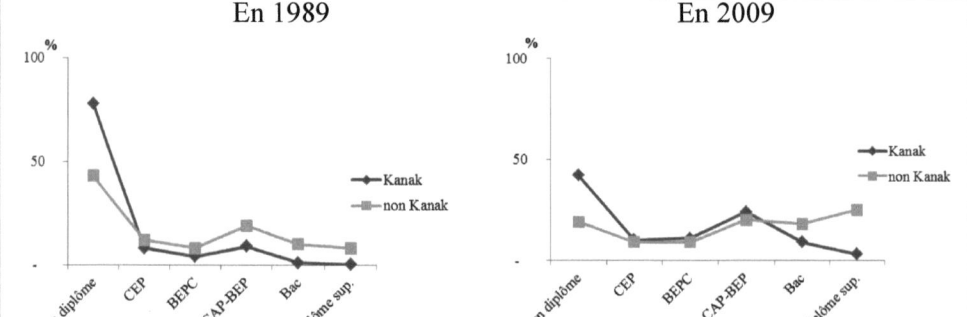

Tout comme les résultats par province, la principale explication, est un acquis moindre des fondamentaux des Kanak par rapport aux non Kanak. Pourquoi observe-t-on un tel constat ? Dans les années soixante-dix, les enseignants des institutions privées et publiques expliquent, d'une manière générale, les résultats moindres des Kanak par une « mentalité mélanésienne » (Kohler, Wacquant, 1985; Salaün, 2005). Cette explication de nature psychologique complète la situation matérielle des familles kanak, pour trois raisons qu'expose Marie Salaün. Premièrement, la définition de l'essence de la « personnalité » indigène par son indifférenciation avec la nature, s'inscrit dans la lignée des travaux plus philosophiques qu'ethnologiques de Maurice Leenhardt. Le handicap culturel, relatif au code linguistique des travaux de Berstein, constitue la deuxième explication de l'échec scolaire des Kanak : « il leur manque [le code linguistique] parce qu'ils sont d'une autre culture » (Salaün, 2005 : 4). La troisième explication, le paradigme des *cultural discontinuities*, n'a pas été développé en Nouvelle-Calédonie. Or l'objet de ce paradigme, étudié aux Etats-Unis dans un contexte d'inégalités raciales, est de mener des recherches sur des méthodes d'apprentissage efficaces lorsque l'interaction scolaire échoue. Salaün souligne que, paradoxalement, l'explication de la cause psychologique à l'échec scolaire des Kanak a fait consensus en Nouvelle-Calédonie. Pour les uns, ces traits psychologiques ont justifié la remise en cause de l'école métropolitaine (héritage de l'époque coloniale). Pour les autres, ce n'est pas l'institution qui est remise en cause mais l'inadaptation de la « mentalité kanak » aux normes, codes et valeurs de l'école métropolitaine. L'auteur constate que l'argument de la « mentalité » perdure, trois décennies plus tard, en se référant aux actes du colloque *Pour une école de la réussite*, établi en 2002. Cet absolutisme d'une différence culturelle amène à concevoir « tous les Kanak parce que Kanak » indifférents au devenir scolaire des enfants ainsi qu'au salariat et à l'argent (Salaün, 2005a : 135). Marie Salaün propose une nouvelle approche de la question de l'échec scolaire qui se résume en trois points. Premièrement, les Kanak n'ont pas bénéficié de la même manière du rééquilibrage. Ils ne sont pas égaux devant les diplômes, le marché de l'emploi... Dès lors, une étude sur la stratification sociale au sein même de la société domestique permettrait d'élaborer des analyses de corrélation avec le niveau de diplôme. Deuxièmement, le rapport à la culture ne peut plus être pensé comme « un ». Sur la base de son travail de recherche relatif aux familles impliquées dans l'expérimentation des langues kanak dans l'enseignement à l'école maternelle, elle distingue les compétences dans la langue et l'attachement à la culture d'origine. Le bilinguisme acquis à l'école est une stratégie parentale. Troisièmement, il faut interroger le rapport au collectif. L'enfant kanak n'est pas « englué dans le groupe au point de ne jamais trouver les ressources individuelles de la réussite à l'école » (Salaün, 2005a : 136). Ce qui amène à s'interroger sur les stratégies d'individualisation et non plus uniquement sur le lien individu-groupe. Ces perspectives de recherche sont intéressantes car l'élévation du niveau de diplôme (baccalauréat et enseignement supérieur) des Kanak est incontestable depuis 1989.

En 2009, comme en 1989, un non Kanak a plus de chance d'être diplômé qu'un Kanak. Plus le niveau de diplôme est élevé, plus les inégalités entre les deux groupes se creusent. Par contre, en vingt ans, les rapports des chances[1] diminuent pour tous les diplômes, ce qui confirme une certaine démocratisation de l'accès aux diplômes (Tableau V.1).

TABLEAU V.1. EVOLUTION DES RAPPORTS DE CHANCES
NON KANAK / KANAK DANS L'OBTENTION D'UN DIPLOME

	1989	2009
Tous diplômes		
Rapport de chance	2,9	2,8
Rapport de chance conditionnel		2,6
Baccalauréat (toutes séries)		
Rapport de chance	12,5	4,8
Rapport de chance conditionnel		4,4
Bac. général		
Rapport de chance	15,2	6,1
Rapport de chance conditionnel		5,5
Bac. Techno et prof.		
Rapport de chance	5,4	1,5
Rapport de chance conditionnel		1,9
Dipl. enseignement sup.		
Rapport de chance	36,0	9,4
Rapport de chance conditionnel		8,7

Source : Hadj et al., 2012.
Champ : population de 14 ans et plus.
Note : Les données individuelles de 1989 ne sont pas disponibles.
Lecture : en 2009, un non Kanak a 4,8 fois de probabilité qu'un Kanak d'être bachelier, en contrôlant par l'âge, le sexe et la province de résidence ce rapport est de 4,4.

---

[1] Les rapports des chances (ou odds ratios) définissent l'association statistique entre deux variables dichotomiques. Ici, la communauté d'appartenance (Kanak, non Kanak) et le diplôme le plus élevé (obtient ou non le baccalauréat par exemple).

C'est pour l'obtention d'un diplôme de l'enseignement supérieur que le rapport des chances a le plus diminué : 9 en 2009 contre 36 en 1989. Cette analyse, portée sur la génération des 20-30 ans, confirme ce résultat. Les rapports des chances, pour cette tranche d'âges, varient considérablement selon le type de diplôme. Ainsi, l'écart est de 1 à 2,2 pour n'importe quel diplôme et de 1 à 7,1 pour les diplômes du supérieur (Ris, 2014). Pour autant, parmi les diplômés de l'enseignement supérieur, un Kanak sur trois détient un diplôme du second ou troisième degré. Ce résultat suscite deux remarques.

En premier lieu, le bien-fondé des programmes de formation professionnelle, comme « Cadres Avenir », à promouvoir des diplômés de master, de doctorat ou de grandes écoles. Jean-Louis Rallu et Gérard Baudchon ont constaté déjà, au lendemain de l'Accord de Nouméa, qu' « il est quasi inévitable qu'une action de discrimination positive, visant à faire rattraper son retard à une communauté, comporte le risque d'un niveau de compétence initial amoindri. Il apparaît donc, aux vues des évolutions des effectifs de cadres et de leur qualification, que le programme '400 cadres' était fort modeste et qu'il subsiste encore un déficit important de qualification dans la population mélanésienne, que la lenteur de la croissance des niveaux de diplôme n'a pas permis de résorber » (Baudchon, Rallu, 1999 : 418). En second lieu, on remarque que les inégalités en Nouvelle-Calédonie ne disparaissent pas mais qu'elles se transforment. Entre 1989 et 2009, les différences de pourcentage entre les bacheliers kanak et non kanak, restent stables. Les inégalités concernent moins l'accès au baccalauréat que l'hétérogénéité des types de baccalauréat et par conséquent l'accès à l'enseignement supérieur. La portée de la démocratisation de l'enseignement est contrainte puisque les débouchés ne dépendent pas que du niveau de diplôme, mais aussi du type de filière suivie. De fait, les Kanak sont plus souvent diplômés d'un baccalauréat professionnel limitant les possibilités d'orientation dans l'enseignement supérieur. Ainsi, en 2009, le rapport de chance des non Kanak de détenir comme diplôme le plus élevé le baccalauréat, quelle que soit la série est cinq fois plus important que les Kanak. Lorsqu'on distingue le type de baccalauréat, le rapport de chance entre un non Kanak et un Kanak de détenir un baccalauréat professionnel-technologique est équivalent, alors que ce rapport s'élève à six pour l'obtention du baccalauréat général.

Les inégalités dans l'accès aux diplômes sont potentiellement dues à des différences de caractéristiques observables telles que l'âge, le sexe et la province de résidence. Le contrôle selon ces caractéristiques montre que les rapports des chances diminuent légèrement. Ainsi, un non Kanak n'a plus que 4,4 fois plus de chance d'obtenir le baccalauréat (toutes séries) et 5,5 fois plus de chance d'obtenir un baccalauréat général qu'un Kanak. La métropole connaît également un transfert des inégalités (Hadj et al., 2012).

Répercussion sur le marché de l'emploi

L'économie calédonienne est développée. Outre les indicateurs de développement internationaux, ce constat est révélé par les données du recensement. En 2009, le taux d'emploi s'élève à 58 %. La Nouvelle-Calédonie se distingue singulièrement du reste de l'outre-mer et des petits Etats insulaires du Pacifique. Elle tend à se rapprocher de la métropole, dont le taux d'emploi s'élève à 64 %, et supplante certaines régions métropolitaines comme le Nord-Pas-de-Calais ou la Corse. En vingt ans, le taux d'emploi calédonien s'est accru de 75 %, correspondant à un accroissement de 2,8 % par an en moyenne (Graphique V.3). La croissance de l'emploi est plus rapide que celle de la population en âge de travailler (2,3 % par an, en moyenne). Selon l'Isee, le déclin de l'agriculture vivrière dans les provinces Nord et Iles Loyauté explique la baisse du taux d'emploi enregistrée entre 1989 et 1996. Depuis la signature de l'Accord de Nouméa (1998), le taux d'emploi ne cesse de progresser, modifiant ainsi la structure sociale et professionnelle de l'emploi. Tout d'abord, l'emploi agricole est en net recul. En 1989, un actif sur huit est agriculteur, contre un sur quarante en 2009. La modernisation de l'activité agricole, le renchérissement du foncier et le manque d'attrait des jeunes générations expliquent ce résultat. Ensuite, la part des ouvriers est restée stable en vingt ans (29 % en 1988 contre 26 % en 2009). Le déploiement de l'industrie extractive et métallurgique explique cette résistance à la désindustrialisation. Enfin, le secteur tertiaire ne cesse de croître, comme dans l'ensemble des économies développées. Les employés sont devenus la catégorie socioprofessionnelle la plus répandue (Rivoilan, Broustet, 2011).

Graphique V.3. Population de 15 a 65 ans par type d'activite et taux d'emploi

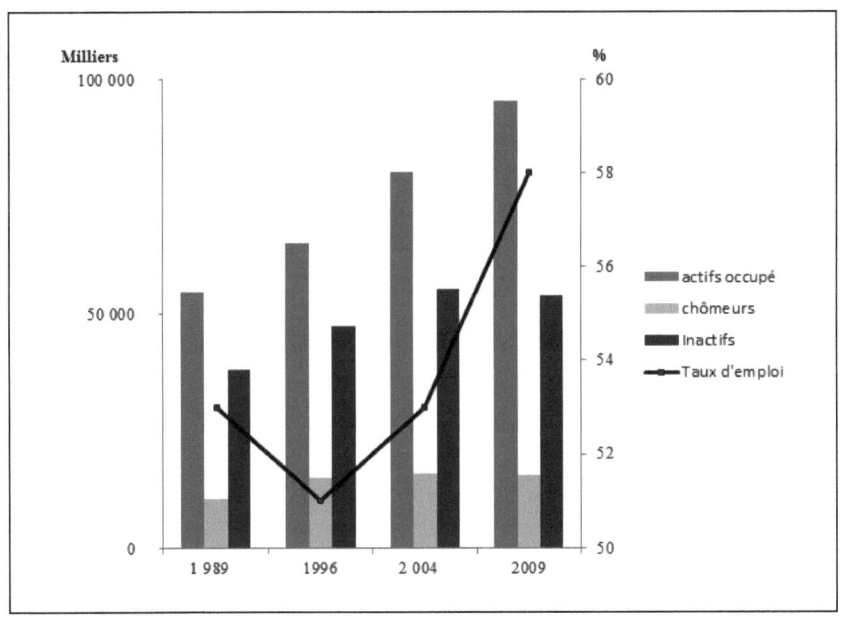

Pour autant, la persistance des inégalités scolaires, selon la communauté d'appartenance et la province de résidence, se répercute sur le marché de l'emploi. La pénétration des Kanak sur le marché de l'emploi et dans le salariat est plus faible que celle du reste de la population. Ce constat perdure puisque le taux d'emploi des Kanak a augmenté seulement de trois points en vingt ans. Jean Freyss, au milieu des années quatre-vingt-dix, parle « d'attraction et de répulsion » des Kanak face au marché de l'emploi (Freyss, 1995 : 239). Il mentionne que l'expansion de l'exploitation de nickel dans les années soixante, suivie par une récession, ont poussé les Kanak à revenir dans les tribus. Cet épisode a engendré un sentiment de frustration et de méfiance à l'égard du système capitaliste et un sentiment d'assurance et de confortation au système domestique qui constitue une sorte de « sécurité sociale ». Qui plus est, à partir d'un « petit calcul » des données du recensement de 1989, Freyss démontre que le rééquilibrage salarial, tant quantitatif que qualitatif (même structure de profession), est biaisé. Il faudrait respectivement que 5 123 et 5 580 emplois de professions supérieures et moyennes soient créés. Il ajoute que la Nouvelle-Calédonie ne peut pas offrir 5 000 emplois supplémentaires dans les catégories supérieures (cadres, professeurs, artisans, commerçants et chef d'entreprise) et que la communauté kanak ne saurait fournir à court terme un nombre suffisant d'hommes et de femmes pour exercer ces professions. Vingt ans plus tard, on est loin du compte.

Au recensement de 2009, 45 % des Kanak âgés de 15 à 65 ans ont un emploi, contre 71 % pour les Européens. Le taux d'emploi des autres communautés est à un niveau intermédiaire : 58 % pour les Wallisiens et Futuniens et 63 % en moyenne pour les autres communautés. Les trois quarts des Kanak sont ouvriers ou employés, contre seulement un tiers des Européens et un peu plus de la moitié pour l'ensemble de la population. C'est également la communauté qui compte le plus d'agriculteurs : 6 % contre 2,5 % de la population occupée. Enfin, seuls 3 % de Kanak sont cadres, représentant un millier de personnes. Cette proportion est six fois plus faible que celle des Européens et trois fois plus faible que l'ensemble de la population. Néanmoins, le nombre de cadres a été multiplié par sept en vingt ans. Au sein même de la communauté kanak, les disparités de taux d'emploi selon le lieu de résidence sont importantes. Le taux d'emploi des Kanak vivant en tribu s'élève à 37 % contre 54 % pour ceux qui vivent en zone rurale ou urbaine. Cette disparité spatiale s'explique par une offre d'emploi moindre, l'éloignement des bassins d'emploi et des difficultés de transport pour rejoindre les zones d'emploi (Rivoilan, Broustet, 2011). Par conséquent, le taux de chômage, au sens du recensement, est plus élevé dans la communauté kanak (26 %), et un chômeur sur deux réside en tribu. Le taux de chômage des Wallisiens et des Futuniens ainsi que des Ni-vanutais est à un niveau intermédiaire : 14 % contre seulement 4 % pour les Européens ou les Indonésiens.

Au niveau provincial, les disparités professionnelles sont patentes. La province Sud polarise l'activité économique par rapport aux deux autres provinces. Elle concentre 75 % des emplois dans le Grand Nouméa, pôle urbain du territoire. Le taux d'emploi dans le Sud s'élève à 63 %, contre 45 % dans le Nord et 37 % aux Iles Loyauté. En vingt ans, la croissance annuelle de l'emploi s'élève à 3,2 % dans le Sud contre 1,7 % dans le Nord et 1,1 % aux Iles Loyauté. Les disparités provinciales se sont toutefois restreintes à partir de 1996. La construction de l'usine métallurgique sur la côte Ouest de la province Nord renforce la création d'emplois de la zone VKP et de la commune adjacente, Koumac. Le taux d'emploi de ces communes est aussi élevé que celui du Grand Nouméa. Au total, « au-delà des limites provinciales, la géographie de l'emploi révèle donc une dichotomie entre une économie en pleine mutation sur la côte Ouest et une société plus traditionnelle dans l'Est et les cinq îles[2] » (Rivoilan, Broustet 2011).

La percée professionnelle des femmes

L'accroissement du taux d'emploi en Nouvelle-Calédonie s'explique notamment par l'entrée des femmes sur le marché de l'emploi. En 2009, plus de la moitié des femmes ont un emploi, contre un peu plus du tiers en 1996. Le taux d'emploi des femmes calédoniennes se démarque des autres pays du Pacifique. Cinq explications sont avancées par l'ISEE : l'élévation du niveau de diplôme, le développement du secteur tertiaire, l'expansion du salariat, l'ouverture de certains métiers aux femmes et leur désir d'émancipation. Globalement, elles occupent des postes d'employées peu qualifiées : une sur six est femme de ménage, viennent ensuite les postes de secrétaires, d'agents administratifs, de professeurs, de serveuses, d'institutrices, d'infirmière et de vendeuses. Entre 1996 et 2009, elles sont aussi plus nombreuses à occuper une profession intermédiaire (métiers de l'enseignement et de la santé) : 26 % en 2009 contre 21 % en 1996. Elles accèdent également plus souvent aux postes d'encadrement : 9 % d'entre elles sont cadres en 2009, soit 1,6 fois plus qu'en 1996. Ce constat vaut pour les trois provinces et pour toutes les communautés. Parmi les Kanak, les femmes représentent 45 % des actifs occupés, soit trois points de plus que les femmes de la communauté européenne par exemple.

Le déploiement des femmes dans le marché de l'emploi ne les prémunit pas du chômage au sens du recensement. En Nouvelle-Calédonie, en 2009, 15 500 personnes se sont déclarées en recherche d'emploi, soit 14 %. Ce taux de chômage est supérieur à la moyenne nationale mais deux fois plus faible que dans les Départements d'Outre-Mer. D'une part, la création d'emplois a incité les inactifs, dont les femmes au foyer, à s'inscrire sur le marché de l'emploi ; d'autre part, la croissance de l'emploi a permis pour un tiers de réduire le chômage, mais pour deux tiers de réduire l'inactivité. Ainsi, parmi les personnes qui se déclarent au chômage (15 500 personnes), 52 % sont des femmes, soit douze points de plus en vingt ans (Rivoilan, Broustet, 2011).

---

[2] Les trois Iles Loyauté ainsi que l'île de Belep et l'Ile des Pins.

UN REEQUILIBRAGE PLUS QUANTITATIF QUE QUALITATIF

L'élévation du niveau de formation modifie le rapport inégalitaire issu de l'époque coloniale et revendiqué par les Indépendantistes. L'inclusion d'un plus grand nombre de Kanak à l'économie marchande, en vingt ans de rééquilibrage, souligne l'hétérogénéité de la population autochtone. Ce résultat se traduit également par le rééquilibrage amorcé par les populations vivant dans le Nord et les Iles Loyauté par rapport à celle du Sud, plus souvent diplômée. Les femmes, une autre frange de la population calédonienne, a également profité du rééquilibrage. En revanche, le rééquilibrage quantitatif ne s'accompagne pas d'un rééquilibrage qualitatif. Les Kanak ont un niveau de formation plus faible que celui des non Kanak et ils occupent plus souvent un emploi peu qualifié et précaire. La communauté kanak est plus sévèrement touchée par le chômage que les autres communautés. Même constat pour les femmes par rapport aux hommes. Le parcours scolaire est le principal déterminant des carences dans la maîtrise du français et des mathématiques. Ce résultat, issue de l'enquête Information et Vie Quotidienne (IVQ), révèle que l'illettrisme concerne 18 %, soit 29 000 Calédoniens, en 2013. Cette enquête s'appuie sur la définition de l'ANCLI (Agence nationale de lutte contre l'Illettrisme) de l'illettrisme, à savoir : les personnes qui ne parviennent pas à lire et à comprendre un texte portant sur des situations simples de la vie courante, et/ou ne parviennent pas à écrire pour transmettre des informations simples. (Benoit, Denis, 2013). L'amorce d'un rééquilibrage quantitatif plus que qualitatif entraîne deux conséquences.

Premièrement, les politiciens et la société civile se préoccupent du maintien de l'égalité des chances par l'école. L'école méritocratique à la française joue un rôle dans la reproduction des inégalités. Si les diplômes délivrés sont le résultat du mérite des individus, alors les inégalités à la sortie du système scolaire apparaissent comme justes et légitimes. Par contre, si la logique méritocratique est biaisée par les inégalités sociales, qui sont indépendantes du mérite des individus, alors la confiance en l'égalité des chances, promue par l'école, est amoindrie, rendant les inégalités injustes (Dubet et al., 2010). Dans cette perspective, en 2010, deux ans avant les nouveaux transferts de compétence en matière d'enseignement, le ministère de l'Education nationale français et le gouvernement calédonien ont lancé un « Grand Débat » sur l'avenir de l'Ecole calédonienne. L'objectif est d'apporter des recommandations à l'évolution du système éducatif. Le

« Grand Débat » a duré six mois et a été suivi par une Commission du Grand Débat, présidée par le magistrat Claude Thélot et composée de trente-neuf membres bénévoles issus du monde éducatif et de la société civile. La Commission a élaboré deux outils pour organiser ou participer au débat sur l'avenir de l'Ecole calédonienne. D'abord, une évaluation synthétique de l'état actuel de l'Ecole en Nouvelle-Calédonie (coût, fonctionnement, résultats). Ensuite, elle a soumis dix-huit sujets à débattre regroupés en trois domaines : définir les missions de l'Ecole calédonienne, faire réussir tous les élèves et améliorer le fonctionnement de l'Ecole calédonienne. Les dix-huit sujets ont été soumis à la population selon trois canaux de communication : des réunions publiques, des auditions de toute organisation qui le souhaitait (politique, syndicats...) par la Commission et des échanges sur le site internet. Au total, 4 000 personnes ont participé au Grand Débat et les principaux sujets débattus ont été : comment motiver et faire travailler efficacement les élèves ? Comment prévenir et lutter efficacement contre la violence et les incivilités ? Quelles doivent être les missions de l'école en Nouvelle-Calédonie ? Les comptes rendus des débats sont rédigés dans un document intitulé le « Miroir ». La Commission a remis au gouvernement calédonien un rapport de recommandations (non accessible au public) pour faire évoluer le système éducatif calédonien durant les dix à quinze prochaines années (Commission du Grand Débat sur l'avenir de l'Ecole calédonienne, 2011a).

Deuxièmement, le rééquilibrage en modifiant le rapport inégalitaire, a favorisé l'introduction de besoins nouveaux (se loger, se déplacer, acheter au magasin ce qu'on produisait soi-même auparavant, faire garder ses enfants ...) et l'accès à de nouvelles consommations (loisirs, communication...). La situation économique de certains ménages est devenue (plus) précaire. Cette précarité, dans un contexte où les aspirations politiques d'indépendance et de rééquilibrage sont clairement clamées et affichées, est d'autant plus inacceptable. Les revendications de lutte contre la vie chère en sont une illustration.

CHAPITRE 6

LE NIVEAU DE VIE
REFLET DE L'INEGALITE ECONOMIQUE

En 2006, la première manifestation contre la vie chère et la baisse du pouvoir d'achat, est initiée par l'intersyndicale Union des Syndicats des Ouvriers et Employés de Nouvelle-Calédonie (USOENC) à Nouméa. Le gouvernement a répondu de manière concrète par dix mesures destinées à lutter contre la hausse des prix. En 2011, l'intersyndicale appelle de nouveau les Calédoniens à manifester, réaffirmant la nécessité de poursuivre et de renforcer l'action du gouvernement entamée quatre ans plus tôt. La mobilisation s'étend aux trois provinces et s'organise du 18 au 20 mai 2011, sensibilisant entre 15 et 25 000 personnes selon la presse, soit près de 10 % de la population calédonienne. Ces mobilisations n'ont pas paralysé le territoire contrairement à celles, portant sur les mêmes thèmes, survenues en 2009 en Guadeloupe (44 jours de grève générale) et en Martinique (38 jours de grève générale). La principale explication est la création d'une commission spéciale vie chère auprès du Congrès en septembre 2011. Elle a en charge l'élaboration et le suivi d'accords économiques et sociaux concentrés dans un document d'orientation signé le 12 juin 2012. Les signataires sont les membres constituant la commission, à savoir : les groupes et les formations politiques du congrès, les représentants du gouvernement, les organisations syndicales (Intersyndicale vie chère dont fait partie l'USOENC) et le représentant de l'Etat. Au total, six orientations figurent dans ce document : la modernisation et la régulation de l'économie ainsi que le contrôle des réglementations ; la fiscalité ; le logement ; les transports et l'énergie ; les salaires, les revenus et la protection sociale ; enfin, l'emploi, l'insertion et la formation. Les manquants aux négociations sont les représentants du monde patronal. Les syndicats et les groupements d'employeurs ont réclamé une audition auprès du congrès dans le cadre d'une commission ouverte. Elle aboutira le 23 août 2012 à la création d'une commission spéciale, associant les représentants des employeurs aux travaux relatifs à la mise en œuvre des accords économiques et sociaux. L'originalité de cette issue est double. D'une part, l'objectif commun et affiché, de la classe politique ainsi que des syndicats d'employeurs et de salariés, de mettre en place des actions politiques à moyen terme permettra de donner une majorité politique aux textes de loi. En effet, le document d'orientation n'est pas un engagement juridique. Sa mise en œuvre dépend du gouvernement qui lui-même doit déposer des projets de loi de pays et de délibérations auprès du congrès et de la commission spéciale, qui veille au suivi des propositions. D'autre part, depuis les Evénements, ces manifestations de lutte contre la vie chère sont les premiers rassemblements de Calédoniens dénonçant un malaise social. Dans les cortèges, ont défilé côte à côte des hommes et des femmes, indifféremment de leur communauté d'appartenance, traduisant l'évolution du rapport inégalitaire et les nouveaux contours d'un rééquilibrage. Outre l'intégration au système capitaliste par le salariat, les Calédoniens attendent des politiciens l'instauration de mesures garantissant une meilleure qualité de vie ; soit un pouvoir d'achat qui dépend dans une économie marchande du niveau de vie disponible.

Ce chapitre s'ouvre sur notre construction de l'indicateur de niveau de vie selon les données de l'enquête budget consommation des ménages (BCM). Il repose sur les ressources (monétaires et non monétaires) et sur la composition des ménages. Il se poursuit par un état des lieux des inégalités de niveau de vie des ménages calédoniens et la présentation des ressources non monétaires et des prestations sociales comme régulateurs d'inégalité.

L'INDICATEUR DE NIVEAU DE VIE

Dès le XIX^è siècle, l'enquête sur les budgets des ménages a permis de calculer un niveau de vie. Il tient compte à la fois des ressources du ménage et de sa taille. Les niveaux de vie des ménages, organisés de manière croissante, permet de comparer le montant du niveau de vie des plus aisés à celui des plus modestes.

Perspectives théoriques

Les premières enquêtes relative au budget des familles (ou budget des ménages) établies au XIX^é siècle étudient la stratification sociale et définissent les caractéristiques des pauvres pour dénoncer les méfaits de l'industrialisation. Les travaux de Maurice Halbwachs au début du XX^è siècle, reposent sur ce type d'enquête et portent sur le niveau de vie des ouvriers allemands et de leur consommation (Halbwachs, [1912], 2011). Il montre que le budget familial est un fait social qui ne se résume pas au niveau de vie. Les dépenses (alimentation, logement, transport, loisirs…) constituent une hiérarchie des besoins liée à l'appartenance consciente de classe. Le système de référence de goût et de préférence des individus est donc formé dans leur milieu, leurs conditions d'existence (famille, quartier…) et de travail, ainsi que leur système de valeurs. Il démontre qu'à revenu équivalent un ouvrier vivant en zone rurale n'aura pas la même structure de dépense qu'un ouvrier résidant en zone urbaine. Qui plus est, même si les ressources d'un ouvrier s'élèvent, il n'alignera pas sa structure de dépense sur celle d'un cadre. Ces travaux ont influencé nombre de sociologues, comme Pierre Bourdieu, qui étudie la relation entre les dépenses et l'idée du corps et des effets de la nourriture sur le corps selon la classe sociale (Bourdieu, 1979). Quant au Centre de recherche pour l'étude et l'observation des conditions de vie (CREDOC), il ne limite plus ses analyses à la variable revenu pour expliquer les différences de dépenses, mais il tient compte de l'effet d'âge, de génération ou de la catégorie socioprofessionnelle… (Recours, Hébel, 2006).

A partir de ses travaux sur la structure de consommation, Halbwachs présente la stratification sociale selon l'image du « feu de camp ». Au centre se trouve le modèle de la classe dominante déterminé par le niveau d'instruction reçue, la richesse et les biens matériels et symboliques possédés. Des cercles concentriques permettent de définir si l'individu occupe une place dedans, dehors, au centre ou à la périphérie du centre. La position qu'occupe l'individu marque son degré d'intégration et sa participation à la vie active. En cela, Halbwachs rompt avec les analyses marxistes sur le rapport antagoniste des classes sociales issues de la révolution industrielle. De plus, il démontre que le critère de revenu, et plus largement les rapports de production, ne suffisent pas à expliquer la constitution des classes sociales et privilégie le concept de mémoire collective (il s'inscrit dans la lignée des travaux d'Emile Durkheim sur la conscience collective). La mémoire est d'abord collective avant d'être individuelle. Elle se distingue de l'Histoire, du fait que c'est une construction sociale qui puise dans les repères historiques et sociaux. Cette mémoire collective est à l'origine des besoins collectifs et, indirectement, des habitudes de consommation. D'ailleurs, comme le rappelle Maurice Halbwachs dans son ouvrage, *La classe ouvrière et le niveau de vie* (deuxième livre), la mémoire joue un rôle important dans le recueil des données des enquêtes sur le budget des ménages (Halbwachs, [1912], 2003).

L'enquête Budget Consommation des Ménages (BCM)

L'enquête BCM apporte des informations uniques sur la consommation des ménages, en mesurant le plus précisément possible leurs dépenses et leurs ressources (montant et structure). De cette enquête découle une nouvelle structure de consommation sur laquelle sera basé l'indice des prix à la consommation. Elle favorise l'analyse du lien entre les revenus et les comportements de consommation ainsi que l'épargne des ménages. Elle apporte également des informations sur les caractéristiques du confort et l'équipement du logement. En Nouvelle-Calédonie, quatre enquêtes ont été menées à intervalles irréguliers : en 1969, 1981, 1991 et 2008. Près de vingt ans séparent les deux dernières enquêtes. Elles recouvrent ainsi les années du rééquilibrage. De nouveaux comportements, de nouveaux biens et services, de nouveaux magasins sont venus modifier les habitudes de consommation de la population. C'est pourquoi il était nécessaire d'entreprendre une nouvelle étude, commandée et financée par le gouvernement calédonien de l'Isee. L'irrégularité de la réalisation de cette enquête s'explique par son coût et son organisation conséquente : BCM-2008 a coûté 183,5 millions F.CFP (1,5 millions euros) et l'opération de collecte de données s'est étalée durant une année, mobilisant une soixantaine d'enquêteurs. Les modules de cette enquête calquent ceux de l'enquête budget des familles (BDF), menée simultanément en France métropolitaine et dans les Départements d'Outre-Mer, à un rythme quinquennal depuis 1979. La Polynésie française et Wallis-et-Futuna disposent également d'enquêtes BDF, menées à intervalles irréguliers. En Nouvelle-Calédonie, en 2008, 67 040 ménages[1] vivant dans des logements ordinaires (sont exclus les logements en communauté comme les casernes, les maisons de retraite...) ont été enquêtés. L'échantillon aléatoire simple est stratifié selon la province (Sud, Nord, Iles Loyauté) et la zone de résidence (rurale, tribale ou urbaine). Toutes les communes sont concernées par l'enquête, ainsi que les deux tiers des tribus. L'avantage de cette méthode d'échantillonnage est d'établir des comparaisons entre les provinces ou entre les zones de résidence, mais il n'est pas possible de croiser ces deux informations.

---

[1] 67 040 ménages correspondent à 3 709 ménages sans pondération. L'échantillonnage est tiré des données du recensement de 2004 qui compte 64 354 ménages en Nouvelle-Calédonie.

Chaque ménage est enquêté à cinq reprises durant quatorze jours. A la première visite, la composition et l'activité des membres du ménage sont recensées ainsi que les caractéristiques de leur logement. Les dépenses sont recueillies de la première visite à la quatrième visite par un questionnaire thématique. Les enquêtés sont interrogés sur leurs dépenses contractées au cours de l'année écoulée (ou précédente) (les dépenses en biens durables, les déplacements hors de la Nouvelle-Calédonie, les réparations ou aménagements d'un logement, les aides financières données à un autre ménage), ainsi que sur les six derniers mois (les déplacements en Nouvelle-Calédonie), et sur une périodicité plus courte, trois à un mois (les dépenses lors de fêtes et cérémonies, les dépenses en éducation et en formation, l'habillement, les chaussures, les bijoux et le parfum...). Les dépenses en crédit sont particulières puisque le ménage est interrogé sur les crédits contractés avant la période de référence (soit les douze mois précédant l'enquête) et dont l'échéance se situe après ou pendant celle-ci, et sur les crédits contractés au cours de la période de référence et dont l'échéance se situe après ou pendant cette dernière (Hadj, 2010). Durant les quatorze jours d'enquête, le ménage doit en plus reporter toutes ses dépenses journalières sur un carnet de compte. La dernière visite, la cinquième, a pour objet de recenser les ressources (monétaires et non monétaires) et les avantages en nature du ménage. A partir de ces données on peut calculer le niveau de vie. Selon l'Insee, il correspond au revenu disponible (revenu d'activité, de patrimoine, de transferts sociaux...) du ménage divisé par le nombre d'Unités de Consommation (UC). L'Unité de Consommation est calculée selon une échelle d'équivalence qui tient compte de l'âge et de la composition des membres d'un ménage. Le ménage, au sens statistique, est l'ensemble des personnes qui vivent dans un même logement sans pour autant être unies par un lien de parenté. La distribution du niveau de vie d'une population est organisée par décile[2]. A partir de cette distribution, les inégalités au sein même d'une population sont mesurées en comparant les seuils de niveau de vie.

---

[2] Les déciles scindent la distribution des niveaux de vie des Calédoniens en dix parties égales. Le premier décile (D1) est le seuil en dessous duquel se situent les 10 % de ménages (ou d'Unité de Consommation) ayant le plus faible niveau de vie, alors que le dernier décile (D9) est le seuil au-dessus duquel se situent 10 % de ménages (ou d'Unité de Consommation) ayant le plus fort niveau de vie.

Les ressources composantes du niveau de vie

Les ressources monétaires et non monétaires constituent les ressources totales dont disposent les ménages. Les ressources monétaires avant impôts directs correspondent aux salaires, aux prestations sociales[3], aux revenus exceptionnels, tels qu'un héritage, et aux revenus du patrimoine comme les biens immobiliers. Les ménages de la province Sud disposent plus souvent de ressources tirées du salariat que les ménages des provinces Iles Loyauté et Nord. Ils vivent en moyenne avec 460 000 F.CFP (3 900 euros) par mois. C'est deux fois plus que dans le Nord et les Iles Loyauté. Les ressources non monétaires correspondent à la somme des ressources en nature déclarées par les ménages. Leur montant est évalué au prix du marché. On distingue l'autoconsommation (ou autoproduction) de denrées produites par le ménage pour lui-même (cueillette, élevage, chasse, pêche, champ), les prélèvements sur stock pour les ménages ayant une activité professionnelle leur permettant de se servir (gérant d'un magasin…), les cadeaux reçus d'un autre ménage et les avantages en nature (logement, voiture de fonction…) (Graphique VI.1). En 2008, chaque ménage calédonien économise l'équivalent de 36 000 F.CFP (300 euros) par mois grâce aux ressources non monétaires, soit 8 % des ressources totales. Le recours à ce type de ressources concerne 65 % des Calédoniens. Au niveau provincial, les ménages du Nord économisent 51 000 F.CFP (430 euros) par mois grâce au non monétaire, contre 43 000 F.CFP (360 euros) aux Iles Loyauté et 31 000 F.CFP (260 euros) en province Sud. Ces montants représentent 18 % des ressources totales des provinces Nord et Iles Loyauté, contre 6 % en province Sud. L'origine des ressources non monétaires des provinces Nord et Iles Loyauté est l'autoproduction, qui est une pratique de la vie quotidienne. En province Sud, les avantages en nature (logement ou voiture de fonction par exemple) sont plus courants car c'est dans cette province que les cadres sont les plus nombreux (Jone, 2010).

---

[3] Les prestations sociales correspondent aux pensions, aux retraites, aux allocations familiales, aux allocations postnatales, aux allocations éducation, aux allocations rentrée, aux allocations sociales, aux pensions alimentaires, aux allocations personnes âgées, aux aides à l'enfant et aux autres aides financières.

GRAPHIQUE VI.1. RESSOURCES TOTALES PAR MENAGE ET PAR MOIS

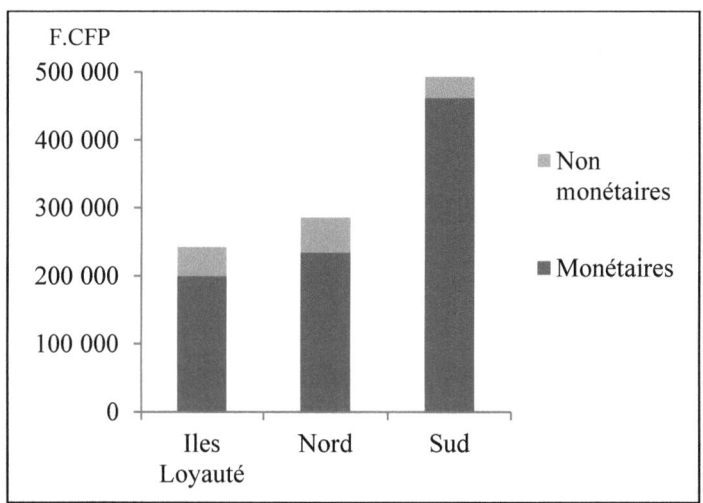

Il est possible d'évaluer les ressources totales des propriétaires de leur logement qui ne remboursent pas de crédit, en leur imputant un loyer fictif. L'estimation de ce loyer est faite par le propriétaire lui-même lors de l'enquête ou par un travail statistique d'imputation en comparant les caractéristiques des logements locatifs (Jacquot, Driant, 2005). Aucune des deux méthodes n'a été retenue dans l'enquête BCM de Nouvelle-Calédonie. La première raison est la difficulté à appliquer cette méthode aux ménages vivant dans les tribus. Pour les besoins de la collecte, ils ont été catégorisés comme propriétaires sans crédit de leur logement. Or le concept de propriété immobilière individuelle n'existe pas dans le monde kanak. En tribu, le foncier est une « propriété privée d'un collectif » ; le clan est considéré comme le propriétaire (Naepels, 1998). Depuis 1985, la personnalité juridique (c'est-à-dire celle qui dispose d'aptitude de droits et de devoirs), qui à l'époque coloniale relevait des tribus, est du ressort des GDPL (Groupements de Droit Particulier Local). Ces structures réunissent des individus liés par des liens coutumiers (famille, clan, tribu) et qui sont régis principalement par le droit coutumier (disposent du statut civil coutumier). Ces GDPL ont pour objet de concilier le développement économique et l'organisation coutumière traditionnelle. Certains traitent plus spécifiquement des activités économiques tandis que d'autres s'attachent à l'attribution des terres. En 2011, la personnalité morale du clan est reconnue, c'est-à-dire que le clan peut acquérir des biens, gérer des ressources et qu'il est titulaire de droits dans la société domestique et devant la justice. Dans la tradition du peuple autochtone, on dispose d'une terre par transmission coutumière, excluant les transactions financières de vente ou de location. Estimer un loyer n'a donc pas de sens.

Techniquement, l'effectif des logements locatifs est trop faible pour appliquer cette méthode, la quasi-totalité de la population loyaltienne et les trois quarts de la population de la province Nord vivant en zone tribale. Ainsi, aux Iles Loyauté, seuls 3 % des ménages sont locataires (soit 133 ménages), contre 87 % de propriétaires sans crédit. Par contre, cette technique a du sens dans la zone urbaine située en province Sud, où l'offre et la demande du marché immobilier sont attractives. Mais, et c'est la deuxième raison du non recours à la méthode des loyers fictifs, les données sur les caractéristiques et les conditions de confort du logement sur BCM sont partielles. Pour appliquer cette méthode, il faudrait, en effet, effectuer un complément d'informations relatif aux caractéristiques physiques du parc de logements (taille, confort sanitaire…), à la qualité de l'habitat (fonctionnement de l'équipement, degré d'isolation sonore…), au statut d'occupation, etc. Autant d'informations que l'on retrouve dans les enquêtes logements (Marquier, 2003).

L'Unité de Consommation composante du niveau de vie

Les ressources sont communément exprimées selon deux unités statistiques : par ménage et par personne. Le choix de l'unité dépend de ce que l'on étudie. La consommation des ménages se compose de biens collectifs, comme le logement, et de biens individuels, comme l'alimentation. Les résultats relatifs aux biens collectifs sont souvent exprimés par ménage, car les membres consomment ensemble. En revanche, il est plus pertinent de présenter par personne les résultats relatifs aux biens individuels, en raison des inégalités de consommation liées, par exemple, à l'âge ou à l'activité professionnelle. Qui plus est, dans le cadre d'une étude en niveau de ressources, les résultats par personne permettent d'identifier la source originelle des ressources. Les inégalités de sous-populations, comme les femmes ou les célibataires, peuvent être analysées. Ainsi, le choix des unités est arbitraire et partiel selon le sujet étudié. Dans la perspective d'une comparaison des niveaux de vie des ménages, on ne peut pas s'en tenir à la consommation par personne. En effet, les besoins des membres d'un ménage ne s'accroissent pas en stricte proportion de sa taille. Lorsque plusieurs personnes vivent ensemble, il n'est pas nécessaire de multiplier toutes les dépenses par le nombre de personnes pour garder le même niveau de vie. Pour pallier ces limites, on utilise une unité intermédiaire : l'Unité de Consommation (UC). Elle permet de tenir compte des phénomènes de redistribution et des économies d'échelle réalisées lorsqu'on habite à plusieurs dans un même logement. Les Unités de Consommation comparent les niveaux de vie des ménages de taille et de composition différentes. Pour cela, on attribue un poids à chaque membre du ménage en fonction de son âge. La valeur du poids est déterminée selon une échelle d'équivalence : Oxford ou OCDE. Le choix d'utiliser une des deux échelles est important puisque le montant du niveau de vie en sera modifié. Par exemple, le poids d'un ménage de deux adultes et de deux enfants de moins de 14 ans sera de 2,7 UC selon l'échelle d'Oxford et diminuera à 2,1 UC selon l'échelle de l'OCDE (Hourriez, Olier, 1997).

L'échelle d'Oxford a été modifiée au profit de l'échelle OCDE à la fin des années quatre-vingt. La principale raison en est qu'un certain nombre de sociétés sont passées d'une structure de consommation individuelle à une consommation plus collective (Verger, 2005). Plus précisément, les dépenses des ménages, proportionnelles au nombre de personnes (vêtements, alimentaire…), sont devenues moindres par rapport aux dépenses génératrices d'économie d'échelle (loyer, abonnement téléphonique, internet…). Dès lors, il est d'usage que l'échelle d'Oxford mesure le niveau de vie des pays dits en développement, alors que l'échelle OCDE est utilisée pour les pays dits développés. En Nouvelle-Calédonie, entre 1991 et 2008, la structure de consommation des ménages évolue vers une économie d'échelle. En dix-sept ans, les dépenses liées à l'habitat ont détrôné l'alimentaire pour l'ensemble du territoire (Graphique VI.2). Trois explications à ce constat. La première concerne les prix du marché immobilier qui ont augmenté entre ces deux dates. La deuxième est la migration vers Nouméa qui concentre l'activité économique. Cette affluence a creusé un déséquilibre entre l'offre et la demande immobilière, augmentant les prix immobiliers de la zone urbaine. La troisième explication est le phénomène de décohabitation qui a développé la demande en logement.

Au total, notre retenons un niveau de vie construit à partir des ressources totales des ménages (monétaires et non monétaires) rapportées aux Unités de

Consommation selon l'échelle d'équivalence de l'OCDE. Selon ces choix méthodologique, en 2008, le niveau de vie médian des Calédoniens s'élève à 144 000 F.CFP (1 210 euros) par mois et par Unité de Consommation.

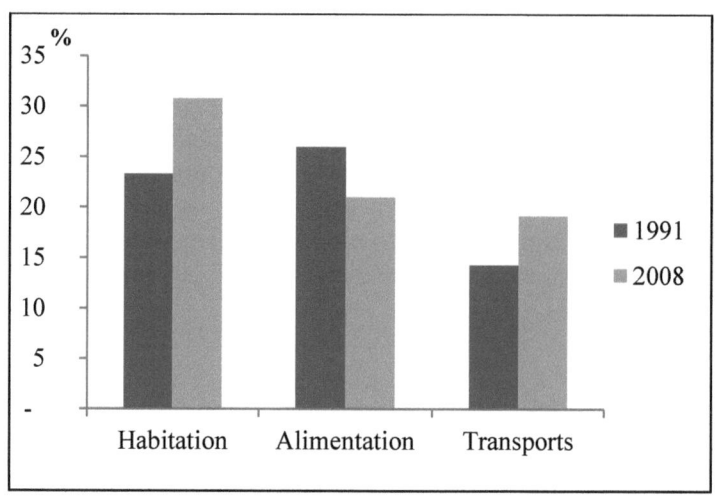

GRAPHIQUE VI.2. COMPARAISON DES PRINCIPALES DEPENSES

LES INEGALITES DE NIVEAU DE VIE

Le niveau de vie médian de la Nouvelle-Calédonie est proche de celui de la métropole et supérieur à ceux des Départements d'Outre-Mer (DOM) et de la Polynésie Française. La province Sud a un niveau de vie médian équivalent à celui de la métropole, hors Paris et sa région. En revanche, le Nord et les Iles Loyauté ont un niveau de vie inférieur à ceux de la Guadeloupe et de la Guyane, les plus faibles des DOM. Les inégalités au sein même de la population calédonienne sont au même niveau que celles de la Martinique. Les résultats du Sud et du Nord se rapprochent de ceux des Antilles (Guadeloupe et Martinique). Quant aux Iles Loyauté, il y a autant d'inégalités qu'en Guyane, dont le rapport inter-décile est le plus élevé des DOM. Ces résultats doivent être interprétés avec précaution car on compare des niveaux provinciaux à des niveaux départementaux.

Les plus fortes inégalités en Nouvelle-Calédonie et dans les DOM s'expliquent notamment par la structure des ménages : les ménages dits complexes y sont plus nombreux. Ils ne se limitent pas à un couple, une famille monoparentale ou une personne seule. Il s'agit souvent de ménages dans lesquels plusieurs générations cohabitent, qui disposent généralement d'un niveau de vie inférieur à celui des couples car ils comptent plus d'adultes qui ont moins souvent une activité professionnelle. Par ailleurs, les caractéristiques du marché du travail sont assez proches dans l'outre-mer et différentes dans la métropole. Les retraites et les revenus du patrimoine sont plus faibles qu'en métropole, du fait d'une population plus jeune. Enfin, on compte plus de petites et moyennes entreprises, dans lesquelles les salaires sont plus faibles que dans les grandes entreprises. La Nouvelle-Calédonie compte une proportion de chefs de ménages indépendants ou ouvriers plus importante (Hadj, 2010).

Les inégalités intra et inter provinciales

En 2008, la moitié des Calédoniens ont un niveau de vie inférieur à 144 000 F.CFP (1 210 euros) par mois et par Unité de Consommation. En dix-sept ans, ce niveau de vie mensuel a augmenté de 1,3 % par an, après prise en compte de l'inflation ; soit 116 000 F.CFP (970 euros) par unité de consommation en 1991, aux prix de 2008c'est-à-dire les données de 1991 tiennent compte de l'inflation des prix entre 1991 et 2008. La principale explication est l'élévation du montant du Salaire Minimum Garanti (SMG). La rémunération moyenne légale minimum que doit recevoir tout travailleur est passée de 89 900 F.CFP à 123 000 F.CFP (750 à 1 030 euros) en dix-sept ans, soit une augmentation de 1,8 % par an, aux prix de 2008. Cette forte inégalité de niveau de vie se décline en deux points : les inégalités entre et à l'intérieur des provinces (Graphique VI.3). Au niveau provincial, les habitants de la province Sud sont plus riches que ceux des deux autres provinces. En 2008, leur niveau de vie médian s'élève à 173 000 F.CFP (1 450 euros) par mois par Unité de Consommation. Ce montant est deux fois supérieur à celui de la province Nord et deux fois et demi supérieur à celui des Iles Loyauté. Ces inégalités s'expliquent principalement par des revenus du travail bien plus importants en province Sud : ils représentent 70 % des revenus des personnes vivant en-dessous du niveau de vie médian, contre 45 % en province Nord et 39 % en province Iles Loyauté. Les autres types de ressources, en particulier les prestations sociales et les ressources non monétaires, sont bien plus importants au Nord et aux Iles Loyauté, mais ne suffisent pas à combler ce fossé (Hadj, 2010).

GRAPHIQUE VI.3. NIVEAU MENSUEL DE VIE MEDIAN EN 2008

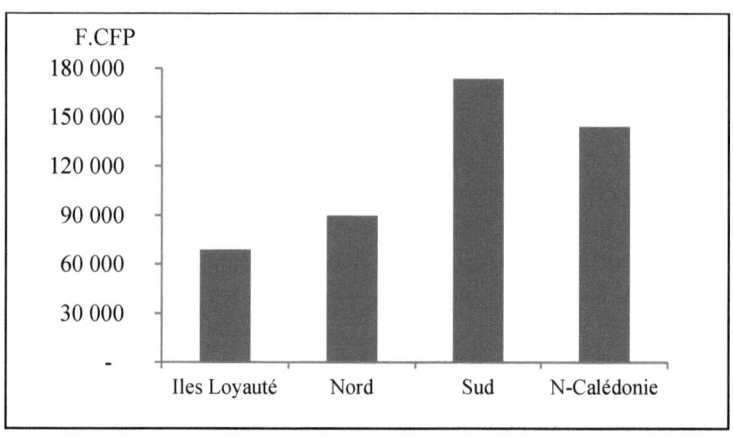

Les inégalités au sein d'une population s'étudient par le rapport entre le décile des plus aisés et le décile des plus modestes. En Nouvelle-Calédonie, les 10 % plus riches ont un niveau de vie 7,9 fois supérieur au niveau de vie des 10 % plus modestes. Les inégalités de ressources totales sont fortes comparées à la France métropolitaine, où le rapport inter-décile s'élève à 3,6. Au niveau provincial, le rapport inter-décile (D9/D1) de la province Sud s'élève à 6,4. C'est dans cette province qu'il y a le moins d'inégalités. C'est l'inverse aux Iles Loyauté. Le niveau de vie des plus riches est 9 fois plus élevé que celui des plus modestes. Le rapport inter-décile de la province Nord est à un niveau intermédiaire, 7. L'indice de Gini confirme les inégalités de ressources au sein d'une population. Plus cet indice synthétique se rapproche de 0, plus l'égalité entre les niveaux de vie est parfaite ; à l'inverse, plus la courbe tend vers 1, plus les ressources sont inégales. En Nouvelle-Calédonie, en 2008, l'indice de Gini s'élève à 0,43, ce qui révèle de fortes inégalités de ressources provinciales. C'est en province Nord et aux Iles Loyauté que les inégalités de ressources totales sont les plus marquées : l'indice de Gini s'élève respectivement à 0,41 et 0,44, contre 0,40 pour la province Sud.

En dix-sept ans, le niveau de vie médian a augmenté pour les trois provinces, mais les inégalités intra-provinciales sont toujours marquées et se sont même creusées, notamment dans les provinces Sud et Iles Loyauté (Graphique VI.4). Durant cette période, le rapport inter-décile (D9/D1) des Iles Loyauté a augmenté de 8,4 à 9,3. Le creusement des inégalités est dû au fait que l'augmentation du niveau de vie des plus riches (+ 1,4 % par an) est plus forte que celle des plus modestes (+ 0,8 % par an).

GRAPHIQUE VI.4. EVOLUTION DU NIVEAU MENSUEL DE VIE MEDIAN ENTRE 1991 ET 2008

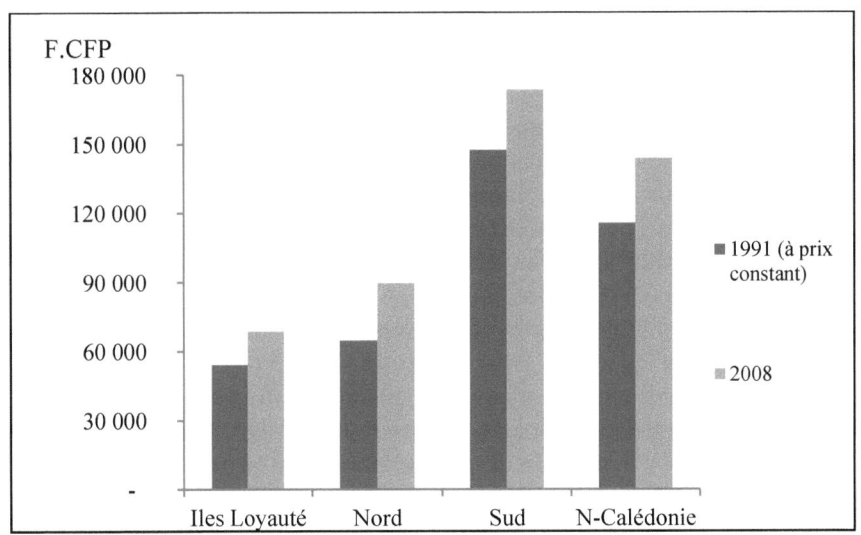

Dans une moindre mesure, les inégalités se sont aussi creusées pour la province Sud. En dix-sept ans, le rapport a augmenté de 6 à 6,4. Le niveau de vie des plus riches a aussi augmenté plus fortement (+ 0,9 % par an) que celui des plus modestes (+ 0,5 % par an). Les indices de Gini de 1991 et 2008 confirment l'augmentation des inégalités : en province Sud, il passe de 0,37 à 0,40, tandis qu'aux Iles Loyauté il augmente de 0,42 à 0,44. En province Nord, au contraire, les inégalités entre les plus riches et les plus modestes se sont atténuées en dix-sept ans. Le rapport inter-décile passe de 8,5 en 1991 à 7 en 2008. Entre ces deux dates, le niveau de vie des plus modestes a augmenté plus vite que celui des plus riches (+ 2,4 % par an contre + 1,3 % par an). La province Nord, dans un contexte de rééquilibrage provincial et de construction de l'usine du Nord, a connu un important développement, tant au niveau des infrastructures que de la voirie ou du foncier. Cela a engendré des créations d'emplois, notamment dans le domaine de la construction et du nickel, et donc des revenus salariaux plus importants. L'indice de Gini confirme la baisse des inégalités : en 17 ans, il a diminué de 0,45 à 0,41 en province Nord.

Réduction de l'inégalité par le non monétaire et les prestations sociales

En 2008, l'écart de niveau de vie entre les plus riches et les plus modestes est réduit par les ressources non monétaires et les prestations sociales. Les prestations sociales ou revenus sociaux dans BCM 2008 correspondent aux pensions, aux retraites, aux allocations familiales, aux allocations postnatales, aux allocations éducation, aux allocations rentrée, aux allocations sociales, aux pensions alimentaires, aux allocations personnes âgées, aux aides à l'enfant et aux autres aides financières. Si l'on supprimait l'une de ces deux ressources aux plus modestes, ils auraient un niveau de vie 9,7 fois plus faible que les plus riches. Les ressources non monétaires représentent 23 % du revenu total des plus modestes (D1). Elles proviennent exclusivement de l'autoproduction (pêche, chasse, jardin). A l'autre extrême de l'échelle des revenus, le non monétaire représente seulement 8 % du revenu total des plus riches (D9). Ils sont les seuls à avoir des ressources non monétaires composées à plus de deux tiers par des avantages en nature (logement ou voiture de fonction…). Les prestations sociales (hors retraites) profitent également aux plus modestes (D1). Un quart de leur revenu total provient des transferts sociaux. Pour les plus riches (D9), cette proportion s'élève à peine à 3 % du revenu total (Graphiques VI.5 et VI.6).

Au niveau provincial, le non monétaire et les prestations sociales jouent différemment leur rôle de régulateur d'inégalité. Aux Iles Loyauté, l'apport des ressources non monétaires, en particulier toute la production du jardin, fait diminuer de quatre points le rapport inter-décile du revenu, de 13,2 à 9,3.

GRAPHIQUE VI.5. POIDS DES RESSOURCES NON MONETAIRES
DANS LE REVENU TOTAL PAR DECILE

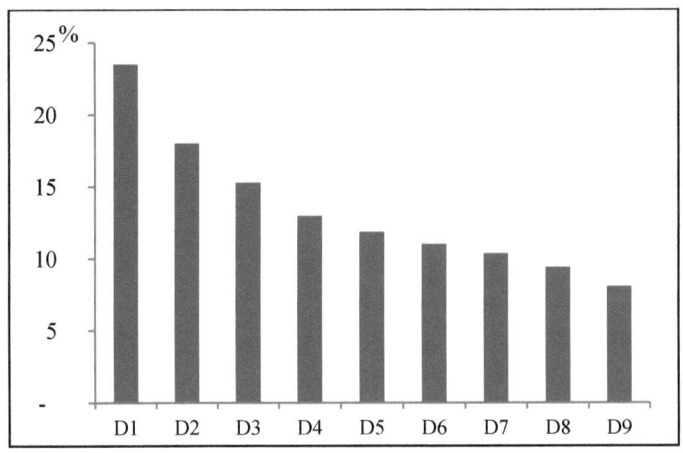

GRAPHIQUE VI.6. POIDS DES PRESTATIONS SOCIALES
DANS LE REVENU TOTAL PAR DECILE

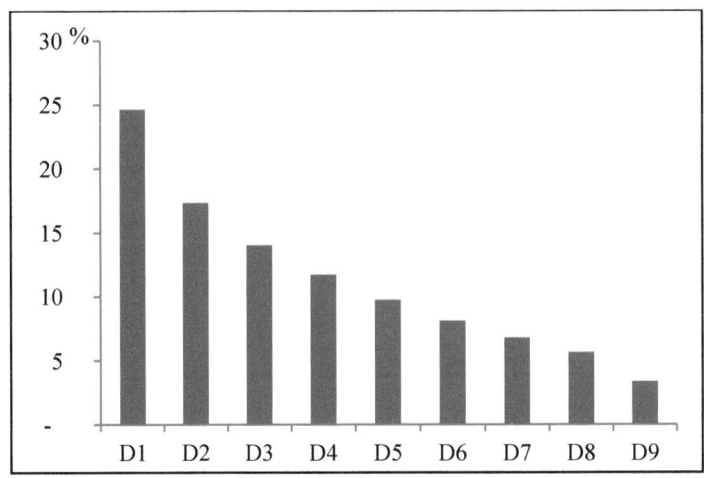

Mais ce sont les ressources sociales (hors retraites) qui diminuent les inégalités encore plus fortement. Sans celles-ci, le rapport inter-décile monterait à 21,8. Pour la moitié la moins aisée de la population des Iles Loyauté, le revenu se compose à 28 % de prestations sociales (hors retraites). Cette proportion s'élève à 59 % pour les plus modestes d'entre eux (D1). Deux prestations principales expliquent cette importance. La première est l'allocation aux personnes âgées qui est versée aux plus de 60 ans disposant de moins de 31 000 F.CFP (260 euros) de ressources par mois. Le montant de cette aide est de 25 000 F.CFP (210 euros) au maximum. Au total, 263 millions de F.CFP (2,2 millions euros) ont été versés par la province à ce titre en 2008. La seconde prestation est le RIL (Revenu pour l'Insertion des Loyauté). Son montant correspond à la moitié du SMG et varie selon la composition familiale. Au total, 209 millions de F.CFP (1,7 millions euros) ont été versés en 2008 au titre de cette prestation. Les personnes qui y prétendent disposent de ressources inférieures au montant du SMG, sont inscrites comme demandeurs d'emploi et résident aux Iles Loyauté depuis plus de six mois. Ce résultat coïncide avec l'évolution du poids du non monétaire dans les ressources totales des ménages. Entre 1991 et 2008, les Iles Loyauté sont la seule des provinces à voir sa part diminuer de 26 % à 18 %. Cette baisse résulte d'une diminution des ressources non monétaires (- 6 %) mais surtout d'une augmentation des ressources monétaires par rapport à 1991 (plus de la moitié).

En province Nord, les ressources non monétaires réduisent les inégalités bien plus qu'aux Iles Loyauté. Le rapport inter-décile passe de 12,5 à 7 en ajoutant le non monétaire, soit 40 % de moins. Les ressources issues de l'autoproduction et des cadeaux reçus sont les principales ressources non monétaires. Les premières relèvent d'une activité domestique qui apporte un complément alimentaire. Elles permettent également, au même titre que les cadeaux reçus, d'alimenter un réseau d'échange et de solidarité familiale, tribale et clanique. Par ailleurs, sans les prestations sociales, le rapport inter-décile serait supérieur de 20 %, passant de 7 à 8,5. La différence est plus faible que pour le non monétaire.

En province Sud, le non monétaire réduit très peu les inégalités car il concerne autant le haut que le bas de l'échelle des revenus. Les plus riches bénéficient d'avantages en nature tandis que les plus modestes recourent à l'autoproduction, même si l'accès à un lopin de terre est difficile et limité dans la zone urbaine. Ainsi le rapport inter-décile reste stable, avec ou sans ressources non monétaires. En revanche, sans prestations sociales, les inégalités se creuseraient. Le rapport inter-décile s'élèverait à 7,3 au lieu de 6,4 (Hadj, 2010).

REPONSES DES MENAGES LES PLUS VULNERABLES

Comment caractériser le recours des ménages les plus vulnérables au non monétaire et aux prestations sociales ? La Théorie du Changement et de la Réponse (TCR) offre un cadre théorique global des relations entre les populations et le développement. Elle a pour fondement la démographie et est avant tout « une démarche d'analyse et de recherche (…) envisagée comme une méta-théorie, qui pourra alimenter des théories spécifiques de chaque variable démographique (fécondité, nuptialité, migration) » (Petit, 2015). Elle s'attache à définir les processus de changement en tenant compte des marges de manœuvre de l'acteur et les contraintes auxquelles il est soumis, tout en s'attachant aux permanences. Les populations, face au changement, ne disposent pas toujours d'une autonomie ou d'une totale liberté pour mettre en place des réponses. C'est sur cet argument que les auteurs de la TCR parlent de réponse des acteurs plutôt que de stratégie. La réponse est définie comme une solution qui résulte d'une « prise de conscience d'un état social et démographique des acteurs afin d'envisager une mise en œuvre ultérieure concrète » (Petit, 2015). Cette prise de conscience comporte trois caractéristiques. Premièrement, elle varie selon des caractéristiques objectives individuelles, un capital humain et des ressources suffisantes. Ces éléments sont fondamentaux pour discerner la capacité adaptative des acteurs à l'élaboration de réponse. Deuxièmement, elle relève d'une appréciation subjective. En effet, les acteurs évaluent leur propre situation en se comparant à d'autres acteurs. Troisièmement, elle est influencée par les politiques de développement et les campagnes qu'elles organisent pour accélérer le changement. A partir de la définition des dimensions psychologique et sociale de la réponse, les auteurs proposent une typologie de trois réponses : la réponse héritée-préférée, la réponse orientée et la réponse acceptée. Elles sont interprétées selon une approche compréhensive où les comportements individuels sont resitués dans leur contexte.

Appliquée à la Nouvelle-Calédonie, le recours au non monétaire (autoproduction notamment) correspond, selon cette théorie, à une réponse héritée-préférée. Celle-ci « s'ancre dans la culture, l'ethos dans les manières d'être et de faire, transmis de génération en génération » (Petit, 2015). Le recours à ces ressources est propre aux populations du Nord et des Iles Loyauté, majoritairement kanak. Ce type de réponse se caractérise par une « rationalité inconsciente », nécessitant l'étude des facteurs qui amènent les acteurs à modifier leur réponse. Le développement économique du territoire, notamment dans le Nord, favorise l'élévation du niveau de vie médian des Calédoniens. Or, le poids du non monétaire dans les ressources totales est stable dans les provinces Nord et Sud, tandis qu'aux Iles Loyauté, le non monétaire recule en faveur des ressources monétaires, notamment les prestations sociales. Ce constat amène à la deuxième réponse des ménages les plus vulnérables. L'imbrication des ressources non monétaires et monétaires (dont les prestations sociales) caractérise une réponse hybride entre les systèmes économiques des sociétés domestique et capitaliste. Ce type de réponse, selon la typologie de la TCR, correspond à une réponse orientée car elle est favorisée, voire construite, par les acteurs institutionnels et politiques au travers de la politique de rééquilibrage. D'ailleurs, le renforcement de la protection sociale conforte cette réponse. En effet, l'élaboration du Pacte social en 2000 a pour objet d'améliorer les conditions de vie des salariés calédoniens et de leurs familles (voir chapitre 9). Alban Bensa et Eric Wittersheim soulignent que la population kanak vit « l'expérience de civilisation européenne. Les Kanaks reconnaissent volontiers que la langue française, le christianisme, les partis politiques, le rapport à l'Etat, l'école, les nouveaux biens de consommation ont apporté leur lot de bouleversements et de transformations, mais aussi des ressources supplémentaires de pensée et d'action. Celles-ci ont tantôt supplanté les pratiques dites 'traditionnelles', tantôt s'y sont ajoutées ou sont entrées en contradiction avec elles. Comme le dit Alfred Picanon dans le film « Emma, une tribu kanak aujourd'hui » : 'Le peuple kanak est au milieu de la rivière et il lui est difficile d'atteindre l'autre rive, mais il ne peut plus retourner en arrière.' » (Bensa, Wittersheim, 1998).

Une question cruciale est de savoir pourquoi les Kanak continuent à vivre de l'économie domestique et ne s'engagent pas plus massivement dans le système capitaliste malgré la forte incitation de la politique de rééquilibrage. Loic Wacquant, à la fin des années quatre-vingt, a posé cette question. Son explication, encore pertinente aujourd'hui, est que les Kanak constituent une main-d'œuvre flexible pour l'activité industrielle dominée par le nickel. En période de boom, ils sont une main-d'œuvre bon marché qui perpétue le système marchand, tandis qu'en période de récession ils permettent au système marchand « d'externaliser la majeure partie du coût de son entretien et de sa reproduction » (Wacquant, 1986 : 59). Le sociologue va plus loin en soulignant : « outre son rôle de 'sécurité sociale' gratuite du système marchand, l'économie domestique villageoise empêche une prolétarisation complète des Canaques qui, en les conduisant à s'urbaniser et à se présenter en masse sur le marché de l'emploi structurellement limité de la capitale, déstabiliserait l'ensemble de la société » (Wacquant, 1986 : 59). Cette position est intéressante car elle donne des pistes de réflexion pour comprendre pourquoi les réponses héritées-préférées et orientées ne deviennent pas des réponses acceptées traduisant un changement effectif de comportement. Expliquer les réponses des ménages nécessite de tenir compte des blocages macro économiques et institutionnels sur lesquels les acteurs (niveau macro) n'ont aucune prise. Cette position est clairement présentée par la TCR dans les situations de pauvreté, dans les sociétés où les relations de genre impliquent de fortes inégalités ou encore dans les cas de migrations forcées résultant des violences et des génocides.

CHAPITRE 7

QUI SONT LES MENAGES PAUVRES ?

L'Usoenc a mandaté et financé un cabinet d'étude privé métropolitain pour établir une évaluation de la vie chère en Nouvelle-Calédonie. Ce cabinet a rédigé deux rapports : l'un relatif aux prix en Nouvelle-Calédonie en 2008 ; l'autre en 2010, consacré au pouvoir d'achat des Calédoniens et complété par trente-trois propositions pour lutter contre la vie chère. Ces rapports sont une compilation des registres des services publics du territoire, dont les données de l'enquête BCM-2008 de l'Isee. L'Usoenc, en s'appropriant ces données quantitatives a justifié ses appels à mobilisation et ses revendications de lutte contre la vie chère et la baisse du pouvoir d'achat auprès des politiciens et des médias. Il a ainsi participé à la reconnaissance médiatique et sociale d'une frange de la population calédonienne vulnérable. Pour Olivier Voirol, la visibilité médiatique s'appuie sur les moyens de communication rendant l'invisible visible. Plus que les acteurs et leurs actions, ce qui est rendu visible est l'inattention de la société à l'égard d'un groupe social. Cette invisibilité renvoie « à la présence ou non de canaux de communication et de représentation susceptibles de faire exister le groupe ailleurs que dans son contexte immédiat d'existence. Cela renvoie, en outre, à un arrière-plan normatif implicite, qui a un fondement politique, définissant à un moment historique donné ce qui peut être aperçu et ce qui passe inaperçu » (Voirol, 2005 : 18). Dès lors, les médias participent à la définition de ce qui doit et peut être vu, ayant pour conséquence de mettre sous silence d'autres groupes sociaux. Ainsi, les médias tendent à l'invisibilité alors que les luttes sociales contemporaines, qui prennent la forme de lutte pour la visibilité, font valoir des pratiques ou des situations méprisées en quête de reconnaissance sociale. Dans la même veine, les travaux d'Axel Honneth, mentionnent que la visibilité (sociale ou médiatique) est une étape au processus de reconnaissance. La lutte pour la reconnaissance émane de mouvements sociaux qui sortent de l'isolement du mépris social en se constituant en tant que groupe (Honneth, 2002, 2008).

Dans le contexte calédonien, les mobilisations de lutte contre la vie chère, initiées par l'Usoenc, mettent en lumière la frange de la population qui ne profite pas ou partiellement du rééquilibrage économique. On devine que les Calédoniens qui ont suivi l'appel à manifestation occupent un emploi à faible rémunération. Se sont peut-être greffées à ces mobilisations des personnes en recherche d'emploi, inactives ou retraitées, pour lesquelles il est difficile de boucler les dépenses à la fin du mois. Un seuil de niveau de vie minimum pour vivre dignement en Nouvelle-Calédonie est d'abord défini. Les choix méthodologiques reposent sur les données de l'enquête BCM-2008. Par construction statistique, les ménages calédoniens dont le niveau de vie est en deçà de ce seuil sont catégorisés de pauvres. Cette classification ne doit pas cloisonner les pauvres à un groupe social homogène, d'où l'intérêt de présenter leurs caractéristiques sociodémographiques dans un deuxième temps.

NIVEAU DE VIE, REFERENTIEL D'UNE ANALYSE DE LA PAUVRETE EN RESSOURCE

Le gouvernement calédonien a financé l'enquête BCM-2008 pour connaître la structure de consommation des ménages et revaloriser l'indice des prix. En aucun cas, elle n'a été destinée à étudier la cherté de la vie en Nouvelle-Calédonie et les inégalités de niveau de vie. A partir du niveau de vie médian calédonien, il est possible de définir un seuil de pauvreté relatif. En Nouvelle-Calédonie, l'étude CEROM-Nouvelle-Calédonie (Compte Economique Rapide de l'Outre-Mer) publie le premier taux de pauvreté relatif en 2008 (CEROM, 2008). Calculé à partir des ressources fiscales, il ne tient pas compte des ménages à faibles ressources, exonérés d'impôts. L'enquête BCM-2008 pallie cette limite.

La construction statistique de la pauvreté

La pauvreté est une forme d'inégalité. L'inégalité étudie l'ensemble d'une échelle tandis que la pauvreté se rapporte à un seuil de cette échelle et à la distance à ce seuil. La pauvreté traduit une norme sociale implicite qui rend acceptable les distances au seuil. Le point de convergence à l'étude de l'inégalité et de la pauvreté est l'établissement des caractéristiques de l'échelle (unique, observable, indicateurs qui en permettent l'analyse). Par contre, les axiomes d'un indicateur d'inégalité diffèrent de ceux d'un indicateur de pauvreté (Fleurbaey et al., 1997). Ce dernier suppose une discontinuité entre le bas et le reste de l'échelle, qui définit les pauvres parce qu'ils ont moins que le reste de la population. Dans les faits, cette discontinuité est plus une forme atténuée de continuité avec le reste de l'échelle. Elle met en évidence un noyau sur lequel porter l'analyse.

Les enquêtes microéconomiques fournissent des données constitutives d'échelles. Les individus sont classés selon une caractéristique (le revenu par exemple) faisant référence à leur mode de vie, leurs goûts et leurs choix individuels. Les enquêtés ont tendance à sous-estimer ou surestimer leur situation car ils adoptent leurs comportements, leurs aspirations ou leur consommation selon leur opinion subjective. L'enjeu des enquêtes relatives à la pauvreté est de saisir « le phénomène dit des préférences accommodantes », à savoir ce qui relève des préférences et des opinions objectives (Fleurbaey et al., 1997 : 24). Dans cette perspective, la politique d'assistance envers les plus vulnérables cherche à favoriser la prise d'initiative des bénéficiaires pour qu'ils retrouvent leur indépendance économique. Mais, « en même temps, le phénomène des préférences accommodantes relève des cas où les situations acquises atrophient l'exercice du libre choix » (Fleurbaey et al., 1997 : 24).

Deux approches éthiques, voire philosophiques, apportent une réponse à ces considérations méthodologiques. D'une part, Rawls, en définissant des biens primaires (liberté de choix, droit de base…), distingue ceux qui ont un faible niveau de vie et, par conséquent, le phénomène de pauvreté. L'établissement des biens primaires s'articule autour du principe d'égale liberté et du principe de différence, c'est-à-dire que « les inégalités sociales et économiques doivent être organisées de façon à ce que, à la fois, on puisse raisonnablement s'attendre à ce qu'elles soient à l'avantage de chacun, et à ce qu'elles soient attachées à des positions et des fonctions ouvertes à tous » (Bisiaux, 2011). D'autre part, les travaux de Sen préconisent la nécessité de faire prévaloir la garantie que l'individu dispose des moyens pour atteindre un niveau de nutrition, d'éducation, de revenu… L'objet n'est pas d'atteindre le niveau mais de donner les possibilités (les opportunités ou les *capabilities*) réelles aux individus d'y accéder (Sen, 2009). Pour Rawls, les individus sont responsables de leurs préférences, des buts recherchés s'ils disposent de ressources égales, alors que pour Sen, cette responsabilité dépend du choix et du contrôle dont dispose l'individu (Cogneau, 2003). L'idée centrale de ces deux approches est que la responsabilité individuelle s'inscrit dans un ensemble plus large, une société juste qui cherche l'égalité entre les individus. Dès lors, le phénomène de pauvreté ne peut être cantonné à la dimension monétaire. Les indicateurs qui en découlent, que ce soit de la théorie de Rawls ou de celle de Sen, tentent de tenir compte des différentes dimensions de l'inégalité comme de la pauvreté. Mais dans les travaux de l'un, les différences de satisfactions retirées de l'usage des biens primaires ne sont pas prises en compte, tandis que la vision « utopiste » de l'autre, d'avoir le choix de vie, rend difficile l'identification des *capabilities* pouvant être liées aux choix des individus ou aux circonstances (Bisiaux, 2011). La conception des indicateurs de pauvreté nécessite de se positionner sur les causes du phénomène (soit le revenu) ou sur ses conséquences, qui reposent alors sur la construction d'un score des champs prioritaires du mode de vie, de l'état de santé… L'intérêt de ce positionnement, en sachant qu'il est délicat d'isoler les conséquences sans étudier les causes (et vice versa), est de donner des directives aux politiques pour agir et d'amoindrir les difficultés de l'observation du statisticien.

Selon ces considérations méthodologiques, les économistes et les statisticiens distinguent trois types de mesure de l'inégalité associée à la pauvreté (Destremau, Salama, 2002; Dubois, 2001) : premièrement, la pauvreté en ressource exprime un niveau de vie et un niveau de consommation en deçà duquel il est indécent de vivre ; deuxièmement, la pauvreté en conditions de vie traduit la possibilité de répondre à des besoins fondamentaux (alimentation, logement, santé, transport) ; troisièmement, la pauvreté de *capability*, développée par l'économiste Sen, se traduit par une insuffisance de mise en valeur des capacités ou potentialités individuelles. La pauvreté ressentie est une autre dimension du phénomène de pauvreté. Le caractère multidimensionnel de la pauvreté (comme de l'inégalité) ne permet pas d'en établir une définition unique et universelle. Toutefois, les instances internationales comme la Banque Mondiale, le PNUD ou le Conseil des ministres de l'Union Européenne convergent sur le caractère pluridimensionnel du phénomène de pauvreté. Ainsi, en 1984, l'Union Européenne mentionne que « sont considérées comme pauvres les personnes dont les ressources (matérielles, culturelles et sociales) sont si faibles qu'elles sont exclues des modes de vie minimaux acceptables dans la société ». Suite à cette définition, l'UE considère la population « menacé[e] par la pauvreté lorsque [son] revenu est égal ou inférieur à 60 % du revenu médian national » (Commission européenne, 2010 : 3). La statistique française s'inscrit dans la définition de l'UE. L'Institut national de la statistique et des études économiques (Insee) calcule un taux de pauvreté relatif qui repose sur la convention d'un seuil de pauvreté à 60 % du niveau de vie médian. L'Isee stipule que la pauvreté traditionnelle, dite rurale ou ouvrière car directement associée au revenu, s'est substituée à la pauvreté urbaine, qui touche les exclus du marché de l'emploi, les jeunes, les familles monoparentales, les travailleurs pauvres… Différentes enquêtes permettent d'étayer une analyse du phénomène de pauvreté, même si ce n'est pas leur vocation première. Sans vouloir établir de liste exhaustive, on peut citer les enquêtes sur les revenus fiscaux, les enquêtes permanentes sur les conditions de vie, le panel européen des ménages, l'enquête emploi ou l'enquête logement. Budget Consommation des Ménages est une autre enquête qui permet de mesurer le phénomène de pauvreté. Elle est menée à la fois en Nouvelle-Calédonie, en métropole et dans le reste des territoires d'outre-mer français.

Le seuil de pauvreté calédonien en 2008

La pauvreté monétaire est la forme de pauvreté la plus couramment mesurée, tant au niveau national qu'au niveau international. Sa mesure repose sur des conventions. Le taux de pauvreté est dit relatif car il dépend du lieu, de la période et de la distribution du niveau de vie. Il fait appel à plusieurs indicateurs statistiques : par convention, le niveau de vie médian (la médiane est moins sensible que la moyenne aux valeurs extrêmes) est la valeur du niveau de vie qui partage la population en deux. Le seuil de pauvreté est défini à 40 %, 50 % ou 60 % de cette référence (soit le niveau de vie médian). La proportion de ménages qui vit en-dessous du seuil de pauvreté correspond au taux de pauvreté relatif. Par sa construction même, le taux de pauvreté est à l'évidence un indicateur d'inégalité. Il dépend du seuil relatif qui lui-même évolue au rythme du niveau de vie de la population. Cette méthodologie définit à un moment précis une frange de la population disposant d'un niveau de vie moindre que le reste de la population. Contrairement à la pauvreté absolue, ce n'est donc pas un minimum de survie défini selon le coût d'un panier de consommation alimentaire qui est calculé. D'ailleurs, selon le seuil de pauvreté absolue de la Banque mondiale, défini à 2 $ par jour, la Nouvelle-Calédonie ne compterait aucun ménage pauvre. La pauvreté relative détermine un seuil qui est « un minium social de participation à la communauté qui suit l'évolution de la société » (Olm, Simon, 2005 : 24). Sa principale limite est qu'elle se cantonne à la dimension économique de la pauvreté des ménages.

Le choix méthodologique retenu pour construire le seuil de pauvreté calédonien en 2008 est 50 % du niveau de vie médian calédonien. Ainsi, sont statistiquement définis comme pauvres, les ménages qui vivent en dessous de 72 000 F.CFP (600 euros) par mois par unité de consommation, soit 17 % des ménages représentant 53 000 personnes dont un tiers d'enfants de moins de 14 ans (Tableau VII.1). La pauvreté touche inégalement la Nouvelle-Calédonie. La province Sud est relativement épargnée : 9 % des ménages vivent sous le seuil de pauvreté, taux voisin de celui de la métropole. A l'inverse, plus de la moitié des ménages est concernée par la pauvreté aux Iles Loyauté et 35 % en province Nord. En effet, le seuil de pauvreté, calculé sur l'ensemble de la Nouvelle-Calédonie, est fortement influencé par les ménages de la province Sud, plus nombreux et dont le niveau de vie est plus élevé. En conséquence, de nombreux ménages des Iles Loyauté et du Nord, représentant 31 000 personnes, se situent sous ce seuil de pauvreté moyen (Hadj, 2012).

TABLEAU VII.1. TAUX DE PAUVRETE ET NOMBRE DE PAUVRES PAR PROVINCE

	Taux	Nombre
Iles Loyauté	52	12 000
Nord	35	19 000
Sud	9	22 000
Grand Nouméa	7	*16 000*
N-Calédonie	17	53 000

Deux autres choix méthodologiques auraient pu être retenus. Premièrement, le seuil de pauvreté peut être défini selon la convention utilisée par l'Office statistique de l'Union Européenne (dit Eurostat) et certains pays européens, soit à 60 % du niveau de vie médian. Selon cette convention, le seuil de pauvreté calédonien s'élèverait à 86 000 F.CFP (720 euros) par mois et par Unité de Consommation (contre 72 000 F.CFP [600 euros] par mois et par Unité de Consommation à 50 %) et le taux de pauvreté s'établirait à 22 %. Ce changement de seuil fait apparaître une vulnérabilité financière pour 3 700 ménages supplémentaires, représentant 16 900 personnes de plus. Aucun seuil n'est plus légitime qu'un autre car il s'agit de convention statistique. Les taux de pauvreté des provinces Nord et des Iles Loyauté s'élèveraient respectivement à 62 % et 44 %. C'est dix points de plus que les taux de pauvreté définis à 50 % du niveau de vie médian. L'augmentation du taux de pauvreté de la province Sud est plus faible : 14 % au lieu de 9 %. Deuxièmement, des seuils de pauvreté provinciaux à 50 % du niveau de vie médian, peuvent être définis à la place d'un seuil de pauvreté calédonien. En déterminant un seuil unique, on parle « d'un schéma de société » (Verger, 2005). En effet, il existe une justice commune (hors le droit civil coutumier) garantissant les mêmes droits à l'ensemble de la population. Au plan religieux, le christianisme domine. Les conditions climatiques sont proches dans les trois provinces. Les aspirations de consommation des ménages calédoniens sont fortement influencées par la zone urbaine du Grand Nouméa grâce au déploiement du crédit, de la publicité et des déplacements fréquents des personnes entre cette zone et le reste du territoire. En définissant des seuils de pauvreté provinciaux, les résultats et le discours sur le phénomène de pauvreté seraient modifiés. Ce choix méthodologique légitimerait, ou non, la poursuite et le développement d'une politique sociale et économique provinciale en faveur du rééquilibrage d'une frange de la population calédonienne qui vit principalement de l'économie de subsistance. Quantitativement, en province Sud, le seuil de pauvreté augmenterait de 72 000 F.CFP (600 euros) à 86 000 F.CFP (720 euros) par mois et par Unité de Consommation et le taux de pauvreté évoluerait de 9 % à 14 %. L'inverse serait observé dans les deux autres provinces. Dans le Nord, le seuil diminuerait à 45 000 F.CFP (380 euros) par mois et par Unité de Consommation. Le taux de pauvreté serait alors divisé par deux (16 %), et comparable à celui de la province Sud. Aux Iles Loyauté, le seuil et le taux de pauvreté seraient divisés par deux par rapport au seuil calédonien : 23 % des ménages vivant avec moins de 34 000 F.CFP (285 euros) par mois et par Unité de Consommation. L'étude des taux de pauvreté provinciaux mettrait en évidence « des » schémas de société. C'est d'ailleurs la position retenue par l'Institut de la statistique de la Polynésie française. En raison de la configuration géographique et des disparités climatiques, le phénomène de pauvreté est étudié par regroupement d'archipels. Il rend ainsi compte des différences de mode de vie liées à l'éloignement de la zone urbaine et évite de surdéterminer les résultats en isolant les données de cette zone (Tepava, Vucher-Visi, 2005).

Le statisticien, pour limiter l'arbitraire méthodologique, doit justifier ses choix. D'une part, il peut établir une comparaison entre le montant du seuil de pauvreté et les minima sociaux en place, se reporter à la distribution des ressources, notamment des plus modestes (premier ou deuxième décile), ou multiplier par un certain coefficient les besoins alimentaires estimés par les experts (Hourriez, Legris 1997). En Nouvelle-Calédonie, le seuil de pauvreté défini à 50 % du niveau de vie médian équivaut à la valeur du deuxième décile de la distribution des niveaux de vie des ménages et il est supérieur aux montants des minima sociaux[1] calédoniens. Cela n'est pas une spécificité de la Nouvelle-Calédonie puisque la France métropolitaine est dans ce cas de figure (Duvoux, 2012). D'autre part, en 2011, nous avons organisé une réunion à l'Isee, avec les représentants des services sociaux[2] de la Nouvelle-Calédonie. L'objet était de présenter la construction du seuil de pauvreté défini à 50 % du niveau de vie médian, donnant lieu à trois réactions. Premièrement, les composantes du niveau de vie, à savoir le type de ressources et l'Unité de Consommation, ont attiré l'attention des représentants du Centre Communal d'Action Sociale (CCAS) en charge de l'action sociale pour la commune de Nouméa. Ils ont depuis réévalué leur indice de seuil de survie, suite à l'évolution de la structure de consommation des ménages calédoniens. Initialement déterminé selon l'échelle d'équivalence Oxford, son montant de 43 573 F.CFP (365 euros) par mois et par Unité de Consommation, sera recalculé selon l'échelle OCDE. Cet indice est un outil de travail phare pour les professionnels du CCAS. Si le ménage dispose d'un niveau de vie inférieur au seuil de survie, il est suivi par les professionnels du centre communal, sinon il est orienté vers d'autres institutions en charge du social. Deuxièmement, plusieurs représentants des services sociaux ont mentionné que le montant du seuil de pauvreté à 72 000 F.CFP (600 euros) par mois et par Unité de Consommation est bien au-dessus des niveaux de vie des ménages suivis par leur service. Dès lors, le montant du seuil de pauvreté à 60 % du niveau de vie médian (soit 86 000 F.CFP [720 euros] par mois et par Unité de Consommation) leur semblait bien trop élevé. Troisièmement, ils ont confirmé le choix de calculer un seuil de pauvreté calédonien plutôt que des seuils provinciaux, afin d'établir des comparaisons entre les trois provinces.

---

[1] Par exemple, l'allocation chômage correspond à 75 % du SMG et le Revenu d'Insertion Loyauté (RIL) est égal à 50 % du SMG. Pour rappel, le SMG en 2008, s'élève à 123 000 F.CFP (1 030 euros) par mois.

LES FACTEURS D'EXPOSITION A LA PAUVRETE

En 2008, 17 % des ménages calédoniens peuvent être considérés comme pauvres. Ils vivent sous le seuil de pauvreté relatif évalué à 72 000 F.CFP (600 euros) par mois et par Unité de Consommation. Cela représente 53 000 personnes, dont un tiers d'enfants de moins de 14 ans. La Nouvelle-Calédonie se situe en milieu de classement de l'outre-mer français. Son taux de pauvreté relatif est nettement supérieur à celui de La Réunion ; il est voisin de celui des Antilles, mais moins élevé que celui de la Polynésie française ou de la Guyane. En Nouvelle-Calédonie, le taux de pauvreté relatif est 2,4 fois plus élevé qu'en métropole (Graphique VII.1).

GRAPHIQUE VII.1. TAUX DE PAUVRETE RELATIF DANS L'OUTRE-MER FRANÇAIS ET EN FRANCE METROPOLITAINE

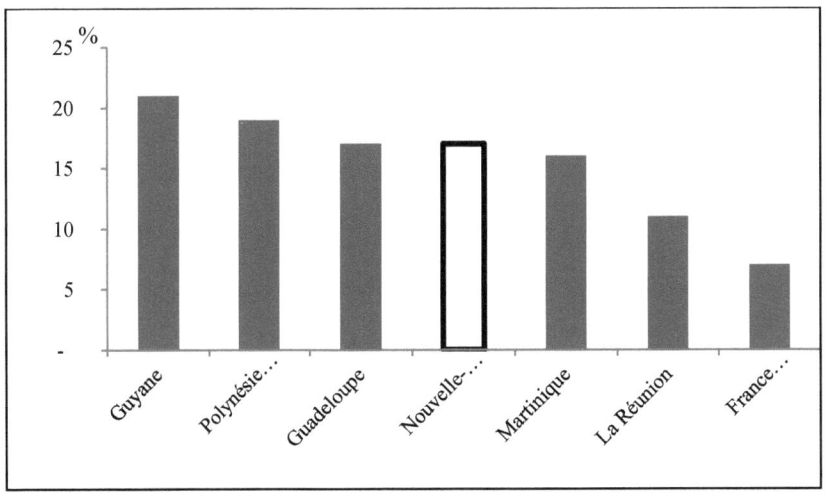

Entre 1991 et 2008 le niveau de vie des Calédoniens a augmenté de 1,3 % par an, après prise en compte de l'inflation. En conséquence, le seuil de pauvreté s'est également élevé, passant de 58 000 F.CFP (490 euros) au prix de 2008 à 72 000 F.CFP (600 euros) par mois et par Unité de Consommation. Malgré tout, la part de ménages pauvres n'a pas reculé : 16 % en 1991 et 17 % en 2008. Cette stabilité dans le temps s'observe également en France métropolitaine (Fall, Verger, 2005). Au niveau provincial, les provinces Nord et Iles Loyauté restent très touchées par le phénomène de pauvreté. En dix-sept ans, leur taux de pauvreté a toutefois légèrement diminué : de 38 % à 35 % en province Nord et de 54 % à 52 % aux Iles Loyauté. Ce mouvement relativement favorable s'explique par les progrès économiques enregistrés au cours des dernières décennies, par les effets des politiques de rééquilibrage, mais également par les déplacements migratoires de certains ménages financièrement vulnérables vers la zone urbaine. La pauvreté a en revanche augmenté en province Sud, passant de 7 % à 9 % en dix-sept ans. Cette province est désormais celle qui compte le plus de pauvres, 22 000 personnes en 2008. Ce mouvement traduit le développement récent d'une pauvreté urbaine. L'agglomération concentre désormais un pauvre sur trois contre un sur six en 1991 (Graphique VII.2).

GRAPHIQUE VII.2. TAUX DE PAUVRETE EN 1991 ET 2008

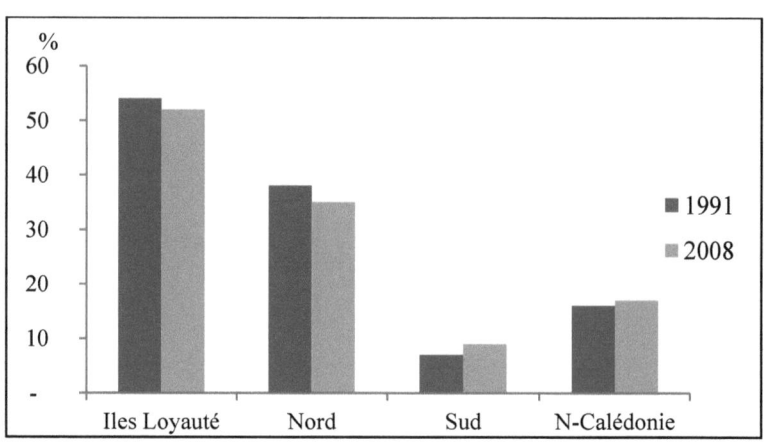

Les pauvres ne constituent pas un sous-ensemble homogène. Leur profil est établi à partir de l'analyse descriptive de quatre variables : la province de résidence, la situation du chef de ménage dans le marché de l'emploi, le type de ménage et l'âge du chef de ménage. Ces variables ont été retenues suite à une régression logistique binaire (Tableau VII.2).

La place occupée par le chef de ménage est déterminante face au risque de pauvreté. Ainsi, les chefs de ménages sans emploi (chômeurs et inactifs) ont plus de chance d'être pauvres que les chefs de ménages cadres ou de professions libérales (rapport de chance ou odd ratio qui s'élève à 57,89). La province de résidence est un autre facteur qui influence la probabilité d'être pauvre. Un ménage dont le chef de ménage vit aux Iles Loyauté a 6 fois plus de chance d'être pauvre qu'un ménage vivant en province Sud. Le rapport de chance s'élève à 4 pour les ménages de la province Nord. Enfin, plus le ménage compte d'enfants et d'adultes, plus il a de chance d'être pauvres par rapport à un couple avec au plus deux enfants. L'âge a un effet moindre.

TABLEAU VII.2. FACTEURS ASSOCIES A LA PROBABILITE D'ETRE PAUVRE EN NOUVELLE-CALEDONIE (ODDS RATIOS)

	Odd ratio
Constante	0,00
CSP : Réf. Cadres, professions libérales	*1*
Artisan, commerçant, chef d'entreprise	7,14***
Agriculteur	46,72***
Profession intermédiaire, technicien	3,47***
Employé	11,05***
Ouvrier	19,59***
Retraité	24,64***
Inactif, chômeur	57,89***
Province de résidence : Réf. Sud	*1*
Nord	3,97***
Iles Loyauté	6,43***
Type de ménage ; Réf. Couple 0 à 2 enfants	*1*
Personne seule	1,38***
Couple 3 enfants et plus	2,91***
Famille monoparentale	2,05***
Ménage complexe	2,35***
Age du chef de ménage : Réf. Plus de 60 ans	*1*
Moins de 30 ans	1,07
30-40 ans	0,85**
40-50 ans	1,09
50-60 ans	0,91**

***= $p < 0,001$; ** = $p < 0,05$; * = $p < 0,10$
Lecture : Toutes choses égales par ailleurs, le rapport de chance pour un ménage des Iles Loyauté d'être pauvre est 6 fois plus élevé que celui d'un ménage du Sud.

L'emploi du chef de ménage est un rempart à la pauvreté

La situation du chef de ménage sur le marché du travail est un critère déterminant de l'exposition à la pauvreté. Le taux de pauvreté s'élève à 29 % si le chef de ménage est au chômage, sans activité ou à la retraite, contre 10 % s'il a un emploi (Graphique VIII.3).

Le chômage ou l'inactivité est particulièrement pénalisant. Ces deux notions ne sont pas distinguées dans l'enquête BCM. La plupart de la population du Nord et des Iles Loyauté a une activité de type traditionnel tournée en général vers l'autoconsommation ou une activité temporaire, rémunérée mais non déclarée. Ces conditions amènent souvent cette population à se déclarer lors de l'enquête comme des inactifs ou chômeurs, sans forcément être référencés en tant que tels par les services de l'emploi provincial. Quand le chef de ménage est dans cette situation, le risque de pauvreté est extrêmement élevé : 70 % aux Iles Loyauté et 60 % dans le Nord. En province Sud, le chômage ou l'inactivité multiplie par quatre l'exposition à la pauvreté. Le risque est plus modéré pour les retraités. En effet, ceux-ci perçoivent le plus souvent une pension de retraite qui assure une ressource régulière à l'ensemble du ménage. Toutefois, faute de cotisations suffisantes, certains vivent avec moins de 72 000 F.CFP (600 euros) par mois et par Unité de Consommation. Dans le Nord et les Iles Loyauté, 45 % des ménages dont le chef est retraité sont touchés par la pauvreté.

GRAPHIQUE VIII.3. TAUX DE PAUVRETE
SELON LA SITUATION PROFESSIONNELLE DU CHEF DE MENAGE

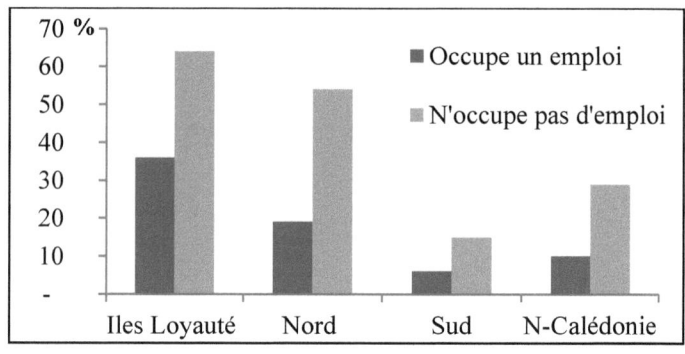

Si l'emploi protège, il ne prémunit pas totalement de la pauvreté. On peut travailler et vivre sous le seuil de pauvreté. Cette situation est fréquente dans les Iles Loyauté : 36 % des ménages sont pauvres alors même que le chef de famille occupe un emploi. Il s'agit souvent d'agriculteurs, d'éleveurs ou de pêcheurs dont l'activité, tournée vers l'autosubsistance, génère des ressources irrégulières et faibles. Les travailleurs pauvres sont également nombreux en province Nord. Près de 20 % des ménages dont le chef de famille travaille vivent pourtant sous le seuil de pauvreté. Cette vulnérabilité financière traduit la prépondérance, dans le Nord, d'emplois peu qualifiés ou précaires (saisonniers, intermittents, contrats à durée déterminée). En province Sud, les travailleurs pauvres sont peu nombreux. Il s'agit pour l'essentiel d'employés ou d'ouvriers occupant un emploi temporaire et/ou à temps partiel et disposant donc de faibles ressources financières (Tableau VII.3).

TABLEAU VII.3. TAUX DE PAUVRETE SELON LA SITUATION PROFESSIONNELLE DU CHEF DE MENAGE (%)

	Chômeurs ou inactifs	Retraités	En emploi
Iles Loyauté	70	44	36
Nord	60	45	19
Sud	24	11	6
N-Calédonie	45	18	10

Les grands ménages sont les plus vulnérables

La structure du ménage et le nombre de personnes qui le composent sont d'autres facteurs d'exposition à la pauvreté. Plus le ménage est constitué d'un nombre important de membres, plus le risque de pauvreté est élevé, et cela quelle que soit la province de résidence. Ce constat prévalait déjà en 1991. Les familles nombreuses (trois enfants ou plus) sont les plus vulnérables. Parmi elles, une sur quatre est pauvre. Ainsi, un couple avec trois jeunes enfants doit disposer de plus de 173 000 F.CFP (1 450 euros) par mois, soit 40 % de plus que le SMG de 2008, pour se situer au-dessus du seuil de pauvreté. A l'inverse, les couples avec au plus deux enfants sont les moins exposés. Seulement 9 % d'entre eux vivent sous le seuil de pauvreté. Cette structure familiale est plus fréquente en province Sud, où les niveaux de vie sont beaucoup plus élevés (Graphique VII.4).

GRAPHIQUE VII.4. TAUX DE PAUVRETE SELON LA STRUCTURE FAMILIALE

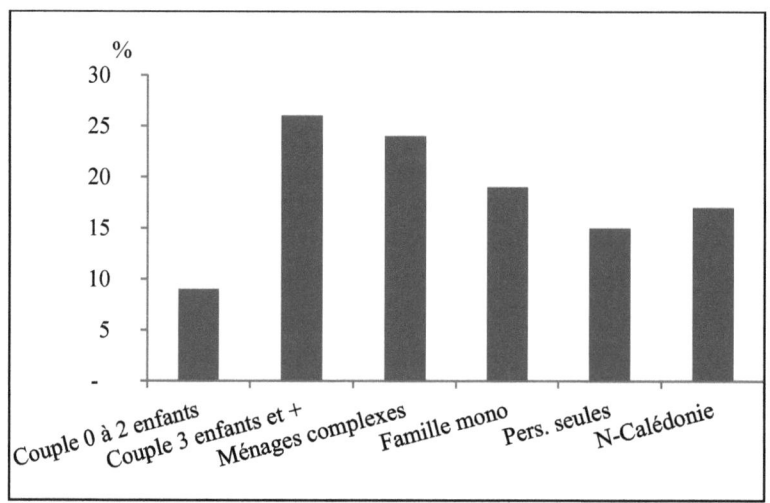

Les ménages complexes sont également très touchés par la précarité : c'est le cas de 24% d'entre eux. Ils regroupent 15 200 personnes en situation de pauvreté. Cette surexposition s'explique par la nature même de ces ménages. Caractérisés par une cohabitation de plusieurs familles, généralement intergénérationnelles, ces ménages sont souvent de grande taille (en moyenne supérieure à 5 personnes). Leurs ressources doivent donc être conséquentes pour échapper à la pauvreté. Ils sont plus fréquents dans les Iles Loyauté, où le niveau de vie est plus faible qu'ailleurs. Néanmoins, ces ménages complexes permettent des économies d'échelle dans les dépenses (notamment en logement) et une mutualisation des ressources entre ses membres. S'ils vivaient séparément, la vulnérabilité de chacun des membres de ce type de ménage serait plus grande. Le plus souvent, ce type de ménage est dirigé par un chef de ménage âgé de 60 ans et plus. La principale source de revenus est la retraite des chefs de ménage, d'un faible montant en raison d'une insuffisance de cotisations au régime de retraite, lorsqu'ils vivaient d'une autoproduction ou d'un emploi informel. Néanmoins, le taux de pauvreté des 60 ans et plus a reculé de sept points entre 1991 et 2008, alors même qu'ils occupent une part croissante de la population et qu'ils sont plus nombreux à diriger un ménage. En effet, la montée en charge du salariat a généralisé la distribution de pensions de retraite. Par ailleurs, l'obligation d'affiliation depuis 1995 à une retraite complémentaire a été source de revenus supplémentaires. Les personnes âgées les plus défavorisées ont vu leur niveau de vie augmenter à partir de 2012 par l'instauration du minimum vieillesse.

Le taux de pauvreté des familles monoparentales est de 19%. Ces ménages, dont les deux tiers sont dirigés par une femme, sont moins exposés ici qu'en métropole, où ils figurent parmi les populations les plus sévèrement touchées. Les personnes seules sont, en Nouvelle-Calédonie, moins souvent confrontées à la pauvreté que le reste de la population. Cette situation se distingue là encore de celle observée en métropole. Il est vrai que les familles monoparentales et les personnes seules, en particulier âgées, sont beaucoup moins fréquentes en Nouvelle-Calédonie. En outre, elles sont très concentrées en province Sud, où les niveaux de vie sont plus élevés.

LE DEVELOPPEMENT D'UNE PAUVRETE URBAINE

Par construction statistique, les plus vulnérables sont qualifiés de pauvres si leur niveau de vie est inférieur au seuil de pauvreté relatif établi à 72 000 F.CFP (600 euros) par mois et par Unité de Consommation. En Nouvelle-Calédonie, en 2008, 17 % des ménages, représentant 53 000 personnes, sont concernés par ce phénomène. L'écart entre les provinces demeure considérable. Le taux de pauvreté s'élève à 9 % dans le Sud, soit une proportion quatre à six fois inférieure à celles du Nord et des Iles Loyauté. Pour autant, la pauvreté ne se cantonne pas aux provinces où le système domestique est prégnant. En valeur absolue, les pauvres sont plus nombreux à résider en zone urbaine, poche de pauvreté de la province Sud. En près de vingt ans, la pauvreté s'est principalement développée dans cette zone, symbole du système dominant. Au cours des dernières décennies, le Grand Nouméa n'a cessé de polariser l'activité économique et d'attirer les populations, notamment en provenance des Iles Loyauté et du Nord-est. Au recensement de 2009, la zone urbaine regroupe les deux tiers des habitants et les trois quarts des emplois de Nouvelle-Calédonie. Mais cette concentration s'est accompagnée d'un développement de la pauvreté. Le taux de pauvreté dans le Grand Nouméa est passé de 4 % en 1991 à 7 % en 2008 et, durant cette période, le nombre de pauvres a augmenté au même rythme que la population.

L'agglomération compte ainsi 16 200 personnes vivant sous le seuil de pauvreté, soit trois fois plus qu'en 1991. La pauvreté urbaine offre le même visage que pour l'ensemble de la Nouvelle-Calédonie. Elle touche en premier lieu les ménages de grande taille. Ainsi, pour les familles comptant au moins trois enfants, le risque de pauvreté est deux fois plus élevé qu'en moyenne dans le Grand Nouméa. L'exposition à la pauvreté est presque aussi prégnante pour les ménages complexes. Ces deux types de ménages concentrent 12 700 personnes pauvres, plus des trois quarts des pauvres de l'agglomération. Corrélativement, les jeunes sont particulièrement concernés : en particulier, on dénombre 5 000 enfants pauvres de moins de 14 ans dans l'agglomération.

Le rééquilibrage politique et économique, instauré en 1988 répondait à l'exigence de lutter contre l'exclusion des Kanak du système dominant. Vingt ans plus tard, l'amorce du rééquilibrage et le phénomène de pauvreté des ménages calédoniens nécessitent de repenser le volet « social » de cette politique. Initialement, le rééquilibrage se concentrait sur le déploiement de l'action sanitaire du territoire, mais il occultait l'action sociale envers les plus démunis. Or, les mobilisations contre la vie chère et la baisse du pouvoir d'achat ont montré que l'enjeu politique de lutter contre les inégalités ne porte plus seulement sur l'accès à un emploi, mais aussi sur l'assurance d'une qualité de vie qui passe par la consommation de biens et de services.

CHAPITRE 8

CONSOMMATION DES PAUVRES ET LIENS SOCIAUX

En 2010, les prix des biens et des services en Nouvelle-Calédonie étaient globalement 34 % plus élevés qu'en métropole. Cet écart est comparable à celui enregistré entre la métropole et la Polynésie française, mais il est largement supérieur à celui observé entre la métropole et les Départements d'outre-mer. Si le poste alimentaire constitue le deuxième poste de dépense des Calédoniens, il concentre de loin les plus forts écarts de prix avec la métropole. Les modes de vie et les habitudes de consommation n'étant pas identique il est possible de mesurer cet écart de prix en se référant à la structure de consommation de la métropole ou de la Nouvelle-Calédonie. Ainsi, un métropolitain qui conserve ses habitudes alimentaires paierait 89% de plus son panier de denrées alimentaires en Nouvelle-Calédonie (Roubio-Collet, 2012). Ce constat confirme le sentiment de cherté de la vie de la population calédonienne, cristallisé par les mobilisations pour lutter contre la vie chère, amorcées dès 2006. Le gouvernement avait alors répondu par dix mesures pour lutter contre la vie chère dont la baisse des prix des produits de première nécessité. Dans cette perspective, il a instauré des opérations annuelles comme « écocadie » (ou « écoprix ») puis « prix Oké ». Cette dernière opération a réduit le coût de cent quinze produits de l'alimentation, de l'hygiène et de l'entretien, les plus souvent consommés (LNC, 2010). Ce type de mesure provisoire n'a pas convaincu les Calédoniens. En 2013, malgré la signature d'accords économiques et sociaux (document d'orientation) un an plus tôt, de nouvelles mobilisations contre la vie chère s'organisent. Elles se traduisent par des barrages routiers, des blocages d'hypermarchés, du port et des dépôts de carburant. Après douze jours de grève, l'accord trouvé entre les élus locaux, les organisations patronales et l'intersyndicale repose sur la baisse des prix immédiate de 10 % de trois cents produits alimentaires et d'hygiène, le gel des prix jusqu'à décembre 2014 et la mise en place au 1er juillet 2014 d'une Taxe générale sur l'activité (TGA), qui doit remplacer une série d'autres taxes (Gouvernement, 2013). Les mesures politiques, visant à amoindrir les dépenses alimentaires des plus vulnérables dans leur dépense totale, favorisent l'accès au mode de vie de la société de consommation. Ce type de société se caractérise par une consommation élargie d'objets et de services produits dans la sphère marchande. Essentiellement urbain, il se transpose en zone rurale ou tribale dans le cas de la Nouvelle-Calédonie. Les pratiques de consommation qui en résultent combinent l'utilité (confort, sécurité), la distinction (style de vie, signes d'appartenance à un groupe), et le plaisir (satisfaction, plaisir de consommer) (Langlois, 2002). Elles créent du sens, d'une part, grâce à la publicité qui informe et légitime la consommation. D'autre part, elles sont rendues accessibles par le déploiement du crédit à la consommation, les prestations sociales, les lieux d'achat à bas prix (magasin de distribution alimentaire discount, magasins d'habillement à petit prix, pénétration du marché véhicule low cost...), ou encore des politiques volontaristes comme les opérations gouvernementales menées en Nouvelle-Calédonie. La fonction latente de la consommation de masse est alors d'assurer un rôle de régulateur social favorable au maintien du système social (Herpin, 2004; Lazarus, 2006). Les plus vulnérables constituent un segment économique du marché, du fait que « les lois sociales ont peu à peu pris en compte que la consommation est une obligation pour la vie matérielle et le maintien d'un semblant d'intégration sociale » (Lazarus, 2006 : 13). Ainsi, Serge Paugam constate qu'en métropole les allocataires du revenu minimum d'insertion (remplacé progressivement par le revenu solidarité active) qui consomment le plus sont ceux qui maintiennent de solides liens sociaux. Le statut perdu du travailleur peut être compensé par un fort investissement dans les rôles de parents et de consommateurs (Paugam, 2007).

La structure de consommation des pauvres en Nouvelle-Calédonie révèle un système de dépense hybride entre l'économie marchande et domestique. Ce système est saisi d'une part, en comparant les dépenses des pauvres à celles des Calédoniens qui vivent au-dessus du seuil de pauvreté et, d'autre part, en comparant les dépenses des pauvres selon leur lieu de résidence. Ce système hybride analysé selon la théorie des liens sociaux de Serge Paugam offre une explication au maintien du système hybride comme une logique d'intégration sociale des pauvres.

LE BUDGET DEPENSES

En Nouvelle-Calédonie, les pauvres dépensent en moyenne 46 000 F.CFP (385 euros) par mois et par Unité de Consommation. Pour rappel, les pauvres sont les personnes qui vivent en dessous du seuil de pauvreté relatif, qui s'élève à en 2008 à 72 000 F.CFP (600 euros) par mois et par Unité de Consommation. A l'opposé les non pauvres sont les personnes qui vivent au-dessus du seuil de pauvreté. Le terme « personne » est préféré à celui de « ménage » car les résultats portent sur les Unités de Consommation.

Les dépenses collectées pour BCM-2008 sont organisées selon la nomenclature COICOP (classification of individual consumption by purpose). Validée internationalement par les Nations-Unies, cette nomenclature est compatible avec celle de la comptabilité nationale. Elle évolue en fonction de la diversité croissante des biens et des services proposés aux ménages qui sont organisés en postes de dépenses (alimentation, logement, services…).

L'alimentation

Les pauvres consacrent la moitié de leur budget à se nourrir. Pour les personnes qui vivent au-dessus du seuil de pauvreté, l'alimentation ne représente qu'un quart de leurs dépenses totales. La situation en Nouvelle-Calédonie est donc conforme à la loi dite d'Engel : plus les ressources sont faibles, plus la part des dépenses alimentaires dans les dépenses totales est importante (Graphique VIII.1). Cette prépondérance de l'alimentaire dans les dépenses se vérifie également pour les plus vulnérables de la métropole ou de l'outre-mer.

Pour se nourrir, les pauvres ne s'approvisionnent qu'à hauteur de 60 % dans les magasins, soit en moyenne 12 900 F.CFP (110 euros) par mois et par Unité de Consommation. Le reste est assuré presque exclusivement par l'autoconsommation. Ils effectuent leurs achats principalement dans les magasins de proximité (petits magasins et supérettes). Plus proches des zones d'habitation, ces magasins permettent de s'approvisionner quotidiennement, sans contraintes de transport, et offrent parfois la possibilité de payer à crédit. Au-dessus du seuil de pauvreté, on privilégie les grandes surfaces (hypermarchés et supermarchés). Le discount ne regroupe que 10 % des achats alimentaires des pauvres, autant que pour les personnes vivant au-dessus du seuil de pauvreté. Ce type de commerce, même s'il se développe en brousse, reste très concentré en zone urbaine (Graphique VIII.2).

GRAPHIQUE VIII.1. POIDS DE LA DEPENSE ALIMENTAIRE PAR DECILE

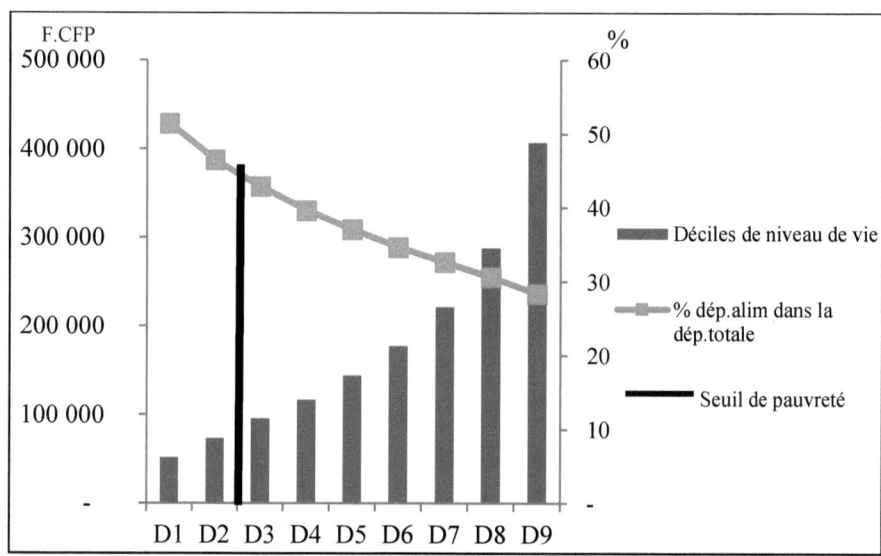

Lecture : 10% des pauvres dépensent moins de 38 000 F.CFP (320 euros) par mois et par unité de consommation, dont la moitié pour l'alimentaire.

GRAPHIQUE VIII.2. DETAIL DE LA STRUCTURE ALIMENTAIRE

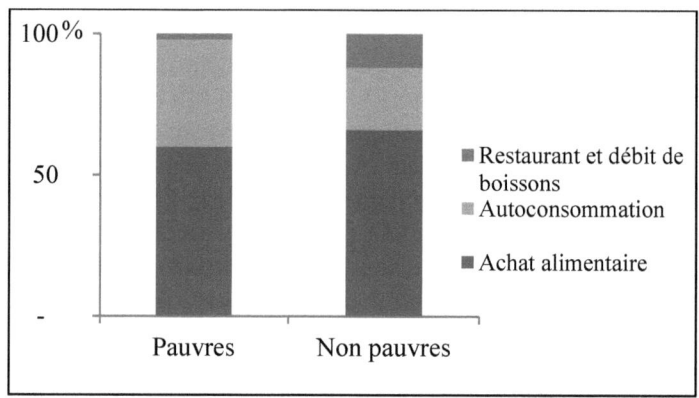

Note : La catégorie « Restaurant et débit de boissons » correspond aux dépenses alimentaires effectuées à l'extérieur du logement. Elles comprennent les services assurés par les restaurants, les consommations dans les café-bars, les snacks, les plats et autres produits préparés livrés à domicile, les distributeurs automatiques de boissons non alcoolisées ou d'autres produits.

Les achats alimentaires des pauvres portent principalement sur les denrées de base. Le pain et les céréales, en particulier le riz, concentrent à eux seuls près de 30 % de leur budget d'alimentation contre 20 % pour les personnes vivant au-dessus du seuil de pauvreté. La viande pèse autant dans le budget des personnes qu'elles soient pauvres ou non. Mais, pour les pauvres, les achats de viande sont beaucoup moins diversifiés et se composent majoritairement de volaille. De même, en matière de produits laitiers, la consommation des pauvres est moins variée. Ils achètent principalement du lait, au détriment des fromages et yaourts plus onéreux. Les achats de fruits et légumes absorbent une part plus faible du budget des pauvres, que compense toutefois largement leur autoconsommation. En effet, l'autoproduction (produits du jardin, chasse, pêche, denrées offertes ...) complète les besoins alimentaires des pauvres. Grâce à cette pratique, ils majorent leur consommation alimentaire avec des produits qui, s'ils avaient dû les acheter, leur aurait coûté 8 000 F.CFP (70 euros) par mois et par Unité de Consommation. Ce montant équivaut à plus du tiers de leur consommation alimentaire totale. Les légumes (notamment les tubercules), les poissons, la viande et les fruits sont les denrées le plus souvent autoconsommées. En revanche, les pauvres n'ont que très rarement recours à une alimentation prise à l'extérieur (restaurant, snack ...). Ils n'y consacrent que 2 % de leur budget alimentation, contre 13 % pour les personnes vivant au-dessus du seuil de pauvreté.

A partir des quantités de produits consommés et des caractéristiques des membres du ménage, il est possible d'étudier l'équilibre nutritionnel des pauvres. Cette approche s'éloigne de notre démonstration. Pour autant, il serait intéressant de l'approfondir car les Calédoniens sont en léger surpoids, selon l'indicateur Indice de Masse Corporelle (IMC correspond au poids rapporté à la taille) et un tiers déclare ne pas manger équilibré, selon l'Agence Sanitaire et Sociale (ASS). Aucune explication n'est avancée par l'Agence pour expliquer ce résultat. Une corrélation avec le revenu mensuel, variable présentée dans le profil des personnes interrogées, serait éclairante (ASS de Nouvelle-Calédonie, 2011). En outre, la Fédération des Professionnels Libéraux de Santé (FPLS) a vivement critiqué les syndicats qui ont listé les trois cents produits les plus vendus et sur lesquels porte la baisse des prix de 10 % à l'issu du protocole d'accord de 2013. Dans ce panier on retrouve les sodas, les gâteaux sucrés et apéritifs. La FPLS souligne que ces produits sont plus souvent consommés, parce que moins chers à l'origine, et préconise une protection des prix de produits plus sains par les pouvoirs publics. Cette revendication marque le glissement de l'enjeu de l'accessibilité aux produits vers celui de l'équilibre nutritionnel envers les plus vulnérables.

Le logement

Les pauvres dépensent en moyenne 8 500 F.CFP (70 euros) par mois et par Unité de Consommation pour leur logement. Ce poste pèse beaucoup moins dans leur budget que dans celui des personnes vivant au-dessus du seuil de pauvreté. En effet, pour ces derniers, la dépense logement est majoritairement constituée de loyers ou de remboursements de crédit immobilier. Pour les pauvres au contraire, ces postes ne représentent que 20 % de la dépense logement, principalement sous la forme de loyers (Graphique VIII.3).

GRAPHIQUE VIII.3. STRUCTURE DE LA DEPENSE LOGEMENT

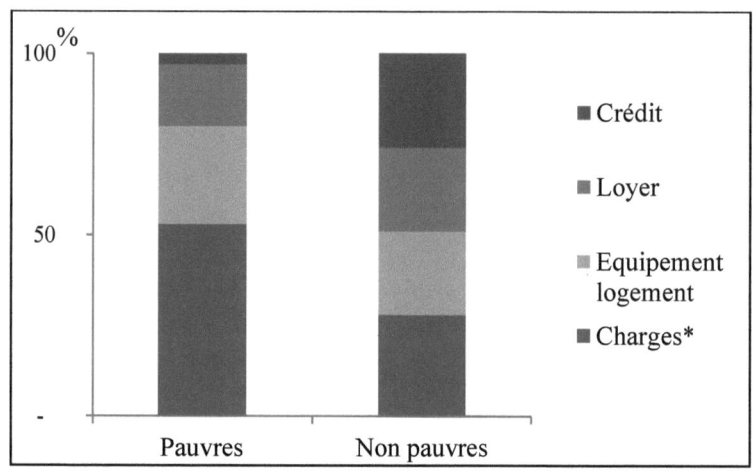

*Les charges correspondent à l'eau, l'électricité et les assurances.

Parmi les pauvres, seuls 11 % sont locataires et 5 % sont propriétaires avec un crédit à rembourser. Les autres sont soit logés gratuitement, soit propriétaires sans crédit. Trois pauvres sur cinq vivent en tribu et bénéficient dans le cadre de la transmission des terres coutumières, d'une portion de terre et parfois d'un logement, sans avoir ni loyer ni remboursement de prêt immobilier à assumer. A l'inverse, les charges (eau, gaz, électricité et les assurances) pèsent davantage dans le budget logement des pauvres. L'électricité est de loin la dépense la plus lourde. Les pauvres y consacrent en moyenne 2 700 F.CFP (20 euros) par mois et par Unité de Consommation, soit près d'un tiers de leur budget logement. Au-dessus du seuil de pauvreté, l'électricité ne représente que 12 % du budget logement. En revanche, la dépense en eau est très modérée pour les pauvres. Certaines communes du Nord et des Iles Loyauté assurent aux habitants la distribution d'eau et l'assainissement à coût très réduit. L'équipement du logement représente une dépense moyenne de 2 300 F.CFP (19 euros) par mois et par Unité de Consommation pour les pauvres. La dépense concerne principalement les produits de nettoyage, puis l'équipement ménager. Deux types d'achats prédominent : l'outillage pour la maison et l'achat de gros appareils ménagers, tels qu'un réfrigérateur ou un lave-linge. A l'inverse, pour les personnes au-dessus du seuil de pauvreté, l'équipement du logement se compose majoritairement de services domestiques (jardinage, garde d'enfants ou ménage), d'achat de meubles et d'articles de décoration.

Le transport et les autres dépenses

Les pauvres dépensent en moyenne 5 200 F.CFP (40 euros) par mois et par Unité de Consommation pour leurs déplacements, contre près de 30 000 F.CFP (250 euros) pour les personnes vivant au-dessus du seuil de pauvreté. L'achat ou le remboursement d'un véhicule personnel y est beaucoup moins fréquents, seuls 8 % des pauvres sont concernés. Ceux-là remboursent, en moyenne 10 000 F.CFP (83 euros) par mois et par Unité de Consommation, pour leur crédit automobile. Les frais occasionnés par l'utilisation d'un véhicule personnel représentent néanmoins 56 % des dépenses en transport des pauvres. Il s'agit, pour l'essentiel, d'achat de carburant et dans une moindre mesure des frais d'assurance. A l'inverse, les pauvres recourent plus souvent aux services de transports, en particulier urbains : ils y consacrent 22 % de leur budget déplacement contre 15 % pour ceux qui vivent au-dessus du seuil de pauvreté (Graphique VIII.4).

GRAPHIQUE VIII.4. STRUCTURE DE LA DEPENSE EN TRANSPORT

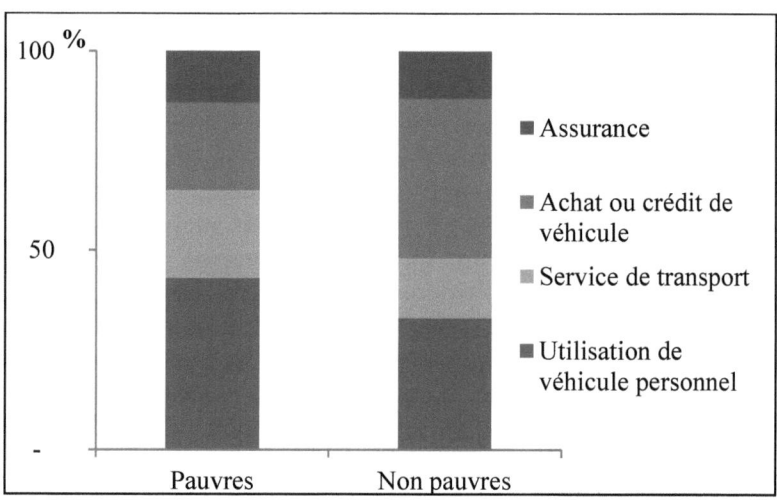

Après avoir payé l'alimentation, le logement et les déplacements, il reste aux pauvres 24 % de leur budget global, soit en moyenne 11 000 F.CFP (90 euros) par mois et par Unité de Consommation (contre 33 % pour les personnes qui vivent au-dessus du seuil de pauvreté). Cette somme doit couvrir à la fois l'habillement, les loisirs, l'alcool et le tabac, mais également les communications, la santé, divers biens et services (notamment d'hygiène) ou encore les transferts financiers. L'importance relative de ces dépenses est très différente selon le montant du niveau de vie. Pour les pauvres, 20 % de celles-ci sont consacrées à l'habillement, deux fois plus que pour les personnes vivant au-dessus du seuil de pauvreté. De même, l'alcool et surtout le tabac absorbent une part importante du budget restant des pauvres (16 % contre 9 % pour les autres personnes). Le budget consacré à la santé et à l'enseignement est très faible : moins de 500 F.CFP (4 euros) par mois et par Unité de Consommation. Il est vrai que le système médico-social permet aux plus modestes, bénéficiant de l'Aide Médicale Gratuite (AMG), de ne s'acquitter que du ticket modérateur. Mais l'éloignement des centres médicaux et le manque de ressources occasionnent un sous-recours aux services de santé payants.

La proportion des dépenses consacrées aux loisirs et à la culture sont une autre distinction entre les pauvres et les personnes qui vivent au-dessus du seuil de pauvreté. Pour les plus vulnérables, ce poste arrive en troisième position des autres dépenses alors que c'est la première dépense pour les autres personnes. La facture de service de télévision payante (canal satellite par exemple) domine ce poste, toutes catégories de ressources confondues. Par contre, les pauvres pratiquent plus souvent des jeux d'argent, notamment, le Bingo qui s'apparente au jeu du loto. Fréquent dans les marchés situés au siège de la commune, en tribu ou au bord d'une route principale de la tribu, sa gestion est assurée par un groupe de femmes, une association religieuse ou artisanale. Ce jeu « est une forme de redistribution des produits et d'argent (…). Le Bingo (mot anglais signifiant loto ou loterie) a été introduit en milieu kanak par les missions protestantes, puis repris par les catholiques, notamment lors des kermesses. La pratique du bingo s'est ensuite généralisée dans les tribus à travers le milieu associatif (…) comme moyen de capter ou de partager des ressources pour un projet collectif ».» (Sabourin, Tyuienon, 2007 : 315). A ces pratiques les personnes qui vivent au-dessus du seuil de pauvreté préfèrent les services sportifs (abonnement ou cours de danse, de musique, de sport…). L'offre commerciale se concentre principalement dans l'agglomération du Grand Nouméa. Ce qui n'exclut pas une forte pratique du sport dans les provinces Nord et Iles Loyauté qui comptent respectivement, 40 % et 31 % de licenciés contre 27% dans le Sud. Cet écart peut s'expliquer par un coût de la licence moins onéreux dans ces deux provinces que dans le Sud. En effet, le sport est un élément du rééquilibrage en termes de taux d'équipement sportifs et d'impact économique par les emplois crées (Vanreux, Wiorek, 2011).

L'influence du lieu de résidence

Les habitudes de consommation des pauvres sont fortement influencées par leur environnement et leur mode de vie. Ainsi, la zone urbaine se singularise, même si entre les provinces Nord et les Iles Loyauté les modes de consommation présentent aussi certaines différences. Rappelons que la zone urbaine regroupe la commune de Nouméa et son agglomération (Mont Dore, Païta, Dumbéa). Les trois quarts des pauvres de la province Sud vivent en zone urbaine. Leur structure de consommation détermine donc plus largement celle des pauvres de la province Sud. Leurs ressources sont supérieures à celles des pauvres des deux autres provinces. Leurs dépenses de consommation s'élèvent en moyenne à 57 000 F.CFP (480 euros) par mois et par Unité de Consommation contre 42 000 F.CFP (350 euros) au Nord et 36 000 F.CFP (300 euros) aux Iles Loyauté. Mais il est pour eux beaucoup plus difficile qu'ailleurs de se soustraire à la consommation marchande.

La proportion affectée à l'alimentation est par nature peu compressible. Partout les pauvres y consacrent un peu plus de 20 000 F.CFP (170 euros) par mois et par Unité de Consommation, soit de loin le premier poste de dépenses. Toutefois, contrairement à leurs homologues vivant en zone rurale et tribale, les pauvres en ville sont contraints d'acheter une grande majorité de leurs produits alimentaires. Faute de pouvoir produire eux-mêmes des denrées alimentaires, l'autoconsommation est très réduite : elle représente seulement 16 % de leur alimentation contre 55 % dans le Nord et 39 % aux Iles Loyauté. Le recours à l'autoproduction serait certainement plus développé en zone urbaine si les surfaces consacrées aux jardins familiaux y étaient plus importantes. Sous la responsabilité des Centres Communaux d'Action Sociale (CCAS), ces jardins permettent à des familles, en situation financière précaire, de disposer d'une parcelle de terre pour autoproduire des denrées alimentaires. Le logement concentre un quart du budget des pauvres en zone urbaine, presque deux fois plus qu'en zone rurale. En effet, plus d'un tiers d'entre eux paient un loyer, même s'ils bénéficient d'une aide au logement. En 2008, on dénombrait 2 000 bénéficiaires de l'aide au logement dont 95 % vivaient en zone urbaine. Outre le loyer, les autres dépenses liées au logement, notamment les charges, sont nettement plus onéreuses en zone urbaine, grevant d'autant le budget des pauvres. Pour tous les autres postes de consommation, les dépenses des pauvres sont très supérieures en zone urbaine. C'est notamment le cas des transports, de l'habillement, des assurances, des services de garde d'enfant ou encore de la communication ou des loisirs. Seule la consommation d'alcool et de tabac échappe à cette règle, les dépenses des pauvres étant voisines (autour de 1 600 F.CFP [13 euros] par mois et par Unité de Consommation) quelle que soit la zone de résidence.

Dans le Nord, les dépenses alimentaires des pauvres sont 15 % plus élevées qu'en zone urbaine et aux Iles Loyauté. La prise en compte de l'autoconsommation explique cette différence. Elle garantit plus de la moitié de l'alimentation des pauvres de la province Nord. La viande de cerf, issue de la chasse ou de l'élevage, est largement autoconsommée dans cette province. Elle équivaut à une dépense moyenne de 1 300 F.CFP (10 euros) par mois et par Unité de Consommation. Pour se déplacer, les pauvres de la province Nord dépensent 5 600 F.CFP (50 euros) en moyenne par mois et par Unité de Consommation, soit 12 % de leur budget total, autant que ceux de la zone urbaine. Outre les dépenses en carburant, les dépenses en transport routier (ticket et abonnement de bus, taxi…) pèsent lourd dans leur budget. Le recours aux services de transport routier remplace la possession d'un véhicule et favorise la mobilité professionnelle. D'ailleurs, ce type de dépense concerne plus souvent les pauvres du Nord dont le chef de ménage occupe un emploi. L'éloignement des bassins d'emploi, des centres administratifs ou de soins rend indispensable ces déplacements. La dispersion géographique des populations ne permet pas la mise en place d'un service de transport en commun aussi accessible qu'en zone urbaine.

Aux Iles Loyauté, les pauvres disposent de ressources inférieures à celles de leurs homologues du Nord (- 18 %) et de la zone urbaine (- 61 %). En conséquence, leurs dépenses sont nettement plus faibles et ce, quel que soit le poste de consommation. Deux exceptions notables nuancent toutefois ce constat d'ensemble. La consommation alimentaire se situe au même niveau qu'ailleurs, malgré une autoproduction plus réduite qu'en province Nord. Celle-ci équivaut à 8 000 F.CFP (70 euros) par mois et par Unité de Consommation contre 12 800 F.CFP (110 euros) pour les pauvres du Nord. Ainsi, l'alimentation absorbe 57 % des ressources dont disposent les pauvres des Iles Loyauté. Par ailleurs, ils présentent la particularité de consacrer une part importante de leurs ressources aux transferts d'argent. Les dons, aides ou cadeaux qui s'effectuent le plus souvent dans le cadre des échanges coutumiers leur coûtent en moyenne 2 600 F.CFP (20 euros) par mois et par Unité de Consommation, soit 7 % de leur budget total. Cette dépense permet notamment d'entretenir les liens avec les membres de la famille installée en zone urbaine, en participant, entre autre, à l'achat de denrées alimentaires. Les pauvres de la zone urbaine y consacrent un montant équivalent, mais qui ne représente que 5 % de leurs dépenses. Les pauvres de la province Nord consacrent cinq fois moins d'argent à ces transferts, soit 1 % de leurs dépenses. Le budget transport des pauvres des Iles Loyauté est contraint par l'éloignement géographique. En effet, des déplacements vers le Grand Nouméa sont nécessaires pour des motifs professionnels, familiaux ou de santé. Ainsi, le transport, par voie maritime et surtout aérienne, grève leur budget de déplacement. Les pauvres y consacrent un tiers de leur dépense de transport. La province des Iles Loyauté prend en charge une partie de ces dépenses, via l'aide médicale quand il s'agit de déplacements pour raisons de santé. De même, depuis le début de l'année 2012, le dispositif « solidarité transports » permet aux Loyaltiens les plus modestes de bénéficier de billets aller-retour au prix gelé de 10 000 F.CFP (84 euros), jusqu'à huit voyages par an.

LES DEPENSES REVELATRICES D'INTEGRATION SOCIALE

La structure de dépenses des pauvres met en évidence un recours à un système de consommation hybride puisant dans les rouages de l'économie marchande et domestique. Ce système traduit une logique d'intégration originale entre les deux économies saisies par la typologie des liens sociaux de Serge Paugam.

La théorie des liens sociaux

Dans la lignée durkheimienne, Serge Paugam pour établir sa typologie des liens sociaux, tente de saisir ce qui rend les individus autonomes dans les sociétés modernes tout en étant dépendants les uns des autres. Dans cette perspective, il se réfère à Georg Simmel et Norbert Elias quant à la nature et la force des relations humaines.

Simmel dans son ouvrage *Sociologie. Etudes sur les formes de socialisation* symbolise les relations d'interdépendance des unités sociales par des cercles. Pouvant être nombreux et juxtaposés il faut ordonner ces cercles. Il relate le passage d'un modèle concentrique à un modèle juxtaposé. Le premier se caractérise par des cercles étroits où l'individu est l'égal des autres et de fait l'autorité y est restreinte. L'autre modèle offre une liberté individuelle plus importante où l'identité plurielle peut se développer : l'individu est alors l'élément de connexion entre les groupes. En situation de crise, la tendance est de rechercher protection et reconnaissance auprès de cercles proches de sa condition pouvant entraîner un renfermement individuel, social et spatial.

Norbert Elias aborde la question du lien social à partir des pulsions et des émotions. Il constate que leurs modes de régulation sont passés de l'interdiction de les extérioriser à un mécanisme d'autocontrôle et donc de contrainte. Ce passage nécessite deux conditions : une différenciation poussée des fonctions et la monopolisation de la violence par l'Etat. Ce passage renforce la distinction entre la sphère privée et la sphère publique. Elias utilise le concept de configuration pour expliquer l'imbrication des relations humaines. Il utilise l'image du filet qui « est fait de multiples fils reliés entre eux. Toutefois ni l'ensemble de ce réseau ni la forme qu'y prend chacun des différents fils ne s'expliquent qu'à partir d'un seul de ces fils, ni de tous les fils en eux-mêmes ; ils s'expliquent uniquement par leur association, leur relation entre eux » (Elias, [1939], 2012: 70). Cette dépendance réciproque correspond au groupe thérapeutique, aux relations établies dans un café ou encore le jardin d'enfant. Pour Elias, la pluralité des liens sociaux renvoie à un niveau d'intégration. Le rapport « je-nous » est un outil d'observation des relations d'interdépendance. L'identité du « nous » relève d'une forte intensité au sein des dépendances étroites, telles que la famille ou la communauté locale, mais s'affaiblit lorsque les configurations sont plus larges, telles que le « nous » identitaire européen. Au cours de ces interactions, l'individu partage et ressent des émotions nommées « valences affectives » qui peuvent être fixes (Paugam, 2007). Elias s'inscrit dans la lignée durkheimienne en stipulant que le lien social repose sur la division du travail et la solidarité entre pairs, mais il ajoute que ces interactions doivent tenir compte des liaisons émotionnelles. Il distingue à nouveau deux échelles. D'une part, lorsque l'unité sociale est petite, il est plus facile de constituer des configurations sociales qui reposent sur des valences émotionnelles (satisfaisantes ou insatisfaisantes) faciles à former car l'ensemble des individus est concerné. D'autre part, lorsque les unités sociales sont larges, les nouveaux liens affectifs ne portent pas forcément sur les individus mais sur des emblèmes tels que le drapeau, l'hymne national… Comme le spécifie Serge Paugam, le lien affectif, au sens de Norbert Elias, « n'est pas un lien distinct mais plutôt une dimension constitutive du lien lui-même » (Paugam, 2007 : 60–61).

La typologie des liens sociaux de Serge Paugam repose sur l'idée simmelienne que la multitude de cercles auxquels appartient l'individu se juxtapose et nécessite d'être organisée. Il présente quatre types de liens sociaux. Le premier, le lien de filiation, renvoie dans un sens général à la filiation biologique ou adoptive qui assure la fonction socialisatrice et identitaire. Le deuxième, le lien de participation élective, est une socialisation établie en dehors de la famille, au travers de groupes ou d'institutions (voisinage, groupe d'amis, mise en couple…). Ce type de lien, contrairement à la socialisation familiale, offre à l'individu une liberté et une autonomie réelles d'établir des relations. Le troisième, le lien de participation organique, renvoie au monde du travail. Ce lien s'analyse à la fois par le rapport au travail (satisfaction au travail, reconnaissance de la fonction…) et le rapport à l'emploi (protection par le contrat, par des collectifs…) dont la protection s'appuie sur le rôle de l'Etat social. Ce type de lien assure une intégration sociale, par la position sociale occupée reposant sur « la double assurance de la reconnaissance matérielle et symbolique du travail et de la protection sociale qui découle de l'emploi » (Paugam, 2007 : 73). Le quatrième, le lien de citoyenneté, dans la lignée des travaux de Dominique Schnapper, renvoie à la solidarité entre les membres d'une communauté politique. Il repose sur l'égalité des citoyens et favorise l'émergence d'une identité et de valeurs nationales communes. Les droits civils protègent les individus en assurant leurs libertés fondamentales, les droits politiques marquent la souveraineté dans la participation à la vie publique et les droits sociaux assurent leur protection face aux aléas de la vie.

En s'appuyant sur les travaux de Norbert Elias, Serge Paugam stipule que les quatre types de liens sont complémentaires et s'imbriquent les uns dans les autres, constituant l'identité sociale individuelle et les canaux d'intégration sociale. Il mentionne que l'intensité de ces liens varie d'un individu à l'autre « en fonction des conditions de socialisation (…) et de l'importance relative que les sociétés leur accordent » (Paugam, 2007 : 77). Les quatre types de liens sociaux reposent sur une double caractéristique. D'une part, la protection ou *compter sur*, renvoie aux supports que l'individu peut mobiliser face aux aléas de la vie (ressources familiales, communautaires, professionnelles, sociales…). D'autre part, la reconnaissance ou *compter pour*, correspond à l'interaction sociale qui fournit une preuve à l'individu de son existence et de sa valorisation (Paugam, 2007). Les « liens qui assurent à l'individu protection et reconnaissance revêtent par conséquent une dimension affective qui renforce les interdépendances humaines » (Paugam, 2007 : 63). Le « nous » est construit par les interactions avec autrui, participant *de facto* à la construction (continue) de l'identité individuelle.

L'imbrication des liens par la structure de consommation

En Nouvelle-Calédonie il existe un système hybride entre les économies marchande et non marchande que nous avons caractérisé à partir des données de l'enquête BCM-2008. L'étude de la composition des ressources des Calédoniens montre clairement une articulation entre les ressources monétaires et non monétaires, notamment pour les plus vulnérables. Ce qui nous a amené à nous intéresser aux ménages pauvres vivant avec moins de 72 000 F.CFP (600 euros) par mois et par Unité de Consommation. L'analyse descriptive et l'interprétation sociologique de leurs dépenses traduit également ce système hybride. A partir de ces spécificités de consommation et au moyen de la typologie des liens sociaux de Serge Paugam que nous nous réapproprions, nous en déduisons un modèle d'intégration sociale.

Le lien de participation organique doit s'étudier isolément des autres liens en raison de l'intégration inégale des pauvres à l'emploi (Chapitres 5 et 6). Ensuite, le lien de participation filiation-électif définit les dépenses engagées *pour ou auprès* des membres de la famille, du clan ou de la tribu. L'association de ces deux liens s'explique par la difficulté de distinguer les dépenses engagées pour l'un ou l'autre. Par contre l'avantage de l'enquête BCM est de mesurer les dépenses engagées dans le cadre du système domestique qui repose sur un réseau d'échanges et d'alliances entre les membres de la famille, du clan et de la tribu, assurant une solidarité entre ses membres. Les dépenses engagées pour l'autoproduction alimentaire, le jeu de hasard (le bingo) et les transferts d'argents (dons, aides ou cadeaux) pour la coutume, analysées précédemment illustrent la mobilisation du lien de filiation-électif. Enfin, le lien de citoyenneté est interprété selon les dépenses engagées *grâce à* l'aide institutionnelle par l'injection d'aides financières ou matérielles (bons alimentaires, vêtements…). Partant du principe que la crise du lien social résulte du relâchement des liens sociaux, il est de la responsabilité des pouvoirs politiques de combler les manques. Les mesures sociales institutionnelles participent au maintien de l'équilibre social par l'injection d'aides financières ou matérielles (bons alimentaires, vêtements…) afin d'amoindrir les inégalités entre les plus riches et les plus modestes. En Nouvelle-Calédonie, en raison de la coexistence de deux économies, les hommes politiques ajustent les interventions institutionnelles. Ainsi, en province Nord et aux Iles Loyauté, les pauvres règlent leur facture d'électricité alors que la plupart des communes prennent en charge les dépenses de la distribution d'eau. Cette position marque d'une part, la volonté des Indépendantistes à faire perdurer la société domestique, où l'eau est considérée comme un bien inaliénable et d'autre part, au titre du principe d'égalité entre les membres de la société, dont le système de normes et de valeurs de référence est le système marchand, ils ne peuvent soustraire la population à bénéficier d'une arrivée d'eau potable dans leur logement. Ce lien caractérise la solidarité du système marchand (Tableau VIII.1).

TABLEAU VIII.1. SYSTEME HYBRIDE ET LIENS SOCIAUX

		Filiation-Electif *Pour ou auprès de*	Citoyenneté *Grâce à*
Alimentation	Autoproduction	X	
	Petits magasin/supérette	X	
Logement	Accès à un logement		X
	Charges en eau		X
Transport	Les services de transport		X
Autres dépenses	Santé		X
	Jeux d'argent (bingo)	X	
	Transferts d'argent pour la coutume	X	

L'existence d'un système de dépense hybride met en évidence une compensation de l'affaiblissement du lien organique par un mécanisme d'imbrication aux liens de filiation-électif ou de citoyenneté. Ce mécanisme traduit une logique d'intégration sociale en deux points. D'abord, en consommant, les pauvres participent à la vie sociale. Leur statut de consommateur leur permet de vivre et de participer à la création de normes sociales. Ensuite, ce mécanisme de compensation participe à la construction de l'identité individuelle sociale (plurielle et évolutive) des pauvres. Notre démonstration est le moyen de compléter l'analyse de Loïc Wacquant mentionnée à la fin des années 80. Pour rappel, il a expliqué le maintien de l'économie domestique par l'intérêt que pouvaient en retirer les dirigeants du système marchand ; à savoir : l'attrait économique d'une main-d'œuvre kanak en période de boom de nickel, l'assurance d'une « sécurité sociale »[1] gratuite

---

[1] Terme également employé dans les travaux de Jean Freyss (Freyss, 1995 : 239).

du système marchand et le moyen de limiter l'arrivée de la population autochtone sur le marché de l'emploi structurellement limité.

En revanche, cette intégration sociale est inégale ou partielle. En effet, le mécanisme de compensation traduit une intégration en demi-teinte au système capitaliste et, de fait, une fragilisation de l'identité sociale des plus vulnérables. Pourquoi ? Deux hypothèses sous forme de questions peuvent être posées. Les pauvres souhaitent-ils intégrer le système dominant mais ils n'y arrivent pas par manque de qualification ou ils ne peuvent plus parce qu'en âge d'être à la retraite ? Les pauvres ont un niveau de vie faible parce qu'ils rejettent et s'opposent aux normes et valeurs du système dominant ? Pour pouvoir apporter des éléments de réponses, il faudrait disposer des expériences vécues par les pauvres. Ce point a d'ailleurs été soulevé par un responsable de l'action sociale des Iles Loyauté, lorsque la méthodologie de la construction du seuil de pauvreté a été soumise aux professionnels de l'action sociale de la Nouvelle-Calédonie. Hormis le volet quantitatif de l'approche du phénomène de pauvreté, il a mentionné l'intérêt de disposer d'un volet qualitatif afin de connaître le ressenti de la population. Sa remarque résulte de son expérience de terrain où il est face à des jeunes « déprimés », tiraillés entre les obligations du système domestique et les exigences du système marchand (accès à un diplôme et au salariat). Les perspectives de développement limitées aux Iles Loyauté exigent le plus souvent une installation en Grande Terre, notamment en zone urbaine. Il a alors soulevé la question du suicide en Nouvelle-Calédonie comme marqueur de défaillance sociale. Le rapport de la Direction des Affaires Sanitaires et Sociales (DASS) stipule que durant la période 1991-2008, la Nouvelle-Calédonie compte 522 décès par suicide soit 2,7 % de l'ensemble des causes, proportion légèrement supérieure à la métropole. Les deux tiers de ces décès concernent des personnes résidant en province Sud contre un quart pour le Nord et 6 % pour les Iles Loyauté. Lorsque ces décès sont rapportés à la population concernée, le taux moyen annuel au cours de la période 2006-2008 augmente dans le Nord et aux Iles Loyauté. Les jeunes âgés entre 15 et 25 ans sont les plus vulnérables face au suicide. Leur proportion reste stable durant la période, contrairement aux 25-34 ans et, surtout, aux 45-54 ans plus souvent vulnérables depuis 2006 (DASS, 2008; Hamelin, Salomon, 2008). D'autres phénomènes doivent être considérés comme des marqueurs d'affaiblissement des liens sociaux : les violences envers les femmes, la délinquance, urbaine notamment, l'alcoolisme ou encore les accidents de la route liées à une consommation d'alcool excessive. Ils révèlent un déficit de protection et un déni de reconnaissance qui s'inscrivent le plus souvent dans une situation de pauvreté en niveau de vie. Lors de nos entretiens exploratoires avec les travailleurs sociaux, certains ont parlé de « génération sacrifiée », faisant référence aux Kanak qui ont vécu les premières années de leur vie en tribu et qui viennent ensuite s'installer en zone urbaine. Selon eux, il y a une « déconnexion » importante entre le monde tribal et le monde urbain que leur descendance (2ème, 3ème voire 4ème génération), née en zone urbaine ne connaîtra pas. Cette explication renvoie au processus de socialisation des individus, qui peut connaître des ruptures d'intégration normatives ou des phases de resocialisation, c'est-à-dire fondées sur l'intériorisation d'un autre modèle. A ce titre, on distingue la socialisation primaire acquise depuis l'enfance, qui permet à l'individu de devenir un membre de la société, et la socialisation secondaire, qui vient après la socialisation primaire, processus permettant à l'individu d'incorporer de nouveaux schèmes tout au long de sa vie d'adulte.

LA PARTICULARITE DU LOGEMENT AIDÉ

En Nouvelle-Calédonie, les provinces sont compétentes en matière d'urbanisme et d'habitat social. Elles peuvent adapter leurs politiques selon les besoins spécifiques des populations. On distingue deux types d'interventions. Premièrement, le logement locatif aidé. Il est propre à l'agglomération de Nouméa qui doit répondre à une forte demande de logements locatifs sociaux. Elle a engagé depuis 2006 un Plan (ou programme) local de l'habitat. Son objectif est de répartir entre les communes de l'agglomération la construction des logements locatifs aidés, dans un souci de mixité. A ce titre, elle aide les familles à acquérir, améliorer ou accéder à un logement locatif à loyer modéré. Son intervention se résume à financer les opérateurs de construction de logement social aidé et très aidé, ainsi qu'à attribuer des prêts ou des aides personnelles. Ce type d'intervention est également opéré dans l'agglomération VKP et quelques autres communes de la province Nord.

Le deuxième type d'intervention, est l'aide à l'accession d'une maison individuelle à la propriété, développée en zone tribale et rurale. La province Nord s'appuie sur un programme d'aide à l'habitat social, organisé en trois volets : le plan habitat tribal, l'aide subventionnelle et technique à l'habitat et l'accession sociale à la propriété. Les aides accordées aux ayants droit doivent leur permettre d'acquérir, de construire ou d'améliorer l'habitation de leur résidence principale. La province Sud, pour les zones hors du Grand Nouméa, finance des organismes œuvrant pour l'habitat social. Quant aux Iles Loyauté, elles appuient leurs interventions en assurant un logement décent, notamment aux familles les plus démunies et en promouvant un plan d'habitat tribal respectant l'architecture locale. La province a désigné un opérateur pour mettre en œuvre cette politique. Il offre des modèles de logements en dur ou en bois, complets ou par module (module sanitaire, module sanitaire et cuisine). Les interventions ne concernent que des logements neufs avec des modules « clés en main » et un apport personnel de 5 % du coût est exigé par les futurs acheteurs (Riera, Dubois, 2006). Ce type d'intervention est particulièrement intéressant car il illustre l'imbrication des liens de filiation-électif et de citoyenneté. En effet, grâce à l'aide institutionnelle, le ménage peut accéder à un logement aidé en tribu respectant l'organisation clanique et tribale. Ces dépenses favorisent à perpétuer le système domestique et peuvent être interprétées comme des dépenses mobilisant le lien de filiation-électif.

Plus largement, ces deux mesures permettent aux plus vulnérables de vivre dans un logement décent répondant à la norme calédonienne. Au recensement de 2009, le territoire compte 81 700 logements, pour l'essentiel des résidences principales. Différents indicateurs expriment le confort des logements des Calédoniens. Tout d'abord, quelle que soit la province, la taille du logement augmente avec celle du ménage. Ainsi, un ménage composé d'une personne vit dans 2,7 pièces, contre 3,8 pièces pour un ménage de quatre personnes et 4,0 pièces pour un ménage de six personnes. Ensuite, la quasi-totalité des logements disposent d'une arrivée d'eau et de WC à l'intérieur du logement et sont raccordés au réseau général d'électricité. Entre 1996 et 2009, le raccordement au réseau général d'électricité a particulièrement profité aux logements des Iles Loyauté et du Nord. Par exemple, un contrat de développement Etat/inter-collectivités de la province Nord (Etat, Nouvelle-Calédonie, province Nord) 2011-2015, a permis d'engager une campagne d'électrification des communes de l'extrême Nord (Poum, Ouégoa, Pouébo et Koumac) et de Hienghène sur la côte Est. Enfin, l'équipement électronique est installé dans les logements de l'ensemble des provinces. 90 % des logements en province Sud et deux tiers des logements des provinces Nord et Iles Loyauté comptent une machine à laver. Ce produit de consommation s'achète à crédit et permet des économies d'échelle. Par contre, les disparités provinciales subsistent pour certains biens. Deux familles sur trois disposent d'un ordinateur dans le Sud, contre une sur trois dans le Nord et une sur cinq aux Iles Loyauté. Cette inégalité concerne également l'accès à internet (Rivoilan, Broustet, 2011a).

Le dépenser *grâce* peut-il supplanter le dépenser *pour* ou *auprès de* ? En s'intéressant à la solidarité institutionnelle par ses moyens d'intervention, on amorce un début de réponse.

CHAPITRE 9

LA SOLIDARITE INSTITUTIONNELLE

Depuis 1957, la Nouvelle-Calédonie est compétente en matière d'hygiène, de santé publique, de couverture sociale et d'aides sociales. En 1988, la loi référendaire des Accords de Matignon-Oudinot renforce cette compétence en l'élargissant à la santé, l'hygiène publique et la protection sociale. Cette compétence est confortée par l'Accord de Nouméa et l'article 22 de la loi organique du 19 mars 1999. Cette loi permet au congrès, à la demande des assemblées territoriales, de déléguer aux provinces l'adaptation et l'application de la réglementation en matière de santé, d'hygiène publique et de protection sociale (article 47,I,1°). Il peut également donner compétence aux provinces et aux communes pour prendre des mesures individuelles d'application des réglementations qu'il édicte (article 47, II).

Notre attention porte sur la compétence en matière de protection sociale. Au sens juridique, elle est définie comme « un dispositif complexe de prestations monétaires et de prises en charges matérielles qui tentent d'assurer à des individus ou à des groupes la satisfaction de besoins vitaux ainsi que la protection contre divers risques sociaux » (Borgetto et Lafore, 2009 : 71). L'organisation du système de protection sociale de la Nouvelle-Calédonie est proche de celui de la métropole. En tant qu'espace des Outre-mers français, les déplacements et l'installation des résidents métropolitains et des Calédoniens en métropole, ne relèvent d'aucune juridiction migratoire. Dès lors, un décret de coordination facilite le passage du régime calédonien au régime métropolitain (et vice versa) en cas de déplacements. La Nouvelle-Calédonie en disposant de son propre système général de protection sociale, établit un vaste projet d'intégration sociale par la redistribution des richesses entre les membres de la société. A ce titre, le système de protection sociale calédonien peut être comparé aux autres. Selon la typologie d'Esping-Andersen, trois systèmes de protection sociale existent : le modèle libéral, le modèle corporatiste ou continental et le modèle social-démocrate (Merrien 1996; Palier 2011). Tous tiennent compte de l'interaction entre les fonctions de l'Etat et celles de la famille et du marché économique. La Nouvelle-Calédonie, comme la métropole, se rapproche du modèle corporatiste ou continental. Il prend en compte les ressources familiales pour calculer la contribution aux organismes sociaux. Il se définit par une solidarité catégorielle c'est-à-dire au sein d'un même groupe social. Ainsi, les bien-portants paient pour les malades, les personnes en emploi paient pour les retraités et les chômeurs et les jeunes paient pour les plus âgés. Ce système maintient les différences de statut social puisqu'il repose sur les contributions salariales (cotisation et impôt). Il favorise la solidarité horizontale, la redistribution au sein d'un même groupe social, et la réduction des inégalités.

Dans ce chapitre, la protection institutionnelle et son renforcement par la signature du Pacte social sont d'abord présentés. Deux conséquences majeures sont ensuite analysées. D'une part, le renforcement de compétence et de responsabilité du territoire par rapport aux provinces. D'autre part, la construction d'une définition institutionnelle des pauvres en Nouvelle-Calédonie.

LE SYSTEME DE PROTECTION SOCIALE

La protection sociale s'organise en cinq branches. Elle est complétée par l'assistance sociale (légale et extra-légale) mise en œuvre par les instances institutionnelles et les associations. A l'issue de la signature du Pacte social, en 2000, trois branches du système de protection sociale ont été renforcées et une aide au logement a été créée.

Protection sociale et assistance sociale

Le gouvernement calédonien assure le suivi et la tutelle des organismes en charge de la protection sociale. Sous sa responsabilité, la CAFAT (Caisse des Allocations Familiales et des Accidents du Travail), instaurée en 1958, gère pour les salariés cinq régimes de protection : les accidents du travail et maladies professionnelles ; vieillesse et veuvage ; famille ; chômage ; et maladie, maternité, invalidité et décès. La CAFAT bénéficie d'une autonomie financière assurée par deux sources de financement. D'une part, les cotisations sur les revenus des salariés du privé et des fonctionnaires, ainsi que sur les revenus professionnels des travailleurs indépendants. D'autre part, les recettes d'origine fiscale qui reposent sur la Taxe de Solidarité sur les Services (TSS) et la taxe sur les tabacs et alcools. La première source de financement, en 2012, rapporte 108,6 milliards de F.CFP (910 millions euros), soit 88 % du budget CAFAT et la seconde 14,5 milliards de F.CFP (122 millions euros) (CAFAT, 2011). Depuis le 1er janvier 2010[1], la TSS est affectée à l'Agence Sanitaire et Sociale. Une convention financière entre la Nouvelle-Calédonie, l'Agence Sanitaire et Sociale (ASS) et la CAFAT, précise les modalités pratiques de financement que l'ASS allouera à la CAFAT. La protection sociale gérée par la CAFAT est un système d'assurance et de prestations sociales dû à la population au titre de droits sociaux. La redistribution s'effectue en fonction des besoins et des contributions salariales (impôts et cotisations). Les mutuelles (fonctionnaires, commerce, patentés libéraux et Nickel) et les assurances privées proposent, des couvertures complémentaires maladie, maternité et invalidité.

Le système de protection sociale est complété par l'assistance sociale en faveur des personnes qui n'ont pas cotisé, ou pas assez, pour bénéficier du système général. La Nouvelle-Calédonie fixe le cadre minimum d'action sociale légale, dont la mise en œuvre est confiée aux provinces[2]. Ce cadre est régi par la délibération n°49 du 28 décembre 1989 et s'organise autour de deux composantes. En premier lieu, l'aide sociale légale regroupe l'aide médicale, l'aide aux personnes âgées, aux infirmes et aux enfants assistés. Les montants de ces aides sont plus faibles dans le Nord et aux Iles Loyauté. Les responsables provinciaux justifient cette position par un besoin d'argent limité et régulé par l'économie domestique. Dès lors, il y a une volonté politique de ne pas déstructurer les solidarités familiales et claniques, ainsi que les hiérarchies, par l'introduction de ressources institutionnelles monétaires. En second lieu, l'aide sociale extra-légale concerne des situations particulières qui entrent dans les critères de l'aide sociale légale ; elle n'est pas un droit puisqu'elle est accordée sur des critères d'attribution plafonnés. Cette forme d'assistance revêt un caractère discrétionnaire puisque les aides qui s'y rapportent relèvent de la libre initiative des instances sociales. Les trois provinces, comme la CAFAT et les mutuelles, disposent d'un fonds d'action sociale pour accorder des aides sociales extra-légales.

---

[1] Loi de Pays 2010-3 du 21/01/2010 portant diverses dispositions d'ordre fiscales.
[2] Pour rappel, l'Etat selon l'article 181-III de la loi organique, participe au financement de la dotation budgétaire globale des provinces qui elles-mêmes sont en charge du financement de l'action sociale.

L'intervention au nom de la protection sociale et de l'assistance sociale s'empile à l'image d'un millefeuille. Par exemple les risques et les charges de la branche, maladie, maternité, invalidité et décès sont assurés par le RUAMM (Régime Unifié d'Assurance Maladie-Maternité) entré en vigueur le 1er juillet 2002. L'affiliation à ce régime de protection sociale est obligatoire pour les travailleurs salariés dont les fonctionnaires et les travailleurs indépendants. Les non-salariés à faibles ressources et les bas salaires, bénéficient de l'aide légale AMG (Aide Médicale Gratuite). Cette aide légale relève de la compétence provinciale et classe les bénéficiaires dans cinq catégories : personnes ne disposant d'aucune prise en charge (cat. A) ; personnes disposant d'une prise en charge (cat. B) ; anciens combattants, veuves de guerre, ministres du culte (cat. C) ; personnes atteintes d'une maladie sociale (cat. D) ; femmes enceintes ne relevant pas de la catégorie A ou B. Fin 2010, elle a représenté 55 000 bénéficiaires dans les trois provinces.

Par ailleurs, l'assistance sociale est également opérée par les communes qui financent des Centres Communaux d'Action Sociale (CCAS). Ce sont des établissements publics communaux, crées à l'initiative du maire de la commune. Ils bénéficient d'une personnalité juridique propre et sont administrés par un conseil d'administration dirigé par le maire de la commune. Selon le code de l'action sociale et des familles, le CCAS « anime une action générale de prévention et de développement social dans la commune en liaison étroite avec les institutions publiques et privées[3] ». Cette large disposition est encadrée par une délibération propre à chaque CCAS. Le territoire compte huit centres : trois pour le Grand Nouméa (Nouméa, Mont Dore, Dumbéa), une en zone rurale de la province Sud (Bourail), une sur la côte Ouest de la province Nord (Kaala-Gomen) et deux aux Iles Loyauté (Lifou et Maré). Les CCAS, comme les services sociaux des mairies, peuvent participer au soutien financier d'associations œuvrant dans le social. Par exemple en 2012 le CCAS de Nouméa participe au financement de six associations[4] qui s'inscrivent dans le dispositif CHRS (Centre d'Hébergement et de Réinsertion Social), dont l'objet est de lutter contre l'exclusion sociale. Il finance aussi deux organismes caritatifs (Saint-Vincent-de-Paul et le Secours Catholique) et des associations

---

[3] http://www.noumea.nc/solidarites/le-centre-communal-daction-sociale

[4] Les associations du CHRS sont : Accueil, Case départ, entraide sociale Foyer Béthanie, RAPSA (Réinsertion des Anciens Prisonniers dans une Société Accueillante), ACSMS (Association de Coopération Sociale et Médico-Sociale) et au CALM (Centre d'Accueil Les Manguiers).

œuvrant contre les violences faites aux femmes (dont Femme et Violences Conjugales et SOS-violences sexuelles). Au total, le CCAS de Nouméa finance une quarantaine d'associations, représentant 26 % de son budget de fonctionnement (CCAS de Nouméa, 2012). Les associations sont donc une autre manne de l'action sociale extra-légale. Elles compensent un dispositif légal d'assistance publique qui devrait assurer l'égalité des citoyens devant le droit, la qualité des prestations (formation et rémunération des personnels) et répondre à la conformité des infrastructures (investissement foncier). Selon Mathieu Hély, les associations sont de plus en plus nombreuses, elles sont plus souvent perçues sous la forme d'une entreprise (l'encadrement idéologique associé à un parti politique est beaucoup moins fort) et dispose d'une délégation du pouvoir public. Elles assurent un rôle de régulateur d'inégalité et d'intégration, ce qui implique un processus de professionnalisation de leurs compétences. Ce processus est caractérisé par la spécialisation, la professionnalisation du personnel, la dé-fédéralisation (la tête à Paris) et un gain d'autonomie (Hély, 2009).

Le renforcement de la protection sociale

Deux ans après la signature de l'Accord de Nouméa, en 1988, un mouvement social d'ampleur ralentissant l'activité économique et bloquant les déplacements de la population, a alerté les pouvoirs publics. Les revendications portaient sur une meilleure représentativité des syndicats dans le secteur privé, un contrôle de l'ingérence du politique dans les conflits et l'instauration d'un dialogue au sein du monde de l'entreprise ; soit une protection et une reconnaissance du statut de salarié. Ce mouvement social a abouti, en 2000, à la signature du Pacte social, défini comme « un processus de concertations nationales tripartites dans lesquels sont engagés les gouvernements, les organisations syndicales et les organisations patronales » (Direction du travail et de l'emploi, 2010 : 14). Il faudra plus d'un an et une quarantaine de réunions pour que le gouvernement, les organisations d'employeurs et onze syndicats[5] qui représentent 70 % des salariés du privé,

---

[5] Les syndicats signataires du Pacte sont : FP (la Fédération Patronale), FPM (Fédération des Petites et Moyennes entreprises), FANC (Fédération Artisanale de Nouvelle-Calédonie), USOENC (Union Syndicale des Ouvriers et Employés de Nouvelle-Calédonie), FS-FAOFP (Fédération des Syndicats des Fonctionnaires, Agents et Ouvriers de la Fonction Publique),

80 % des agents du secteur public, signent le document. L'absence de l'Union Syndicale des Travailleurs Kanak et des Exploités (USTKE) y est remarquée. Il dénonce les avancées sociales trop timides, un manque de débat et la stratégie du RPCR de redorer son blason avant les élections du gouvernement (LNC, 2000).

Les principaux objectifs du Pacte social sont la préservation de la paix sociale par la refonte des relations entre les partenaires sociaux et la bataille pour l'emploi. Son préambule énonce clairement que le développement économique et le progrès social sont indissociablement liés. Pour favoriser cette interaction, vingt mesures doivent permettre d'atteindre sept objectifs: la refonte des relations entre les partenaires sociaux ; la revalorisation des conditions de vie des plus défavorisés ; la création d'emplois ; la protection de l'emploi local ; la mise en place de la couverture sociale unifiée ; le maintien et l'amélioration du régime de retraite complémentaire et la préservation des intérêts vitaux de la Nouvelle-Calédonie. En 2010, le gouvernement calédonien considérait que la quasi-totalité des objectifs étaient concrétisés (Gouvernement de la Nouvelle-Calédonie, 2011). Notre attention porte uniquement sur les mesures qui ont modifié le système général de protection sociale et le système d'assistance géré par les provinces. Elles se ventilent en deux axes (Figure IX.1).

Premièrement, trois branches du système général de protection sociale ont été développées. Dans le champ de la santé, le projet de couverture sociale unifiée (Loi du pays n° 2001-016 du 11 janvier 2002) à tous les salariés est finalisé. Garantie par le RUAMM depuis le 1er juillet 2002, il couvre les salariés du privé, les fonctionnaires et les travailleurs indépendants ainsi que leurs ayants droit, des risques et des charges de la branche maladie, maternité, invalidité et décès du régime général de sécurité sociale. La mise en place de ce système a permis un accès aux soins beaucoup plus important qu'il ne l'était auparavant.

FMENC (Fédération des Métiers et Entreprises de Nouvelle-Calédonie), SCN (Syndicat des Commerçants Négociants), SENC (Syndicat des Eleveurs de Nouvelle-Calédonie), UTFONC (Union Territoriale Force Ouvrière de Nouvelle-Calédonie), YT-C.G.C (Union Territoriale de la Confédération Française de l'Encadrement), SLUA (Syndicat Libre Union Action).

FIGURE IX.1. EVOLUTION DE LA PROTECTION SOCIALE

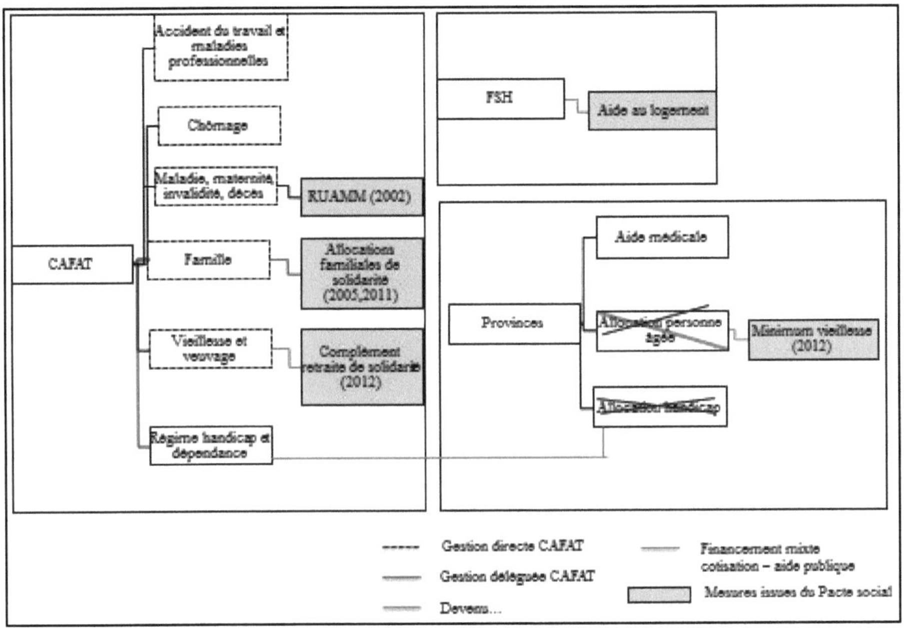

Le financement déficitaire du RUAMM a fait l'objet d'un plan global de redressement par le gouvernement à la fin de l'année 2011. Il comporte trois volets principaux. D'abord, la modification des assiettes (déplafonnement) et des taux de cotisations au RUAMM (Délibération n° 181 du 30/12/11). Ensuite les mesures sur les médicaments se ventilent en deux axes : la modification (baisse) du prix des médicaments (Arrêté n° 2011-2943 du 29/11/2011) et le remboursement des médicaments sur la base du tarif du médicament générique (Loi de pays 2012-5 du 2/05/12 et Délibération n°84 du 4/05/12). Enfin, la refonte de la filière des soins en Evasan (évacuation sanitaire), en cours de finalisation, a pour objet d'en réduire les coûts (Isee-Tec, 2012). Dans le champ de la famille, les trois allocations familiales, qui n'existaient jusqu'alors que pour les salariés, sont créées en faveur des plus défavorisés (Loi du pays n° 2005-4 du 29 mars 2005) : l'allocation prénatale, l'allocation de maternité et l'allocation de rentrée scolaire (dites allocations de solidarité). Elles soutiennent les familles pendant la grossesse (allocation prénatale), à la naissance de l'enfant (allocation maternité) et au cours de la scolarisation de l'enfant (allocation de rentrée scolaire), considéré comme un facteur de promotion sociale. Ces allocations ont permis d'identifier des populations qui ne disposaient jusque-là d'aucun dispositif d'aides sociales et qui n'étaient donc pas connues des services publics ou associatifs, telles que les femmes seules avec enfants (Gouvernement de la Nouvelle-Calédonie, 2009).

Dans le champ de l'assurance vieillesse, une double avancée est instituée. D'une part, les personnes qui ont cotisé au minimum cinq années au régime des retraites de la CAFAT peuvent prétendre au Complément de Retraite de Solidarité[6] (CRS). Cette aide est distribuée par le gouvernement. Elle vient compléter la retraite minimale de la CAFAT (31 950 F.CFP [270 euros] par mois) jusqu'à concurrence de 90 000F.CFP (750 euros) par mois. D'autre part, les personnes qui n'ont jamais cotisé ou moins de cinq années (qui n'ont donc pas ouvert de droits à la CAFAT au titre de la retraite), peuvent bénéficier du minimum vieillesse. Cette aide sociale reste financée et distribuée par les provinces. Elle éclipse l'allocation personne âgée, précédemment accordée au titre de l'aide sociale provinciale. Son montant a été harmonisé à l'ensemble des trois provinces. Aujourd'hui, une personne seule percevra 85 000F.CFP (710 euros) par mois au nom du minimum vieillesse. Auparavant, selon son lieu de résidence, elle aurait perçu mensuellement 25 000F.CFP (210 euros) aux Iles Loyauté, 30 000F.CFP (250 euros) dans le Nord et 50 000F.CFP (420 euros) dans le Sud.

Deuxièmement, une aide au logement (Loi du pays n°2007-4 du 13 avril 2007) destinée aux locataires est créée. Ce n'est pas un droit mais un soutien financier pour les locataires de leur habitation principale. Octroyée selon certaines conditions de ressources, selon la composition familiale et le montant du loyer, elle doit être utilisée pour le paiement du loyer ainsi que le règlement de la caution à l'entrée dans le logement. Elle est accordée selon les mêmes critères et distribuée sur un même montant, quelle que soit la province de résidence. Cette aide, en lien avec la mise en place du régime handicap et dépendance, puis des aides aux personnes âgées, peut également être versée aux retraités résidant en maison de retraite et aux étudiants. Pour la première

---

[6] Loi du pays n° 2006-13 du 22 décembre 2006, portant création du complément retraite de solidarité de la Nouvelle-Calédonie. Modifiée par la loi du pays n°2009-3 du 7 janvier 2009, par la loi du pays n°2010-3 du 21 janvier 2010 et par la loi du pays n°2011-7 du 28 décembre 2011.

fois, c'est une aide sociale qui est financée à la fois par les provinces, le gouvernement et le Fond Social de l'Habitat (FSH) au titre de collecteur de la cotisation payée par les employeurs privés sur les salaires (la part du FSH représente 2% au 1er janvier 2013).

En parallèle des mesures sociales issues du Pacte social, le gouvernement a instauré une allocation personnalisée aux personnes adultes en situation de handicap et de perte d'autonomie ainsi qu'un régime d'aide : à l'hébergement, à l'accueil de jour, à l'accompagnement de vie, aux familles pour les frais supplémentaire et au transport (Loi du pays n°2009-2 du 07 janvier 2009). Ces mesures territoriales supplantent l'aide provinciale, dont le montant était nettement plus faible, variable d'une province à l'autre, et sans continuité d'une province à l'autre en cas de déménagement. Cette évolution résulte des revendications du Collectif handicap de Nouvelle-Calédonie[7]. Elles portent sur l'alignement des mesures métropolitaines et une reconnaissance des droits de la personne handicapée qui passe par la participation sociale pleine et entière (accès à la culture, au sport, à l'éducation et au marché du travail) et une protection sociale.

LES CONSEQUENCES DU RENFORCEMENT DE LA PROTECTION SOCIALE

Le renforcement de la protection sociale, issue des mesures du Pacte social, tend à favoriser la responsabilité territoriale et à harmoniser le montant de l'aide entre les trois provinces. Cette évolution, lue à partir de l'ouvrage Les pauvres (Simmel, [1907], 2011) offre une définition institutionnelle des pauvres.

---

[7] Les lois relatives au handicap en métropole ont favorisé la création du Collectif handicap de Nouvelle-Calédonie, créé en 2004. Il a participé en 2007 aux Etats généraux du handicap en Nouvelle-Calédonie. Aujourd'hui on compte 25 associations qui sont regroupées sous ce collectif.

De l'aide provinciale à l'aide territoriale

Dans une perspective de destin commun, les pouvoirs publics doivent protéger la population des risques de la vie. Un canal de protection est l'instauration d'aides qui facilitent l'intégration des personnes qui n'arrivent pas ou plus au travers d'une activité professionnelle, à participer à la vie sociale, encourant des risques d'exclusion. L'évolution de la protection sociale et de l'assistance par le Pacte social, traduit une politique d'équité envers l'ensemble des résidents de la Nouvelle-Calédonie. Elle se décline en deux directions. Premièrement, elle glisse vers une échelle territoriale. Les aides provinciales en faveur de la famille et du handicap relèvent désormais de l'action publique territoriale, ne modifiant en rien le cadre légal minimum d'action sociale provinciale. Quant au minimum vieillesse provincial, il a été réévalué sur un même montant. Deuxièmement, les provinces participent au financement de l'action publique territoriale, à l'instar de l'aide au logement, distribuée selon les mêmes critères aux résidents des trois provinces. Cette aide sera perçue par un plus grand nombre d'individus, notamment de la zone urbaine. Cette démarche qui consiste à financer « un pot commun » social est innovante en Nouvelle-Calédonie. Pourquoi cette évolution porte-t-elle sur le logement ? Ce financement tripartite est une alternative à la clé de répartition budgétaire favorable aux provinces Nord et aux Iles Loyauté. Les dirigeants de ces provinces argumentent la nécessité de poursuivre le rééquilibrage selon les termes de l'Accord de Nouméa. Ceux de la province Sud souhaitent la modification de la clé de répartition budgétaire, en raison d'un nombre important de demandes de logement locatif social qui résulte des migrations des populations du Nord et des Iles Loyauté. En effet la demande de logement locatif social se concentre à Grand Nouméa. En 2011, la Maison de l'Habitat, en charge de recenser les demandes d'aide au logement, compte un total de 6 654 demandes, représentant 20 500 personnes. Ces demandes se ventilent de la manière suivante : 6 215[8] demandes concernent le Grand Nouméa, contre 300 pour le reste de la province Sud, 64 pour la province Nord et 75 pour les Iles Loyauté (Maison de l'habitat, 2011). Le faible nombre de demandes des

---

[8] Il existe quatre types de demande : la demande active (demande dont le dossier est à jour et complet), la demande créée (en cours d'année civile a été déposée par un demandeur), la demande renouvelée (renouvellement du dossier au cours de l'année écoulée en apportant les pièces justificatives nécessaires à son dossier, sa demande est alors active et renouvelée pour une année), la demande non renouvelée (le demandeur n'est pas venu renouveler son dossier depuis 12 mois, au-delà elle est dite archivée).

provinces Nord et Iles Loyauté, s'explique par une politique de l'habitat aidé qui priorise l'accession d'une maison individuelle. En province Nord, l'augmentation de la population, en lien avec le développement de l'usine Koniambo Nickel SAS (KNS), laisse présager une augmentation de la demande de logements locatifs sociaux.

Par ailleurs, la mise en place de l'aide au logement engendre deux effets. D'une part, elle participe à la baisse des loyers impayés. En 2011, le coût pour le FSH s'élevé à 117 milliers de F.CFP, soit 3 % de moins qu'en 2009 (FSH, 2012). D'autre part, elle permet aux personnes aux ressources les plus modestes de voir aboutir leur demande de logement social locatif. Entre 2009 et 2012, le nombre de dossiers d'aide au logement passe de 2 533 à 5 764 ; soit une augmentation de plus de 128 % pour un coût de 2,2 milliards de F.CFP (18 millions euros) correspondant à une hausse de 204 % durant la période (FSH, 2012). Cette évolution importante s'explique par des modifications de critères d'attribution, plus souples, opérées en 2010 et en vigueur l'année suivante. En province Sud, où se concentre l'essentiel du parc locatif social immobilier, pour l'ensemble des demandes, 57 % concernent une demande de loyer très aidé (LTA), destinée aux personnes les plus vulnérables dont les ressources ne dépassent pas 1,3 SMG, soit 195 000 F.CFP (1 630 euros). Cette proportion est dix points plus élevée qu'en 2009. Parmi ces demandes, on compte celles qui émanent des personnes qui vivent dans un habitat précaire, (un squat ou une cabane) : 402 demandes en 2011, soit 6 % de la demande totale. Cette proportion tend à diminuer : - 2 % en quatre ans (Maison de l'habitat, 2011). La principale explication est le relogement des squatteurs dans des logements sociaux et la mise en œuvre du plan de restructuration de l'habitat spontané. Il consiste à améliorer l'habitat actuel des squats selon le mode d'habitat océanien. Près des deux tiers des personnes qui vivent dans un habitat précaire sont des Mélanésiens ayant connu la vie en tribu, 19 % sont Wallisiens ou Futuniens et 17 % se déclarent Vanuatais, Tahitien, Européen ou d'une autre ethnie (TNS, 2008). A cet effet, la province Sud a obtenu une promesse de rallonge de 6,9 milliards de F.CFP (57 millions euros) au contrat de développement 2011-2015 pour la réhabilitation des squats. Cette nouvelle mesure de la politique de logement social de la province Sud est une alternative à la construction intensive de logements sociaux qui ne suffit pas à reloger les squatteurs. La dernière enquête sur les squats de 2008, mentionne que l'ensemble de la population concernée déclare avoir monté un dossier de logement social locatif (TNS, 2008).

Une catégorisation institutionnelle de la pauvreté

Selon Simmel, la catégorisation des pauvres existe car ses membres sont unifiés, non pas par leur interaction, mais parce qu'ils perçoivent une assistance de la société. Leur catégorisation est mouvante, liée à l'évolution de la société et aux normes sociales (Simmel, 1907, 2011). En Nouvelle-Calédonie, suite au renforcement de la couverture de protection sociale et de l'assistance, cette catégorisation peut se résumer en quatre critères empruntés à l'analyse de Serge Paugam (Paugam, 2005).

« Le partage des responsabilités entre l'Etat et les autres acteurs ». Dans le cas de la Nouvelle-Calédonie, le gouvernement assure la tutelle de la CAFAT qui est gérée par des instances paritaires (organisations patronales et syndicales), tandis que les provinces ont en charge la responsabilité de l'assistance sociale (aide légale et aide extra-légale) financée par le budget de fonctionnement. L'une des difficultés du système d'assistance sociale est le manque de cohérence entre les différents interlocuteurs (institutions provinciales, communales et associatives). Chacun élabore sa stratégie sans vraiment de concertation avec les autres collectivités.

« La définition administrative des personnes à prendre en charge » s'opère selon deux conceptions. Soit une définition unitaire, qui repose sur une homogénéisation des pauvres en les incluant dans une seule catégorie et sur des critères monétaires, tels qu'un revenu minimum garanti. Soit, une définition catégorielle qui organise l'assistance par catégorie de risques encourus, comme en Nouvelle-Calédonie. Cette définition présente l'avantage d'apporter des réponses individuelles. Sa limite, est qu'elle ne protège pas les personnes qui n'entrent pas dans une de ces catégories.

« La logique qui préside à la définition des aides » détermine à quel type d'aide la population assistée peut prétendre. Deux conceptions se distinguent en Nouvelle-Calédonie. La première répond à une logique de besoin, notamment alimentaire et de logement. La seconde, repose sur une logique de statut. L'indépendance économique octroyée par l'assistance permet aux plus vulnérables de participer à la vie sociale, par la consommation par exemple. De fait, elle régule les inégalités mais elle n'a pas vocation à modifier la hiérarchie sociale. L'aide reçue ne doit pas dissuader les assistés d'insérer le marché de l'emploi et ne doit pas modifier la hiérarchie sociale. L'assisté ne doit pas percevoir une aide plus élevée que celle du salarié le plus faiblement rémunéré. La solidarité entre les membres d'une société repose sur une relation inégale entre celui qui peut assister grâce à son travail et celui qui reçoit l'assistance. L'objet est donc de favoriser une société de semblable (et non d'égal) définie comme « une société différenciée, hiérarchisée donc, mais dont tous les membres peuvent entretenir des relations d'interdépendance parce qu'ils disposent d'un fonds de ressources communes et de droits communs » (Castel, 1999 : 34). Pour reprendre l'image de l'ascenseur utilisée par Robert Castel, l'assistance est le moyen pour que chacun s'élève en gagnant une marche de l'ascenseur.

En Nouvelle-Calédonie, « le mode d'intervention sociale » est bureaucratique. La réponse est formelle et immédiate, limitant le stigmate car la situation est traitée indépendamment de la situation de la personne. Le mode d'intervention est également individualisé. Il consiste à adapter la réponse selon la demande et la situation de la personne : le travailleur social s'immisce tant soit peu dans la vie de la personne.

Simmel va plus loin, en clarifiant la définition de la pauvreté par la relation d'assistance. Pour lui, une personne est pauvre en raison de l'assistance reçue ou lorsque sa situation nécessite une assistance. Un commerçant ou un artisan catégorisé par son activité salariale n'est pas pour autant prémuni contre la pauvreté : « ce n'est qu'à partir du moment où [les individus] sont assistés ou peut-être dès que leur situation globale aurait dû exiger assistance (…) qu'ils deviennent membres d'un groupe caractérisé par la pauvreté » (Simmel, 1907, 2011 : 98). En ce sens, pour Simmel, la pauvreté est une construction sociale dont la définition ne peut être limitée à une approche quantitative. Dans cette perspective, en Nouvelle-Calédonie, le déploiement de la protection sociale et de l'assistance définit les personnes fragilisées par l'âge (les enfants, les retraités) et par les conditions de santé (maladie, accidents du travail) comme pauvres car « assistés ». Pour saisir la portée de cette définition, on la confronte à notre profil de ménage pauvre construit à partir du seuil de pauvreté relatif. Lorsqu'il y a correspondance, un signe positif est notifié dans le tableau IX.1. A l'inverse un signe négatif signifie qu'il n'y a pas de mesure sociale qui se rapporte au profil des pauvres. Ce tableau est complété par deux aides relatives au logement et à la santé, qui ne peuvent être directement liées au profil des pauvres défini par l'enquête BCM.

TABLEAU IX.1. LE PROFIL DES MENAGES PAUVRES COMPARE AUX MESURES SOCIALES ISSUES DU PACTE SOCIAL

Profil des pauvres (BCM-2008)	Pacte social (protection sociale)	Correspondance
Personnes âgées	Complément retraite solidarité (CRS), Minimum vieillesse	+
Familles-enfants	Allocation familiale	+
Travailleurs pauvres		-
Chômeurs-inactifs		-
Logement	Allocation logement	+
Santé	RUAMM	+

Note : l'enquête BCM n'apporte aucune indication sur le handicap des enquêtés. Le régime handicap ne figure pas dans les mesures du renforcement de la protection social.

On note trois correspondances. La première, concerne les personnes âgées. Même si leur niveau de vie s'améliore entre 1991 et 2008, selon l'exploitation de l'enquête BCM, ils restent vulnérables face à la pauvreté. Leur niveau de vie devrait néanmoins s'améliorer par l'élévation du montant du minimum vieillesse et le complément retraite. La deuxième correspondance porte sur les familles comptant trois enfants au moins, plus souvent vulnérables face à la pauvreté, selon BCM-2008. Celles qui relèvent de l'aide médicale peuvent désormais compter sur les allocations familiales pour améliorer les conditions de vie de leurs enfants. Par contre, aucune avancée ne concerne les familles nombreuses affiliées à un régime obligatoire de la CAFAT (fonctionnaire, salariés…) disposant parfois de faibles ressources. La troisième correspondance porte sur le déploiement de la branche maladie, maternité, invalidité et décès du régime général de sécurité sociale par le RUAMM. L'emploi occupé par le chef de ménage ne prémunit pas forcément contre le phénomène de pauvreté. Le RUAMM protège un plus grand nombre de salariés précaires ainsi que leurs ayants droit. Enfin, sans lien direct avec les caractéristiques du profil des pauvres, l'allocation logement réduit les dépenses en logement des locataires les plus vulnérables, de la zone urbaine notamment.

Concernant, les travailleurs pauvres, les chômeurs et les inactifs, les mesures d'insertion professionnelle issues du Pacte social reposent sur le déploiement de la formation. Dans cette perspective, l'Institut pour le Développement des Compétences (IDC) ainsi que son Observatoire de l'emploi, ont été mis en place pour veiller, entre autre, à l'adéquation entre l'offre d'emploi et les formations, ainsi qu'à l'adaptation des dispositifs de formation relatifs aux métiers de la filière minière. De plus, la loi sur la protection de l'emploi et des revalorisations relève le SMG de 77 585 F.CFP (650 euros) à 150 000 F.CFP (1 260 euros) par mois, entre 2000 et 2012. D'autres mesures, comme la réduction dégressive des cotisations patronales et la création d'une commission en charge du dialogue social, résultent des négociations du Pacte social. Pourquoi les mesures sociales ne se sont-elles pas concrétisées par une allocation ou une aide sociale ?

Deux raisons peuvent être avancées. L'économie calédonienne n'est pas en crise. En 2009, son taux d'emploi se rapproche de celui de la métropole et en vingt ans, il s'est accru de 75 % correspondant à un accroissement annuel moyen de 2,8 %. A cette date, le taux de chômage, qui s'élève à 14 %, est à un niveau supérieur à la moyenne métropolitaine, mais deux fois plus faible que dans les départements d'outre-mer. Au même titre que dans la France des années soixante, les pauvres relèvent plus souvent des instituts qui se chargent de ceux qui ont un niveau de vie moindre que le reste de la population, mais ils restent définis par une position ou une activité spécifique qui fait qu'il n'existe pas de catégorie de pauvres ; « de ce fait la pauvreté ne renvoie pas à un groupe distinct ne rendant pas compte d'un problème différent de celui des inégalités » (Paugam, 2002). De plus, le taux de chômage en Nouvelle-Calédonie s'explique par une inadéquation entre la formation des chômeurs (et inactifs dans une moindre mesure) et les offres d'emploi. Cette explication est clairement présentée par les Calédoniens qui ont participé à l'atelier 2 du Schéma de la Nouvelle-Calédonie 2025. Cet atelier a été présidé par Philippe Martin, directeur de l'IDC-Nouvelle-Calédonie, (Gouvernement de la Nouvelle-Calédonie, 2009).

La dimension « culturelle » est mise en avant dans les conclusions du volet 4 relatif au développement économique, du travail et des identités culturelles de l'atelier 5. Cet atelier, présidé par l'ethnologue Patrice Godin, stipule que la représentation culturelle de la finalité du travail est le profit pour l'économie marchande. Alors que c'est le bien-être de la communauté et une vision à court terme de l'activité professionnelle pour l'économie domestique. Cette dichotomie apparente s'explique, selon les participants à l'atelier, par deux points complémentaires. En premier lieu, les chefs d'entreprises hésitent à embaucher et à investir dans la formation de salariés kanak, en raison de leur absentéisme et de défections inopinées. D'autres caractéristiques, telles que le manque d'autonomie, d'adaptabilité, le sens des responsabilités ou les difficultés à assurer la cadence au travail (horaires, délais…), sont également citées par les participants de l'atelier. Ils stipulent également que les Kanak, et plus largement les Océaniens, perçoivent l'activité issue de l'économie marchande comme une contrainte à la pluriactivité de l'économie domestique. Cette description très binaire, stigmatise les salariés kanak et océaniens. Le stigmate est entendu comme une construction par et dans le regard de l'autre, parce qu'il s'écarte de la norme de l'économie marchande. En second lieu, les participants à l'atelier ont mentionné la nécessité de poursuivre le rééquilibrage socio-économique en brousse (rural et tribu). Six propositions sont exposées : développer la taille et la structuration des entreprises de brousse pour répondre à une demande territoriale ; développer l'accès aux moyens de communication moderne (téléphone fixe, internet, ADSL…) pour faciliter la connaissance des rouages de la société capitaliste et faire connaître ceux de la société domestique ; développer les transports aériens et maritimes ; développer l'accessibilité aux facteurs de production pour déployer les actions de développement économiques (accès au foncier privé ou coutumier, au prêt bancaire et à des formations techniques…) ; développer des formations en faveur des jeunes Kanak non diplômés avec des programmes plus professionnalisant, moins théoriques et scolaires ; développer des modèles d'entreprenariat qui combinent les deux systèmes économiques. Cette dernière proposition est suivie de deux cas de figure de l'aménagement du temps de travail.

Le premier porte sur la capacité des salariés kanak à organiser collectivement, les exigences coutumières et salariales. « L'expérience conduite à Lifou par un jeune couple kanak montre que la coutume n'était pas obligatoirement un frein au développement économique, et notamment qu'il était possible de concilier fonctionnement et rentabilité des entreprises avec le respect des choix de vie des salariés en leur donnant la possibilité d'exercer à la fois un travail salarié et leur travail de coutume.(…) Le commerce du couple fonctionne avec des salariés à temps partiel, qui peuvent donc ainsi concilier travail « monétarisé » et travail coutumier. Les avantages pour les salariés : ils peuvent vivre correctement avec leur salaire et maintenir parallèlement leurs cultures vivrières, les soins à leur bétail, leur engagement coutumier. Le temps partiel permet aussi de prendre du repos. Le congé prend alors tout son sens. La contrepartie est que, pour réussir, les salariés doivent organiser entre eux le temps partiel pour assurer une présence constante par roulement sur le lieu de travail. Il faut aussi recruter des salariés originaires de lieux différents afin d'éviter qu'un même événement coutumier concerne l'ensemble des salariés au même moment ». Le deuxième cas de figure, vise les personnes qui assurent un poste à responsabilité. « Le rang coutumier ne doit pas interférer sur le lieu de travail salarié, la règle est précisée à l'embauche. Il y a deux petits chefs dans l'entreprise du BTP, souvent sollicités coutumièrement, et avec lesquels le jeune chef d'entreprise a négocié pour que le travail coutumier soit fait le soir. Le recrutement pour l'entreprise BTP se fonde sur la relation de confiance (primes de responsabilité) et l'annonce de la forte probabilité de mobilité (chantiers sur Ouvéa et Maré).»

INTEGRER LES PAUVRES « GRÂCE À » L'ASSITANCE

La formation est une solution institutionnelle pour sortir les travailleurs pauvres, les chômeurs et les inactifs de la précarité financière. En Nouvelle-Calédonie, l'offre de formation, initiale et continue, est construite de façon à favoriser l'intégration à l'économie marchande, sans prendre en compte les rouages de l'économie domestique. Dès les années 90, Jean Freyss a critiqué les dispositifs de formation qui octroient une faible rémunération. Il a dénoncé « l'effet d'éviction » du système domestique, selon la logique des « vases communicants ». C'est-à-dire qu'il y a un déplacement du système domestique vers l'univers « moderne », « mais par assèchement progressif du premier, sans véritable développement du second » (Freyss 1995 : 299). Pour appuyer ses propos il a pris comme exemple, les JSD (Jeune Stagiaire du Développement) financés par les contrats de développement. Ce type de formation a consisté à attribuer à un jeune âgé de 18 à 26 ans une rémunération de 50 000 F.CFP (420 euros) par mois durant leur stage. Selon Freyss, cette rentrée d'argent provoque un découragement en termes de production domestique du reste de la famille ou un comportement attentiste envers un membre de la famille, source de revenu provisoire et faible. D'autres types de formation s'inscrivent dans cette logique, par exemple le Service Militaire Adapté (SMA) destiné aux jeunes volontaires en difficulté scolaire ou en insertion professionnelle. Une autre grille de lecture de ce type de formation est appréhendée par les travaux de Simmel. Elle consiste à analyser les liens qui attachent les pauvres à la société, comprise comme un tout, par l'assistance reçue. Les pauvres, occupent ainsi une place sociale en étant, dans et non pas en dehors, de la société. Cette position réfute l'idée, voire le fantasme, que cette catégorie n'a aucune utilité sociale et peut être néfaste pour l'ensemble de la société. D'ailleurs, les pouvoirs politiques indépendantistes des Iles Loyauté, ont instauré, en 2000, un type de formation, au travers du Revenu pour l'Insertion des Loyauté (RIL). Ce dispositif, destiné aux demandeurs d'emploi âgés d'au moins 18 ans, vise à acquérir une expérience professionnelle ou à développer un projet économique. Le contrat RIL, engage à 32 heures de travail hebdomadaire et il est renouvelable tous les trois mois à concurrence d'une année. Une personne seule percevra durant son stage une allocation équivalente à 50 % du SMG. Si elle n'est pas embauchée à l'issue de son expérience professionnelle, elle peut bénéficier du chômage pendant neuf mois. Cette mesure n'est pas développée dans les autres provinces. Le RIL financé dans le cadre des projets de développement avec l'Etat, rappelle les modalités de fonctionnement du RSA socle. En raison de son statut, la Nouvelle-Calédonie n'est pas tenue d'aligner les mesures de prestations sociales à la métropole. La principale explication est que la territorialisation de ce type de formation, garantissant un revenu minimum, peut déstructurer la société domestique et la société dans son ensemble qui repose sur un système économique hybride. A titre de comparaison, en 1989 à l'île de La Réunion, seuls 2 % des Réunionnais sont connus des services sociaux. En 1991, 66 % des allocataires réunionnais perçoivent le revenu minimum d'insertion, date de sa mise en place. Le RMI a été un révélateur de pauvreté même si « cette relative méconnaissance du niveau de pauvreté réunionnais a aussitôt été expliquée par la vivacité des solidarités familiales et communautaires qui agissent alors tel un filet de sécurité au profit des plus démunis » (Roinsard, 2007 : 95). Si le volet minimum de ressources a été un « souffle de protection sociale », le volet insertion s'est heurté au chômage de masse réunionnais (Roinsard, 2007 : 94). Or, en Nouvelle-Calédonie, tout l'enjeu politique est de ne pas mettre en péril l'équilibre social à l'approche de la mise en place du référendum d'autodétermination. L'exercice est difficile puisqu'il faut, à la fois, répondre aux attentes des Calédoniens de vivre dignement dans une économie marchande, système de référence, sans mettre en péril le système domestique kanak. Les mesures issues du Pacte social ne font d'ailleurs pas l'unanimité au sein de la société calédonienne. Des travailleurs sociaux de la province Nord, lors de nos entretiens exploratoires, ont félicité les avancées quant à la prise en charge des plus âgés ou des personnes handicapées. En revanche, ils ont été plus critiques quant à la forme de l'aide. L'argent, au lieu d'être distribué sous forme d'allocation, aurait pu financer des services à domicile en brousse (services de livraison de repas, aide-ménagère, infirmière à domicile….). Cela pourrait compenser, notamment, le dépérissement, voire la perdition, de la solidarité familiale (voire domestique) liée aux départs de certains, attirés par les lumières de la ville (côte est et zone urbaine).

CHAPITRE 10

COHESION SOCIALE ?

Ce chapitre conclut notre démonstration par une synthèse de nos résultats et une qualification de la forme de pauvreté en Nouvelle-Calédonie selon la relation d'interdépendance entre la population désignée comme pauvre et le reste de la société. Il se poursuit par deux pistes de réflexions : l'une consiste à repenser le rééquilibrage économique, l'autre porte sur la construction d'un rééquilibrage au-dehors du caillou. Avant de voir ces différents points, rappelons notre problématique : dans quelle mesure la structure de consommation des pauvres est-elle révélatrice d'un modèle d'intégration sociale ? Dans la lignée des travaux de Durkheim, l'intégration est définie comme la participation à la vie collective par l'activité économique, l'apprentissage des normes de consommation ou encore des échanges avec les membres de la société et les institutions. Cette forme d'intégration est le moyen pour les individus de participer à la création d'un système de valeurs et de normes sociales.

UN MODELE D'INTEGRATION SOCIALE DES PAUVRES

Les principaux résultats

Les inégalités post-coloniales, à l'encontre des Kanak, sont dénoncées par les Indépendantistes dès les années 70. Les Accords de Matignon-Oudinot en 1988, offrent une solution pour déconstruire ce rapport inégalitaire à la fois économique, politique, culturel et social, par la mise en place d'une politique dite de « rééquilibrage ». Elle s'apparente à une politique de développement qui s'appuie sur l'organisation du territoire en trois provinces disposant de larges compétences. Leur délimitation géographique calque la répartition de la population issue de l'époque coloniale : les populations du Nord et des Iles Loyauté se déclarent, respectivement à 78 % et 98 % kanak. Cette proportion s'élève seulement à 25 % en province Sud. Les provinces sont un outil politique, permettant aux Indépendantistes, à la tête des provinces Nord et Iles Loyauté, d'impulser des mesures de développement local viables, c'est-à-dire en adéquation avec le système domestique kanak. Cette politique est reconduite en 1998 par la signature de l'Accord de Nouméa. Il planifie également le transfert de compétences de l'Etat à la Nouvelle-Calédonie et reconnaît l'identité kanak. Ces deux dimensions renforcent le processus de décolonisation amorcé dix ans plus tôt. Elles marquent une logique d'intégration de la population autochtone et allochtone à un « destin commun » en devenir et traduisent le glissement d'une responsabilité partagée à la réussite du rééquilibrage entre la Nouvelle-Calédonie et l'Etat vers une responsabilité uniquement locale.

Selon les recensements de la population de 1989 et de 2009, le rééquilibrage quantitatif est amorcé. En vingt ans, il y a un plus grand nombre de Kanak diplômés et insérés dans le marché de l'emploi. Cette évolution est illustrée par l'accès au baccalauréat (toutes filières confondues), diplôme nécessaire pour poursuivre des études supérieures. En 2009, un non Kanak a cinq fois plus de chance d'obtenir son baccalauréat. Ce rapport s'élevait à 12,5 vingt ans plus tôt. Par contre, le rééquilibrage quantitatif ne s'accompagne pas d'un rééquilibrage qualitatif. En règle générale, la population Kanak détient un niveau de diplôme et une qualification d'emploi moindres que la population non kanak. Ainsi, en 2009, un non Kanak a autant de chance qu'un Kanak (*odd ratio* s'élève à 1,5) d'obtenir un baccalauréat technologique ou professionnel. Mais le rapport de chance est bien plus élevé pour l'obtention d'un baccalauréat général : 4,8.

Les conséquences de la mise en œuvre du rééquilibrage se déclinent en deux temps. En premier lieu, le rééquilibrage accélère le changement social du système domestique kanak, analysé selon cinq thématiques : les mutations du monde tribal et rural ; les nouvelles formes de revendications, qui combinent travail, environnement et autochtonie ; le rôle des femmes kanak dans le changement social de la Nouvelle-Calédonie ; l'établissement de nouvelles institutions et d'une citoyenneté selon les accords (1988 et 1998) ; le déploiement de « Kanak urbanisés » depuis la moitié du XXe siècle. En second lieu, le rééquilibrage modifie le rapport inégalitaire revendiqué à la veille de la signature des Accords de Matignon-Oudinot. Il repose moins sur une dimension ethnique, (Kanak par rapport aux non Kanak) que sur une logique d'exclusion (ou d'intégration) à l'économie marchande. D'ailleurs, les mouvements sociaux de lutte contre la vie chère en Nouvelle-Calédonie, montrent que ce n'est plus seulement l'accès à l'économie marchande et, plus largement, au système capitaliste qui sont revendiqués mais la possibilité de vivre dignement (accès à un logement décent, acheter des produits alimentaires, se motoriser…) par et dans ce système. Dans cette perspective, la persistance des inégalités est saisie par les écarts de niveau de vie provinciaux, selon l'enquête Budget Consommation des Ménages (BCM). En 2008, le niveau de vie médian de la population de la province Sud s'élève à 173 000 F.CFP (1 450 euros) par mois et par Unité de Consommation. Ce montant est quatre à six fois plus élevé que le niveau de vie médian des ménages du Nord et des Iles Loyauté. Ces inégalités s'expliquent principalement par des revenus du travail bien plus importants en province Sud. Les inégalités infra provinciales sont saisies par le rapport inter-décile. Ainsi, aux Iles Loyauté le montant du niveau de vie des plus riches (D9) est 13,2 fois plus important que celui des plus modestes (D1). En province Nord ce rapport s'élève à 7 et en province Sud, à 6,4. En près de vingt ans seul le rapport de la province Nord a diminué. Signe d'un rééquilibrage économique, la construction de l'usine KNS a favorisé un dynamisme des emplois tant au niveau des infrastructures que de la voirie ou du foncier. Enfin, les prestations sociales régulent les inégalités de niveau de vie entre les plus riches et les plus modestes, surtout aux Iles Loyauté et dans le Sud. Alors que dans le Nord, ce sont les ressources non monétaires qui réduisent le plus les inégalités. Le recours à ces deux types de ressources est caractérisé selon la Théorie du Changement et de la Réponse (TCR) comme une réponse des ménages à leur faible niveau de vie. Le recours au non monétaire est une réponse « héritée-préférée » parce qu'ancrée dans l'ethos, la culture, la manière d'être et de faire. L'imbrication des ressources non monétaires et monétaires (dont les prestations sociales) est une réponse hybride entre les systèmes économiques des sociétés domestique et capitaliste. Selon la typologie de la TCR, elle est qualifiée de réponse « orientée ». Elle est favorisée, voire construite, par les acteurs institutionnels et politiques par le rééquilibrage.

Notre attention s'est portée sur les plus vulnérables, c'est-à-dire ceux qui n'ont pas profité du rééquilibrage, économique notamment. Par construction statistique, ils peuvent être définis comme pauvres parce qu'ils vivent en dessous du seuil de pauvreté, établi selon l'enquête BCM, à 72 000 F.CFP (600 euros) par mois et par Unité de Consommation. Ainsi, en 2008 17 % des ménages calédoniens sont concernés par le phénomène de pauvreté. Un ménage de la province Nord à 4 fois plus de chance d'être pauvre qu'un ménage de la province Sud. Ce rapport s'élève à 6 entre les Iles Loyauté et le Sud. En près de vingt ans, le phénomène de pauvreté s'est particulièrement développé en zone urbaine. Entre 1991 et 2008 le taux de pauvreté a augmenté de 7 % à 9 %. Outre le lieu de résidence, la position du chef de ménage est un critère déterminant de l'exposition à la pauvreté. Les ménages dont le chef de ménage est sans emploi sont plus vulnérables que ceux qui occupent un emploi. Pour autant, si l'emploi protège il ne prémunit pas totalement contre la pauvreté, notamment dans le Nord et les Iles Loyauté. La structure du ménage et le nombre de personnes qui le composent sont d'autres facteurs d'exposition à la pauvreté. Ainsi, les familles nombreuses, comptant au moins trois enfants, et les ménages complexes sont plus vulnérables que les couples avec deux enfants.

En dépit de faibles ressources, dans quelle mesure les pauvres sont-ils intégrés à la société calédonienne ? Les pauvres vivent d'un système de consommation hybride faisant appel aux rouages de l'économie marchande et domestique. Cette spécificité est saisie en comparant la structure de consommation des pauvres à celle des Calédoniens dont le niveau de vie est au-dessus du seuil de pauvreté, puis par la structure de consommation selon le lieu de résidence des pauvres. Ce système hybride, analysée par la théorie des liens sociaux de Serge Paugam, met en évidence une logique d'intégration qui repose sur un mécanisme de compensation du lien filiation-électif par le lien de citoyenneté (et vice versa). Ce mécanisme assure un équilibre avec le lien organique dont l'imbrication s'impose au travers de l'exploitation de l'enquête BCM. Pour autant, le système de consommation hybride des pauvres traduit une intégration sociale inégale ou partielle au système marchand. En effet, le mécanisme de compensation traduit une intégration en demi-teinte au système capitaliste et, de fait, une fragilisation de l'identité sociale des plus vulnérables. Seule la dépense pour le logement révèle une imbrication des liens, par des dépenses engagées *grâce* (lien de citoyenneté) à l'intervention institutionnelle *auprès* (lien filiation-électif) des Calédoniens à faible ressource, résidant en tribu ou en zone urbaine. La principale explication est la prise en compte des spécificités des systèmes domestique et capitaliste pour construire la politique sociale du logement. Ainsi, le logement social aidé s'organise en deux temps. D'une part, le logement locatif aidé de l'agglomération de Nouméa permet aux ménages d'acquérir, d'améliorer ou d'accéder à un logement. D'autre part, en zone tribale et rurale, l'aide porte sur l'accession d'une maison individuelle à la propriété, tenant compte de l'architecture locale, de l'organisation tribale et clanique de l'espace.

Le dépenser *grâce* peut-il supplanter le dépenser *pour* ou *auprès de* ? Pour répondre à cette question nous avons présenté le système de protection sociale en Nouvelle-Calédonie et son évolution depuis la signature du Pacte social en 2000. Le territoire dispose de son propre système de protection sociale. Il s'organise en cinq branches : les accidents du travail et maladies professionnelles ; vieillesse et veuvage ; famille ; chômage ; et maladie, maternité, invalidité et décès. Il est complété par l'assistance sociale, constituée de l'aide légale et de l'aide extra-légale, mise en œuvre par les instances institutionnelles et les associations. Depuis 2000, deux conséquences majeures se dessinent. La première est le renforcement des compétences et des responsabilités du territoire par rapport aux provinces. La seconde est la construction d'une définition institutionnelle des pauvres en Nouvelle-Calédonie. En comparant les caractéristiques sociodémographies des assistées au profil des pauvres de l'enquête BCM, on constate que les travailleurs pauvres, les chômeurs et les inactifs, ne sont pas protégés en Nouvelle-Calédonie par une allocation ou une aide sociale. Le Pacte social a prévu pour cette frange de la population, entre autre, de consolider le volet formation, pour favoriser leur insertion professionnelle. A ce titre, les conclusions des ateliers du Schéma de la Nouvelle-Calédonie (NC2025) relatent des expériences professionnelles qui tiennent compte des obligations liées aux deux économies en présence dans le territoire.

Passons à une analyse qualitative de la pauvreté en Nouvelle-Calédonie. Elle dépend de la relation d'interdépendance entre la population désignée comme pauvreté et le reste de la société. Elle se termine par la présentation de deux pistes de réflexion pour repenser le rééquilibrage économique : l'une à partir d'une meilleure appréhension socio-économique du système hybride ; l'autre, par le déploiement d'un rééquilibrage économique au-dehors des frontières du territoire.

Une pauvreté intégrée portant les signes d'une pauvreté marginale

Dans notre démonstration, la théorie des liens sociaux de Serge Paugam a permis de définir un modèle d'intégration social propre aux ménages calédoniens les plus vulnérables. Dans le cadre de sa théorie il détermine trois formes élémentaires de la pauvreté correspondant « à un type de relation d'interdépendance entre une population désignée comme pauvre – en fonction de sa dépendance à l'égard des services sociaux – et le reste de la société » (Paugam, 2005 : 88). En Nouvelle-Calédonie, le renforcement de la politique sociale depuis la signature du Pacte présage une modification du rapport d'interdépendance entre la société et la population désignée comme pauvre. On évoluerait d'une forme de pauvreté intégrée à marginale.

La pauvreté intégrée est liée, dans les représentations collectives, à la pauvreté de la région et de l'ensemble du système social. Puisque les « pauvres » ne forment pas une *underclass*, au sens anglo-saxon, mais un groupe social étendu, ils ne sont pas non plus fortement stigmatisés. Leur niveau de vie est bas, mais ils restent fortement insérés dans des réseaux sociaux organisés autour de la famille, du quartier ou du village. Par ailleurs, même s'ils peuvent être touchés par le chômage, celui-ci ne saurait, en lui-même, leur conférer un statut dévalorisé. Il est, en effet, le plus souvent compensé par les ressources tirées de l'économie parallèle. Ces activités jouent aussi un rôle intégrateur pour tous ceux qui s'y adonnent » (Paugam, 2005 : 90). Les solidarités familiales dans cette forme élémentaire de la pauvreté assurent à l'individu (le « je ») de trouver sa place dans la société (le « nous ») rendant la pauvreté plus diffuse. Elle pénètre moins la conscience individuelle et peut s'amoindrir plus facilement au sein du groupe, notamment par la pratique religieuse. Selon Paugam, cette dernière favorise l'appartenance à la « communauté locale des pauvres » qui fait que la pauvreté est intériorisée socialement et religieusement (Paugam, 2005 : 124). En Nouvelle-Calédonie, cette intériorisation de la pauvreté peut s'expliquer par les résidus du colonialisme. L'époque coloniale constitue la genèse de la structure sociale où l'exploitation et la domination de la population autochtone se sont traduites par une insertion inégale à l'emploi. La littérature relative au colonialisme et à l'esclavagisme comme facteurs explicatifs de phénomènes sociaux et démographiques est riche. Par exemple, pour Yves Charbit une interprétation de la matrifocalité dans la Caraïbe est l'héritage de l'esclavage en matière de nuptialité et de structures familiales (Charbit, 1987). Pour Roinsard, la société de plantation créole réunionnaise instaurée à l'époque coloniale est un élément d'explication au rapport à l'emploi aujourd'hui dans ce département français (Roinsard, 2007).

Pour autant le renforcement de la protection sociale calédonienne laisse présager un glissement vers une pauvreté marginale. Cette forme de pauvreté s'inscrit dans un contexte marqué par la croissance économique et le déploiement des transferts sociaux. Elle noie la question de la pauvreté dans le débat social du partage de la richesse économique et de la redistribution. Elle réduit la visibilité du phénomène de pauvreté et associe les pauvres aux résidus du changement social qui ne s'adaptent pas aux normes sociales et économiques. Cette forme élémentaire de pauvreté caractérise la métropole au temps des Trente Glorieuses ainsi que l'Allemagne, la Suisse ou encore les pays Scandinaves d'aujourd'hui. Concernant la Nouvelle-Calédonie, le glissement vers ce type de pauvreté en raison du renforcement de la politique sociale, se déclinent en deux conséquences. D'abord, le déploiement de l'aide sociale est une autre modalité du changement social du système domestique kanak. Plus l'individu est protégé par l'assistance sociale plus il est indépendant des sphères familiales, du voisinage ou de la tribu. Le déploiement de cette autonomie implique la multiplication des identités de l'individu et donc la multiplication des liens qui le rattachent à la société. Ainsi, le déploiement de prestations sociales risque de déstructurer le système domestique (comportement individualiste, déstructuration des tribus, affaiblissement des liens familiaux, recul de la production agricole…) dont l'enjeu doit être saisi dans un contexte démographique caractérisé par le vieillissement de la population calédonienne. Ensuite, une caractéristique de la pauvreté marginale est qu'elle concerne une faible proportion de la population, ne remettant pas en question l'équilibre et le fonctionnement économique et social du territoire. En ce sens, ils ne sont pas une priorité politique parce que les pauvres sont numériquement faibles. Cela est un point de divergence avec la Nouvelle-Calédonie. En effet, le taux de pauvreté relatif place le caillou en milieu de classement de l'Outre-mer français et de la France métropolitaine. On distingue trois poches de pauvreté : les Iles Loyauté et le Nord caractérisées par le système domestique, ainsi que la zone urbaine archétype de l'économie marchande. Cette spécificité associée au renforcement de la protection sociale peut favoriser la stigmatisation des plus vulnérables. Ce point est d'autant plus prégnant que la culture du travail en Nouvelle-Calédonie est associée au labeur de l'exploitation agricole et minière, où le mérite résulte de la force de travail physique. De plus, la population autochtone ne constitue pas un groupe homogène face au système marchand et plus spécifiquement au marché de l'emploi. La frange de la population kanak, parce que « intégrée » au système marchand, peut indirectement participer à la stigmatisation de celle qui n'est pas intégrée.

PERSPECTIVES

Repenser le rééquilibrage économique

En Nouvelle-Calédonie le régime de l'indigénat est bel et bien entériné. Aucune juridiction n'empêche les Kanak d'accéder à des lieux[62] ou à des emplois. Une politique de rééquilibrage instaure des mesures favorables à l'intégration des Kanak au système dominant (une école calédonienne et des mesures discriminatoires par exemple). Pour autant les inégalités économiques restent plus fortes pour la population résidant en province Nord et Iles Loyauté, majoritairement Kanak. Le rééquilibrage, économique notamment, posé selon les accords (1988 et 1998) doit entrer dans une nouvelle ère. Les participants de l'atelier cinq du Schéma d'aménagement de la Nouvelle-Calédonie 2025, identifient quatre orientations qui peuvent servir de postulat à une réflexion sur un nouveau projet de rééquilibrage économique.

La première consiste à simplifier et à adapter les règlements aux caractéristiques locales. La deuxième porte sur la refonte de la fiscalité. L'activité coutumière pourrait rentrer dans les calculs fiscaux puisqu'une importante part d'un salaire peut être reversée pour la coutume. Les participants de l'atelier mentionnent également que les dépenses engagées dans le cadre des solidarités intergénérationnelles pourraient être prises en compte pour des allégements fiscaux. Deux exemples sont présentés : lorsqu'un enfant part pour effectuer des études en métropole et la prise en charge des plus âgés par la famille. A ce titre, selon l'enquête à domicile, auprès des 65 ans et plus en Province Sud, l'aide familiale est une nécessité pour que les personnes dépendantes restent vivre chez elles. Elles sont définies par leur incapacité à effectuer des gestes du quotidien (se laver, s'habiller, se nourrir). Dans ce cas de figure, les membres de la famille sont sollicités pour l'alimentation et les déplacements extérieurs. Les professionnels de l'aide aux personnes âgées interviennent pour la toilette et l'habillage (Broustet, 2013).

---

[62] La commission racisme et discrimination de la Ligue des droits de l'homme a engagé des poursuites contre les gérants de discothèques « branchées » de la baie des Citrons, à Nouméa, pour discrimination (négative) envers les Kanak. A ce sujet, lire l'article du quotidien local, « Le racisme mis en boîte » (LNC, 2012).

La troisième orientation concerne le code du travail et des règles d'entreprise à repenser. Ainsi le travail au champ, dans le cadre de la société domestique, devrait être considéré comme un travail salarié nécessitant l'instauration d'assurances, de protection maladie et de retraite. Dans la même veine, les contrats de travail pourraient être repensés et offrir une souplesse à la cohabitation des deux économies en présence en Nouvelle-Calédonie. La quatrième orientation porte sur la mise en place d'outils d'évaluation de projet de développement économique pouvant expliquer les échecs et les réussites d'un projet de développement. Une autre proposition est d'orienter les projets de développement économique sur la pluriactivité qui est au fondement de la pratique de l'économie domestique.

La mise en œuvre de ces propositions relève d'une volonté politique et d'une réflexion interdisciplinaire de sociologues, anthropologues et d'économistes. La concrétisation de ces mesures serait le moyen de reconnaître un troisième système, hybride, à la croisée de l'économie marchande et domestique. Dans cette perspective, il faut disposer d'informations plus fines pour mesurer et définir les contours de ce système hybride. Nous faisons trois propositions d'enquête. En premier lieu, la mise en place d'une enquête emploi. Pour la Nouvelle-Calédonie, l'intérêt d'une telle enquête est de calculer le taux de chômage au sens du BIT, qui offre une image plus précise que le taux de chômage au sens du recensement et de fournir des statistiques sur l'emploi, le sous-emploi, l'activité et les situations proches du chômage (*halo* du chômage). L'Insee organise et finance ce type d'enquête, nommée « Enquête emploi en continu », en métropole et dans les Dom. Elle s'inscrit dans les enquêtes Labour Force Survey de l'Union Européenne et vise à observer de manière structurelle et conjoncturelle la situation des personnes sur le marché de l'emploi. Les questions portent sur la situation de la personne face au marché de l'emploi (activité, chômage…) au moment de l'enquête et un an plus tôt, la formation, l'origine sociale et la situation principale durant les douze derniers mois. En 2003, trois innovations majeures ont marqué le questionnaire. Premièrement, la description de l'emploi est développée. L'enquêté peut maintenant renseigner jusqu'à trois employeurs et trois professions. Deuxièmement, la diversité des horaires est mieux saisie. On distingue la durée de travail effectuée durant la semaine de référence de l'enquête, la durée de travail mentionné dans le contrat de travail et la durée hebdomadaire habituelle de travail. Outre ces informations hebdomadaires une question relative aux jours de congés annuels a été introduite. Troisièmement, l'enquête interroge les salariés et, depuis 2003, les non-salariés sur leurs ressources annuelles dont la perception d'allocations (allocations chômage, revenu d'insertion, minimum vieillesse...). Le questionnaire et la chaîne de traitement sont également modifiés en 2008 et en 2013. L'objectif étant de continuer à préciser les questions et les modalités de réponse pour saisir au mieux la réalité sociale et économique des enquêtés. Une des dernières innovations porte sur l'introduction de la question du travail informel dans le questionnaire de métropole. Cette question était déjà inscrite dans le questionnaire des Dom.

En deuxième lieu, ce système hybride a été mis en évidence par une analyse de la structure de consommation des pauvres, via l'enquête BCM. Au même titre que la métropole et les Dom, cette enquête devrait être menée tous les cinq ans et complétée d'un volet consacré au « ressenti » face à la situation financière. Par exemple, dans l'enquête métropolitaine, une question sur l'aisance financière est posée: « Quel est votre sentiment sur votre budget actuel : vous êtes à l'aise ; ça va ; c'est juste mais il faut faire attention ; vous y arrivez difficilement ; ne sait pas ». Sur le niveau de vie : « Comment estimez-vous votre niveau de vie actuel : très élevé ; élevé ; moyennement élevé ; moyennement faible ; faible ; très faible ; ne sait pas ». Déployer cette enquête en partenariat avec le Secrétariat général de la Communauté du Pacifique Sud (CPS ou Secretariat of the Pacific Community) serait pertinent. En charge de promouvoir le développement dans le Pacifique, elle appuie 16 Etats et Territoires insulaires océaniens (ETIO) à la mise en place de l'enquête BCM. Le rapprochement des données permettrait une analyse comparée des structures de consommation, des inégalités de niveau de vie et du phénomène de pauvreté dans le Pacifique.

En troisième lieu, la Nouvelle-Calédonie pourrait se doter d'une Enquête Statistique sur les Ressources et Conditions de Vie (SRCV). Elle repose sur le suivi d'un panel de personnes et porte sur leurs revenus et leurs conditions de vie. Les pays européens sont dotés d'une telle enquête, permettant à la commission européenne d'évaluer l'impact social de ses politiques sur les phénomènes d'exclusion social, de pauvreté et d'inégalité de ressources, ainsi que les politiques des Etats membres. En 2014, a été introduit un module sur les privations matérielles. Ce type d'enquête est compatible avec une des deux enquêtes citées. En effet, une meilleure appréhension du système hybride en Nouvelle-Calédonie aura des conséquences sur la politique sociale à adopter pour promouvoir l'intégration sociale des plus vulnérables. La poursuite du rééquilibrage, induit une restructuration de la société calédonienne favorisant l'émergence de nouvelles mobilisations sociales, elles-mêmes porteuses de nouveaux modes d'organisations sociales et économiques.

Le rééquilibrage économique au-dehors du caillou

En résumé, le rééquilibrage économique en Nouvelle-Calédonie, comme un canal d'intégration sociale, doit être repensé par une meilleure appréhension du système hybride. Une autre perspective consiste à impulser un rééquilibrage au-dehors des frontières du territoire. Deux illustrations.

D'une part, la population de la Nouvelle-Calédonie vieillit. La population des actifs dans le territoire, qui constituent les aidants, augmente moins vite que les personnes âgées dont les personnes dépendantes. Or, on peut faire l'hypothèse que les émigrants calédoniens, installés en métropole notamment, participent à la solidarité familiale, tribale ou clanique par les transferts financiers. Cette solidarité risque de s'intensifier en raison de la situation démographique calédonienne. Pour mesurer ce phénomène d'entraide par des transferts d'argent, la Nouvelle-Calédonie pourrait s'inspirer de l'enquête Migration Famille et Vieillissement (MFV) des départements d'outre-mer. Elle consiste à étudier l'évolution de la structure familiale, les migrations (ceux qui partent, les retours, ceux qui ne reviennent pas) et les solidarités intergénérationnelles liées aux effets du vieillissement (Breton et al. 2009). D'autre part, en Nouvelle-Calédonie le rééquilibrage culturel corrèle le rééquilibrage économique. Dans cette perspective, l'accord de Nouméa reconnait l'identité kanak comme composante de l'identité calédonienne en devenir. Cette reconnaissance pourrait se poursuivre au-dehors des frontières du territoire. Dès les années 70-80, Jean-Marie Tjibaou évoquait la possibilité de créer une dynamique avec les Etats indépendants du Pacifique (Vanuatu, Papouasie-Nouvelle-Guinée, Fidjy, Salomon). Ils partagent des contacts culturels (la coutume notamment) et économiques qui peuvent être développés et renforcés.

Ces deux approches du rééquilibrage économique, au-dehors du caillou, doivent favoriser le maintien de la cohésion sociale (ou intégration) en Nouvelle-Calédonie. Ces perspectives de développement impliquent de passer d'une sociologie du lien social entre les membres de la société calédonienne à une sociologie des réseaux sociaux. D'ailleurs Jacques Donzelot stipule que l'usage original de la cohésion sociale ou intégration sociale, édicté par Emile Durkheim prend un tout autre sens dans les années quatre-vingt-dix. On est passé « (…) d'une problématique dominée par la question sociale, entendue comme la contradiction entre la souveraineté de l'individu au plan politique et son assujettissement au plan économique, à une autre qui s'ordonne autour des effets de la mondialisation » (CERC, 2008 : 17). Le monde du travail et de l'emploi a connu de multiples bouleversements, générant à la fois la mise en concurrence des individus au sein du collectif du travail et la précarité de leurs positions professionnelles (type de contrat de travail notamment). Ces deux facteurs diminuent le sentiment d'appartenance et mettent en danger la conscience d'une solidarité. Ainsi, Donzelot, préfère parler de réseau que de solidarité organique, au sens durkheimien, car la mondialisation transforme la division du travail, modifie le rapport au travail et par conséquent ne produit plus une solidarité organique protectrice de l'individu. Dans son ouvrage *Quand la ville se défait*, il pose la question des bases (nouvelles) sur lesquelles refonder la solidarité (Donzelot, 2006). Il préconise alors le concept de confiance entre les individus et envers les institutions (l'auteur préfère parler de consentement plutôt que de confiance envers les institutions). L'idée de confiance horizontale, c'est-à-dire entre les individus, renvoie aux travaux de Mark Granovetter sur la force des liens faibles. Il définit la force d'un lien comme « une combinaison (probablement linéaire) de la quantité de temps, de l'intensité émotionnelle, de l'intimité (confiance mutuelle) et des services réciproques qui caractérisent ce lien » (Granovetter, 1973). Il pose l'hypothèse que si le lien qui unit deux individus qui se ressemblent est fort, alors les relations de chacun auront plus de chance de se superposer car ils sont semblables au premier. Par exemple, si A à une relation avec B et C, alors la probabilité que ces derniers soient mis en relation est forte car ils se ressemblent du fait qu'ils ont comme relation commune A. L'autre hypothèse concerne les relations de liens faibles correspondant à des ponts, c'est-à-dire aux possibilités de passer d'un cercle à un autre (B ne sera pas forcément en lien avec C car A n'entretient pas de relation forte ni avec l'un, ni avec l'autre). Pour Mark Granovetter, plus il y a de ponts, plus il y a de réseaux entre les groupes sociaux, créant une cohésion plus forte. Tandis que la relation fondée sur des liens forts contraint l'individu à un cercle relationnel fermé, générant peu de mobilité.

BIBLIOGRAPHIE

Actif N., Ah-Woane M., 2013, Indicateurs sociaux départementaux. Une situation sociale hors norme, *Insee partenaire*, n°23.

Agniel G., 2009, Statut coutumier kanak et juridiction de droit commun en Nouvelle-Calédonie, *Revue ASPECTS,* n°3, pp. 81-96.

Arréghini L., Waniez P., *La Nouvelle-Calédonie au tournant des années 1990. Un état des lieux*, Collection Dynamiques du territoire, n°12, Paris, La Documentation française.

Atkinson T., Freyssinet J., Glaude M., 1998, *Pauvreté et exclusion,* Les rapports du conseil d'analyse économique, Paris, La Documentation française.

Barbançon L.J., 1992, *Le Pays du non-dit: regards sur la Nouvelle Calédonie*, La Motte-Achard, Offset Cinq Editions.

Barth F., 1995, Théorie de l'ethnicité, In Poutignat P., Streiff., Fenart J., *Théories de l'ethnicité*, Paris, PUF, pp. 203-249.

Baudchon G., Rallu J.L., 1999, Changement démographique et social en Nouvelle-Calédonie après les accords de Matignon, *Population*, n°3, vol.54, pp. 391-425.

Baudelot C., Establet R (Eds)., 2011, *Durkheim et le suicide*. Paris, PUF.

Bedei J.P., 1984, Nouvelle-Calédonie: cinq ans pour s'autodéterminer, *L'Unité*, n°3.

Benoit J., Denis D., 1992, Consommation et ressources monétaires : résultats provinciaux, *Budget consommation des ménages 1991,* n°2, Isee.

Bensa A.,
- 1990, *Nouvelle-Calédonie : un paradis dans la tourmente*, Paris, Gallimard.
- 1995, *Chroniques kanak : l'ethnologie en marche*, Paris, Peuples

autochtones et développement.

Bensa A., Freyss J., 1994, La société kanak est-elle soluble dans l'argent... ?, *Terrain,* n°23, pp. 11-29.

Bensa A., Wittersheim E.,
- 1997, Nationalisme et interdépendance : la pensée politique de Jean-Marie Tjibaou, *Tiers-Monde,* n°149, pp.197-216.
- 1998, Le peuple kanak est au milieu de la rivière. A la recherche d'un destin commun en Nouvelle-Calédonie, *Monde Diplomatique (Le)*, juillet 1998, p. XVI-XVII.

Bisiaux R., 2011, Comment définir la pauvreté: Ravallion, Sen ou Rawls ?, *L'Économie politique*, n°49, pp. 6-23.

Blanchet G., 1999, Réflexions sur le concept de rééquilibrage en Nouvelle Calédonie, In Gilbert D., Guillaud D., Pillon P., *La Nouvelle-Calédonie à la croisée des chemins,* Paris, Société des océanistes.

Borgetto M., Lafore R., 2009, *Droit de l'aide et de l'action sociale,* Paris, Montchrestien.

Bourdieu P.,
- 1976, Les modes de domination », *Actes de la recherche en sciences sociales*, n°2, vol. 2, pp. 122-132.
- 1979, *La distinction,* Paris, Editions de Minuit.
- 1980, *Le sens pratique,* Paris, Editions de Minuit.
- 1980, L'identité et la représentation, *Actes de la recherche en sciences sociales*, n°1, vol 35, pp. 63-72.

Bourdieu P., Bensa A., 1985, Quand les Canaques prennent la parole, *Actes de la recherche en sciences sociales* n°1, vol 56, pp. 69-85.

Bourdieu P., Chamborédon J.C., Passeron J.C., 2005, *Le Métier de sociologue*, Paris, Mouton.

Bourdieu P., Sayad S., 1964, *Le déracinement. La crise de l'agriculture traditionnelle en Algérie*, Paris, Editions de Minuit.

Bouard S., 2011, *Les politiques de développement à l'épreuve de la territorialisation. Changements et stabilités dans une situation de décolonisation négociée, la province Nord de la Nouvelle-Calédonie,* Thèse de doctorat en géographie, sous la direction de J-P. Tonneau, Université Montpellier III.

Bouard S., Sourisseau J.M., 2010, Stratégies des ménages kanak : hybridations entre logiques marchandes et non marchandes, *Natures Sciences Sociétés*, pp. 266-275.

Breton D., Condon S., Marie C.M., Temporal F., 2009, Les départements d'outre-mer face aux défis du vieillissement démographique et des migrations, *Population et Sociétés,* n°460.

Broustet D., 2013, Le maintien à domicile: solution privilégiée des personnes âgées, *Synthèse,* n°30, Isee.

Buffière Bernard.,
- 2009a, Entre 1991 et 2008, l'habitat a détrôné l'alimentation, en tant que première dépense des Calédoniens, *Synthèse,* n°10, Isee.
- 2009b, En 2008, les ménages de la province Sud dépensent et gagnent en moyenne deux à trois fois plus que ceux du Nord et des Iles Loyauté, *Synthèse,* n°11, Isee.
- 2010, En 2008, les ménages achètent 44% de leur alimentation en grandes surfaces et 61% de leurs vêtements ou 80% des biens durables dans les magasins spécialisés, *Synthèse,* n°13, Isee.

Castel R., 1999, *Les métamorphoses de la question sociale : une chronique du salariat,* Paris, Gallimard.

CERC., 2007, *La Cohésion sociale*, Actes du séminaire, Paris, CERC.

Cerom.
- 2005, *L'économie calédonienne en mouvement*, Nouvelle-Calédonie, AFD, IEOM, ISEE.
- 2008, *Les défis de la croissance calédonienne*, Nouvelle-Calédonie, AFD, IEOM, ISEE.

Charbit Y., 1987, *Famille et nuptialité dans la Caraïbe*, Paris, Cahiers de l'INED.

Chauchat M.,
- 2008, La citoyenneté calédonienne, *Cahier du conseil constitutionnel*, n°23, pp.70-74.
- 2011, *Les institutions en Nouvelle-Calédonie : institutions politiques et administratives,* Nouméa, CDP-Nouvelle-Calédonie.

Christnacht A., 2004, *La Nouvelle-Calédonie*, Paris, La Documentation française.

Cogneau D., 2003, Pauvreté, inégalité des conditions et inégalité de chances, In *Les nouvelles stratégies internationales de lutte contre la pauvreté,* IRD édition, DIAL, Economica, pp. 57-81.

Copans J., 2006, *Développement mondial et mutations des sociétés contemporaines,* Paris, Armand Colin.

Cornut E., 2008, De quelques limites d'une lecture positiviste du statut civil coutumier kanak, *Les cahiers du Larje*, Laboratoire Recherches Juridiques et Economiques, Université de la Nouvelle-Calédonie [Online].

Cuche D., 2010, *La notion de culture dans les sciences sociales*, Paris, La Découverte.

Dardelin M.J., 1984, *L'avenir et le destin : regards sur l'école occidentale dans la société kanak, Nouvelle-Calédonie.* Paris, ORSTOM.

Davar., 2003, Des agriculteurs moins nombreux sur de plus grandes surfaces, *Recensement général agricole*, Isee-Davar.

Demmer C., 2010, Autochtonie, nickel et environnement : une nouvelle stratégie kanak, In Faugère E., Merle I., *La Nouvelle Calédonie, vers un destin commun?*, Paris, Karthala.

Denis D., 1992, Consommation et ressources monétaires des ménages néo calédoniens, *Budget consommation des ménages 1991*, n°1, Isee.

Descombes V., 2013, *Les embarras de l'identité*, Paris, Gallimard.

Destremau B., Salama P., 2002, *Mesures et démesure de la pauvreté*, Paris, PUF.

Deubel P., (dir.) 2011, *Analyse économique et historique des sociétés contemporaines*, Paris, Pearson.

Dion M., 2006, Quand La Réunion s'appelait Bourbon, Paris, l'Harmattan.

Donzelot J., 2006, Refonder la cohésion sociale, *Esprit*, n°330, pp. 5–23.

Dousset-Leenhardt R., 1970, *Colonialisme et contradictions : Étude sur les causes socio-historiques de l'Insurrection de 1878 en Nouvelle-Calédonie*, La Haye, Mouton.

Dubet F., Duru-Bellat M., Vérétout A., 2010, *Les sociétés et leur école*, Paris, Seuil.

Dubois J.L., 2001, Pauvreté et inégalités : situation et politiques de réduction, In Lery A., Vimard P., *Population et développement : les principaux enjeux cinq ans après la Conférence du Caire*, Paris -Marseille, CEPED-LPE, pp. 123-135.

Durkheim E.,
- 1988, *Les règles de la méthode en sociologie*, Paris, PUF (1ère édition 1894).
- 2004, *Le suicide*, Paris, PUF (1ère édition 1897).
- 2007, *De la division du travail social*, Paris, PUF (1ère édition 1893).

Dussy D.,
- 1997, Les squats, zones d'habitat spontané à Nouméa, *ORSTOM Actualités*, n°54, ORSTOM, pp 2-5.
- 2012, *Nouméa, ville océanienne ?*, Paris, Karthala.

Duvoux N., 2012, *Le nouvel âge de la solidarité*, Paris, Seuil.

Elias N., 2012, La société des individus, Paris, Agora, (1ère édition 1939).

Faberon J.Y., 2002, La Nouvelle-Calédonie : vivre l'Accord de Nouméa, *Revue française d'administration publique*, n°101, pp. 39-57.

Faberon J.Y., Postic J.R., 2004, *L'accord de Nouméa, la loi organique et autres documents juridiques et politique de la Nouvelle-Calédonie*. Nouvelle-Calédonie, Ile de Lumière.

Faberon J.Y., Steinmetz L., 2003, Nouvelle-Calédonie: les institutions de la modernité, In Deckker (De) P., Faberon J.Y., *L'outre-mer français dans le Pacifique : Nouvelle-Calédonie, Polynésie française, Wallis-et-Futuna*, Paris, L'Harmattan, pp.149-156.

Fall M., Verger D., 2005, Pauvreté relative et conditions de vie en France, *Economie et Statistique*, vol. 383-384-385, pp. 91-107.

Faugère E.,
- 2000, Transactions monétaires en pays Kanak, *Genèses,* n°41, vol 41, pp. 41–62.
- 2002, La triple existence de l'argent dans les îles Loyauté (Nouvelle Calédonie, *Journal des anthropologues,* n° 90-91 [Online]

Fédération des œuvres laïques., 1982, *Mille et Un Mots Calédoniens,* Nouméa, Imprimerie Commerciale et Publicitaire.

Felouzis G (Coordinateur)., 2008, L'usage des catégories ethniques en sociologie, *Revue française de sociologie*, n°1, vol 4.

Fleurbaey M., Herpin N., Martinez M., 1997, Mesurer la pauvreté ?, *Economie et Statistique*, n°308-309-310, pp. 23-33.

Freyss J., 1995, *Économie assistée et changement social en Nouvelle Calédonie*, Paris, PUF.

Gauthier J., 1996, *Les écoles populaires kanak. Une révolution pédagogique?*, Paris, L'Harmattan.

Gellner E., 1983, *Nations et nationalisme*, Paris, Payot.

Granovetter M., 1973, The Strength of Weak Ties, *American Journal of Sociology*, n°6, vol 78, pp. 1360-1380.

Hadj Laure.,
- 2010, Measure poverty. In practive : the Household Consumer Budget Survey (HCBS) in New Caledonia, Nouméa, Secretariat of the Pacific Community.
- 2010, En 2008, plus de la moitié des ménages calédoniens sont endettés, *Synthèse*, n°15, Isee.
- 2010, En 2008, le niveau de vie des plus riches est 7,9 fois supérieur au niveau de vie des plus modestes, *Synthèse*, n°18, Isee.
- 2012, 53 000 personnes sous le seuil de pauvreté, *Synthèse,* n°23, Isee.
- 2013, L'alimentation en tête des dépenses des ménages vivant sous le seuil de pauvreté, *Synthèse*, n°27, Isee.
- 2014, La construction interdisciplinaire du taux de pauvreté en Nouvelle-Calédonie , In Borda S., Brochard M., Charbit Y (dir.)., *Faire dialoguer les disciplines en sciences humaines et sociales*, Paris, L'Harmattan.
- 2015, Société et politique de réduction des inégalités provinciales en Nouvelle-Calédonie, In Petit V, *La théorie du changement et de la réponse*, Paris, L'Harmattan.

Hadj L., Lavigne G., Lagadec G., Ris C., 2012, Vingt années de politiques de rééquilibrage en Nouvelle-Calédonie : démocratisation de l'école et persistance des inégalités, *Formation Emploi*, n°120, pp. 101-125.

Halbwachs M., 2011, *Le destin de la classe ouvrière,* Paris, PUF, coll. Le lien social (1ère édition *La classe ouvrière et les niveaux de vie* 1912).

Haudricourt A.G., 1964, Nature et culture dans la civilisation de l'igname : l'origine des clones et des clans, *L'Homme,* n°1, vol 4, pp. 93–104.

Hély M., 2009, *Les métamorphoses du monde associatif,* Collection Le Lien social, Paris, PUF.

Herpin N., 2004, *Sociologie de la consommation*, Collection Repère, Paris, La Découverte.

Honneth A.,
- 2002, *La lutte pour la reconnaissance*, Paris, Ed. du Cerf.
- 2008, *La société du mépris: vers une nouvelle théorie critique,* Paris, La Découverte.

Hourriez J.M., Legris B., 1997, L'approche monétaire de la pauvreté : une méthodologie et résultats, *Economie et Statistique*, n°308-309-310, pp. 35-63.

Hourriez J.M., Olier L., 1997, Niveau de vie et taille du ménage : estimation d'une échelle d'équivalence, *Economie et Statistique*, n°308 309-310, pp. 65-94.

IAC - CIRAD., 2013, L'agriculture en tribu. Poids et fonctions des activités agricoles et de prélèvements, IAC.

Jacquot A., Driant J.C., 2005, Loyers imputés et inégalités de niveau de vie, *Economie et Statistique*. n°381-382, pp. 177-206.

Jone C., 2010, En 2008, Les ressources non monétaires ont représenté une économie de 28 milliards de F.CFP, soit 8% des ressources totales des Calédoniens, *Synthèse,* n°16, Isee.

Khellil M., 2005, *Sociologie de l'intégration*, Paris, PUF.

Kohler J.M., 1987, *Colonie ou démocratie: éléments de sociologie politique sur la Nouvelle-Calédonie*, Nouméa, Edipop.

Kohler J.M., Wacquant L., 1985, *L'école inégale. Eléments pour une sociologie de l'école en Nouvelle-Calédonie*, Institut culturel mélanésien, Nouméa, ORSTOM.

Lafargue R., 2012, *Le droit coutumier en Nouvelle-Calédonie,* Paris, La Maison de la Nouvelle-Calédonie. [Online]

Lagadec G., 2010, Nouvelle-Calédonie: entre émancipation, passage à l'euro et recherches de ressources nouvelles, *Région et développement*, n°31.

Langlois S., 2002, Nouvelles orientations en sociologie de la consommation, *L'Année sociologique*, vol.52, pp. 83-103.

Lazarus J., 2006, Les pauvres et la consommation, *Vingtième Siècle. Revue d'histoire*, n°91, pp. 137-152.

Leblic I., 1993, *Les Kanak face au développement. La voie étroite*, Grenoble Nouméa, PUG-ADCK.

Leenhardt M., 1947, *Do Kamo. La personne et le mythe dans le monde mélanésien*, Paris, Gallimard.

Les Nouvelles Calédoniennes (LNC).,
- 2000, L'USTKE rejette le pacte social.
- 2010, Les produits "Oké" prennent leur marques.
- 2012, Le racisme mis en boîte.

Lemieux C., 2010, Problématiser, In *L'enquête sociologique*, Paris, PUF.

Leridon H., (Présentateur du dossier) 1998, La variable ethnie comme catégorie statistique, *Population*, n°3.

Lévi-Strauss C., 1977, *L'identité.* Paris, Plon.

Marquier R., 2003, Imputation de loyers fictifs aux propriétaires occupants. Quel impact sur les contours de la population pauvre ?, *Document de travail*, n°F0309, Insee Dsds.

Merle I.,
- 1996, Le régime de l'indigénat et l'impôt de capitation en Nouvelle Calédonie. De la force et du droit: la genèse d'une législation d'exception ou les principes fondateurs d'un ordre colonial, In Saussol A., Zitomersky J., *Colonies, territoires, sociétés, L'enjeu français,* Paris, L'Harmattan.
- 2000, De l'idée de cantonnement à la constitution des réserves. La définition de la propriété indigène, In Bensa A., Leblic I,. *En pays Kanak: ethnologie, linguistique, archéologie, histoire de la Nouvelle-Calédonie,* Paris, Maison des sciences de l'homme.

Merrien F.X., 1996, Etat-providence et lutte contre l'exclusion, In Paugam S (dir), *L'exclusion : l'état des savoirs,* Paris, La Découverte.

Moreau de Bellaing L., 2000, *Economie de la pauvreté et économie de la misère,* Socio-anthropologie revue, n°7 [Online].

Naepels M.,
- 1998, *Histoires de terres kanakes,* Paris, Belin.
- 1997, *Il a tué les chefs et les hommes,* Paris, Terrain.
- 2010, Les enjeux du changement social en Nouvelle-Calédonie, In Faugère E., Merle I., *La Nouvelle Calédonie, vers un destin commun ?,* Paris, Karthala.

Naudet J., 2012, *Entrer dans l'élite. Parcours de réussite en France, aux Etats-Unis et en Inde,* Paris, PUF, Coll. Le lien social.

Naudet J.D., Jacquet P., 2006, Atouts et faiblesses des petites économies, *Antiane,* n°65, Insee-Guyane.

Nicolas H., 2010, Emporter un diplôme dans son sac. Les transformations de la socialisation sexuée à Lifou (1946-2004), In Faugère E., Merle I., *La Nouvelle Calédonie, vers un destin commun ?,* Paris, Karthala.

Olm C., Simon M.O., 2005, Une approche de la pauvreté à partir de l'hétérogénéité des conditions de vie, *Cahier de recherche,* n°214, CREDOC.

Palier B., 2011, Des assurances de moins en moins sociales, In Paugam S (dir), *Repenser la solidarité,* Paris, PUF.

Paugam S.,
- 2002, *La disqualification sociale,* Paris, PUF.
- 2005, *Les formes élémentaires de la pauvreté,* Paris, PUF.
- 2007, *Le lien social,* Collection Que sais-je ?, Paris, PUF

Petit V., 2015, *La théorie du changement et de la réponse,* Paris, L'Harmattan.

Pillon P., 1985, *Développement en enjeux sociaux en Nouvelle-Calédonie : l'opération Café,* Nouméa, ORSTOM.

Poirine B.,
- 1993, Le développement par la rente dans les petites économies insulaires, *Revue économique,* n°6, vol 44, pp. 1169–99.
- 1994, Développement économique et traditions socio-culturelles dans le pacifique insulaire, *Journal de la Société des océanistes,* n° 98, vol 98, pp. 9 20.
- 1995, *Les petites économies insulaires. Théorie et stratégie de développement,* Paris, L'Harmattan.
- 2007, Eloignement, insularité et compétitivité dans les petites économies d'outre-mer, *Document de travail,* n°52, vol 34, AFD.

Polanyi K., Eds1983, *La grande transformation: aux origines politiques et économiques de notre temps,* Paris, Gallimard.

Rallu J.L.,
- 1985, La population de la Nouvelle-Calédonie, *Population*, n°4, vol 40, pp.725-744.
- 1993, Evolution démographique récente dans les TOM du Pacifique, *Population*, n°4, pp. 885-918.
- 1997, *Population, migration et développement dans le pacifique sud*, Paris, Unesco.

Recours F., Hébel P., 2006, Les populations modestes ont-elles une alimentation déséquilibrée ?, *Cahier de recherche*, n°232, CREDOC.

Rhein C., 2002, Intégration sociale, intégration spatiale, *L'Espace géographique,* vol 3, pp. 193–207.

Riera R., Dubois P., 2006, Le logement social en Nouvelle-Calédonie, *Rapport public sur le logement social en Nouvelle-Calédonie*, n°2005-0292 01, Paris, Ministère des transports, de l'équipement, du tourisme et de la mer.

Ris C., 2014, Les inégalités ethniques dans l'accès à l'emploi en Nouvelle Calédonie, *Economie et statistique, numéro spécial Discrimination et inégalités*, n°464-465-466, pp. 59-72.

Rivoilan P., Broustet D.,
-2011, 50 000 habitants de plus en 13 ans, *Synthèse*, n°19, Isee.
-2011, Vingt ans de mutation de l'emploi, *Synthèse*, n°22, Isee.

Roinsard N., 2007, *La Réunion face au chômage de masse. Sociologie d'une société intégrée,* Rennes, Presses Universitaires de Rennes.

Roubio-Collet N., 2012, Comparaison des prix entre la Nouvelle-Calédonie et la métropole, *Les synthèses de CEROM*, ISEE CEROM.

Sabourin E., Tyuienon R., 2007, Produits, monnaie et bingo : les marchés ruraux en Nouvelle-Calédonie entre échange et réciprocité, *Revue du MAUSS*, pp. 301-327.

Salaün M.,
- 2005, *L'école indigène : Nouvelle-Calédonie, 1885-1945*, Rennes, Presses Universitaires de Rennes.
- 2005a, De la mentalité primitive au choc des cultures. L'échec scolaire kanak et son étiologie : état des lieux, In Vernaudon J., Fillol V. *Stéréotypes et représentations en Océanie*, Nouméa, Corail.

Salaün M., Vernaudon J., 2009, La citoyenneté comme horizon: destin commun, demande sociale et décolonisation de l'école en Nouvelle-Calédonie aujourd'hui, *Anthropologie et Sociétés*, n°2, vol. 33, pp. 63-80.

Salomon C., Hamelin C.,
- 2004, Parenté et violences faites aux femmes en Nouvelle-Calédonie. Un éclairage sur l'ethnicité différenciée des violences subies au sein de la famille, *Espace populations sociétés*, n°2, pp. 307-323.
- 2008, Les femmes kanak sont fatiguées de la violence des hommes, *Le journal de la société des Océanistes*, n°2, pp. 283-294.
- 2010, Vers un changement des normes de genre, In Faugère E., Merle I., *La Nouvelle Calédonie, vers un destin commun ?*, Paris, Karthala, pp. 203 - 224.

Schnapper D.,
- 1991, *La France de l'intégration. Sociologie de la nation en 1990,* Paris, Gallimard.

- 1994, *La communauté des citoyens : sur l'idée moderne de nation*, Paris, Gallimard.
- 2000, *Qu'est-ce que la citoyenneté*, Paris, Gallimard.
- 2007, *Qu'est-ce que l'intégration*, Paris, Gallimard.

Sen A., 2009, *Éthique et économie*, Collection Quadruge, Paris, PUF.

Simmel G.,
- 2011, *Les pauvres*, Paris, PUF (1ère édition 1907).
- 1987, *Philosophie de l'argent*, Paris, PUF (1ère édition 1900).

Spencer M., Ward A., Connell J., 1998, *Nouvelle Calédonie: essai sur le nationalisme et la dépendance*, Paris, L'Harmattan.

Sudrie O., 2012, Quel niveau de développement des départements et collectivités d'outre-mer?, *Documents de travail*, n°129, AFD.

TEC., 2012, *Tableaux de l'économie calédonienne (TEC) 2011*, Nouméa, Isee.

Temporal F., 2008, *Migrations, emplois et inégalités à l'île de la Réunion. Quel apport pour la compréhension du développement?,* Thèse de démographie, sous la direction de Y. Charbit, Université Paris Descartes.

Tepava B., Vucher-Visi J., 2005, Pauvreté relative en Polynésie, l'approche monétaire, *Points Forts de la Polynésie Française,* n°3, ISPF.

Tjibaou J-M., 1996, *La Présence Kanak*, Paris, Odile Jacob.

Tjibaou J.M., Guiart J., 1976, Recherche d'identité mélanésienne et société traditionnelle, *Journal de la Société des océanistes*, n°53, vol32, pp. 281-292.

Trépied B., 2007, Politique et relations coloniales en Nouvelle-Calédonie. Ethnographie historique de la communauté de Koné 1946-1988 (Tome I et II), Thèse de doctorat en anthropologie sociale et ethnologie, Paris, EHESS.

Troadec B., 1992, Demi-Tahitien : Tahitien et Demi à la fois? Une approche psychologique de l'identité polynésienne d'aujourd'hui, *Journal de la Société des océanistes*, n°95, pp. 227-236.

Vanreux C., Wiorek P., 2011, Le sport : un enjeu économique, *Synthèse*, n°21, Isee.

Verger D., 2005, Bas revenus, consommation restreinte ou faible bien être : les approches statistiques de la pauvreté à l'épreuve des comparaisons internationales, *Economie et Statistique*, n°308-309-310, Insee.

Voirol O., 2005, Visibilité et invisibilité: une introduction, *Réseaux*, n° 129-130, pp. 9-36.

Wacquant L.D., 1986, Communautés canaques et société coloniale, *Actes de la recherche en sciences sociales*, vol. 61, n°1, pp. 56-64.

Wéry C., 2003, Un recensement "ethnique" contesté en Nouvelle Calédonie, *Le Monde*, 5 août 2003, p.VI.

Wiorek P., 2013, Compte de l'éduction 2010 de Nouvelle-Calédonie, *Synthèse*, n°25, Isee.

Rapports et bilans d'activité

ASS-Nouvelle-Calédonie, 2011, *L'équilibre alimentaire*, Rapport d'étude Omnibus.

CAFAT., 2011, Rapport d'activité 2010.

CCAS-Nouméa, 2012, *Bilan d'activités 2012*.

Commission Européenne, 2010, *Année européenne de lutte contre la pauvreté et l'exclusion sociale. Un tremplin pour l'avenir*. JO de l'UE 333/8.

Commission Grand Débat, 2011, *Le miroir du débat. L'expression des calédoniens sur leur école*, Ministère de l'Education nationale, Gouvernement de la Nouvelle-Calédonie.

DASS., 2008, *Situation sanitaire en Nouvelle-Calédonie. Maladies transmissibles ou infectieuses : pathologie mentale - le suicide.* Rapport de la DASS Nouvelle-Calédonie.

DENC., 2008, *L'évolution de l'école primaire publique en Nouvelle Calédonie depuis le transfert de compétences. Quelques repères pour mesurer le chemin parcouru.* Rapport DENC Nouvelle-Calédonie.

Direction du travail et de l'emploi, 2010, *Actes du colloque. 10ème anniversaire du Pacte social.*

FSH, 2012, *Fonds social de l'habitat. Rapport d'activité 2011.*

Groupement d'Intérêt Public (GIE)., 2008,. *Les programmes 400 cadres et cadres avenir principales données statistiques bilan 1989-2007.*

Gouvernement Nouvelle-Calédonie.,
- 2011, *Pacte social 2000-2010.*
- 2013, *Protocole de fin de conflit « vie chère ».*

Gouvernement, Haut-commissariat de la République en Nouvelle-Calédonie.,
- 2009, *Les rapports des 9 ateliers du diagnostic.*
- 2009, *Schéma de la Nouvelle-Calédonie 2025. Diagnostic et enjeux.*

Kowasch M.,
-2011, *Perceptions et intégration des populations kanak dans le projet Koniambo,* Présentation power point, novembre 2011.
-2012, *Les recherches contemporaines en géographie rurale : territoires, ressources et pratiques du terrain.*

Maison de l'habitat., 2011, *Maison de l'habitat. Rapport technique annuel.*

PNUD., 1997, *Le développement humain au service de l'éradication de la pauvreté.*

Inserm., 2008, Situation sociale et comportements de santé des jeunes en Nouvelle Calédonie, Premiers résultats, mars 2008.

TNS., 2008, *Recensement des squats. Synthèse de l'étude menée en 2008.*

Rapport TNS.

Vice-Rectorat de la Nouvelle-Calédonie., 2008, *Eléments pour un diagnostic du système éducatif en Nouvelle-Calédonie.*

Online
(www.legifrance.gouv.fr)
- (1988) *Accords de Matignon-Oudinot.*
- (1998) *Accord de Nouméa.*
www.gip-cadres-avenir.nc
http://www.noumea.nc/solidarites/le-centre-communal-daction-sociale
www.isee.nc
www.gouv.nc
http://accueil.ile.nc/association-accueil/?page_id=73
www.biodiversité.nc

TABLE DES MATIERES

Préface **Serge Paugam**	7
Remerciements	11
Introduction LA NOUVELLE-CALEDONIE AU PRISME DES INEGALITES	13
Un sujet sensible	14
Enquête et sujet de recherche	14
La construction d'une problématique	16
Les paradigmes	19
Sociologie de l'intégration	19
Sociologie de la pauvreté	22
Chapitre 1 LA NOUVELLE-CALEDONIE ET SES PARTICULARITES	27
Territoire et population	29
Les contraintes naturelles liées à la taille	30
Population du Pacifique et d'ailleurs	32
Statut et référendum d'autodétermination	36
Les institutions en Nouvelle-Calédonie	36
Un référendum d'autodétermination	38
Une économie développée et une société inégalitaire	41
Une économie développée	41
Un développement humain élevé	44
Coexistence de deux économies	45

Chapitre 2 47
GENESE ET REVENDICATION DU RAPPORT INEGALITAIRE

La domination coloniale sur le peuple autochtone 48
Les stratégies de peuplement 48
Propriété individuelle contre propriété collective 50
Le rapport à la terre des Kanak 52
Conséquences de l'autorité coloniale sur les Kanak 54
Reconnaissance et dénonciation du rapport inégalitaire 55
La construction politique des revendications indépendantistes 56
La radicalisation et l'influence de Jean-Marie Tjibaou 60
La réponse de l'Etat : la promotion mélanésienne 63
L'impasse des années 80 66
Une solution négociée 68

Chapitre 3 71
RECONNAISSANCE DE L'IDENTITE KANAK

L'Accord de Nouméa : traduire l'identité kanak 73
Reconnaître pour distinguer 73
Distinguer pour unir 77
Objectiver le sentiment communautaire par le recensement 80
L'historique de la question communautaire 81
Le boycott du recensement de 2004 83
Les innovations du recensement de 2009 84

Chapitre 4 87
REEQUILIBRAGE ET CHANGEMENT SOCIAL

Le rééquilibrage en réponse au rapport inégalitaire 89
La mise en œuvre du rééquilibrage par les provinces 89
La mise en œuvre communautaire du rééquilibrage 92
Quel rééquilibrage pour quel changement social ? 94
Les paramètres au rééquilibrage 95
L'existence d'un système hybride 98

Changement social et permanence de la société domestique	101
L'attraction pour la zone urbaine	104

Chapitre 5   107
AMORCE D'UN REEQUILIBRAGE PAR LA FORMATION

La formation	109
Le défi des transferts de compétences	109
Le défi de l'évolution démographique de la population	111
Vingt ans de rééquilibrage	113
Des Calédoniens plus diplômés	114
Les Kanak plus souvent diplômés	116
Répercussion sur le marché de l'emploi	120
La percée professionnelle des femmes	123
Un rééquilibrage plus quantitatif que qualitatif	124

Chapitre 6   127
LE NIVEAU DE VIE REFLET DE L'INEGALITE ECONOMIQUE

L'indicateur de niveau de vie	128
Perspectives théoriques	128
L'enquête Budget Consommation des Ménages (BCM)	130
Les ressources composantes du niveau de vie	132
L'Unité de Consommation composante du niveau de vie	134
Les inégalités de niveau de vie	136
Les inégalités intra et inter provinciales	137
Réduction de l'inégalité par le non monétaire et les prestations sociales	140
Réponses des ménages les plus vulnérables	143

Chapitre 7   147
QUI SONT LES MENAGES PAUVRES ?

Niveau de vie, reférentiel d'une analyse de la pauvreté en ressource	148

La construction statistique de la pauvreté	148
Le seuil de pauvreté calédonien en 2008	151
Les facteurs d'exposition à la pauvreté	155
L'emploi du chef de ménage est un rempart à la pauvreté	158
Les grands ménages sont les plus vulnérables	159
Le développement d'une pauvreté urbaine	161

Chapitre 8 163
CONSOMMATION DES PAUVRES ET LIENS SOCIAUX

Le budget dépenses	164
L'alimentation	165
Le logement	168
Le transport et les autres dépenses	169
L'influence du lieu de résidence	171
Les dépenses révélatrices d'intégration sociale	174
La théorie des liens sociaux	174
L'imbrication des liens par la structure de consommation	177
La particularité du logement aidé	180

Chapitre 9 183
LA SOLIDARITE INSTITUTIONNELLE

Le système de protection sociale	184
Protection sociale et assistance sociale	184
Le renforcement de la protection sociale	187
Les conséquences du renforcement de la protection sociale	191
De l'aide provinciale à l'aide territoriale	192
Une catégorisation institutionnelle de la pauvreté	194
Intégrer les pauvres « grâce à » l'assistance	199

Chapitre 10 203
COHESION SOCIALE ?

Un modèle d'intégration sociale des pauvres	203

Les principaux résultats	203
Une pauvreté intégrée portant les signes d'une pauvreté marginale	207
Perspectives	210
Repenser le rééquilibrage économique	210
Le rééquilibrage économique au-dehors du caillou	213
Bibliographie	215

Océan Pacifique
aux éditions L'Harmattan

Dernières parutions

SUICIDE À TAHITI : LE PARADOXE DU SUICIDE AU PARADIS
Éléments de compréhension et propositions de prévention
Sous la direction de Stéphane Amadéo
Cet ouvrage est conçu comme un véritable engagement à la fois scientifique et de terrain pour répondre à la complexité de la problématique du suicide dans un large esprit d'ouverture. Par une approche pluridisciplinaire, il s'agit d'ouvrir la réflexion en matière de prévention du suicide et de proposer un plan d'action capable de réduire le taux de suicide dans le monde, quelles que soient les cultures.
(22.50 euros, 216 p.)
ISBN : 978-2-343-05212-0, ISBN EBOOK : 978-2-336-36459-9

MÉLANÉSIE (LA)
Actualités et études – Foncier et développement durable
Sous la direction de Frédéric Angleviel et Marcellin Abong
Ces contributions ont pour objectif de mettre en relations concrètes les cinq archipels qui composent la Mélanésie (Îles Fidji, Nouvelle-Calédonie, Papouasie Nouvelle-Guinée, Îles Salomon, Vanuatu). Cette deuxième publication présente un important dossier consacré au foncier et au développement durable ainsi que des études en sciences de l'homme et de la société qui abordent des thèmes de fond : constructions intellectuelles, chronologies réflexives, tradition orale.
(Coll. Portes océanes, 40.00 euros, 418 p.)
ISBN : 978-2-343-03718-9, ISBN EBOOK : 978-2-336-36089-8

MÉMOIRES D'ALGÉRIE
Des Pieds-Noirs de Calédonie racontent…
Rosada Alexandre
En Nouvelle-Calédonie, les Pieds-Noirs installés et enracinés depuis la fin de l'Algérie française forment une des nombreuses communautés de la mosaïque calédonienne et ont œuvré à construire ce pays. Cet ouvrage recueille le ressenti de certains membres de cette communauté sur leur temps passé en Algérie française, il est à la fois le témoignage de quelques-uns et aussi la transmission de leur mémoire aux générations futures.
(Coll. Portes océanes, 21.00 euros, 212 p.)
ISBN : 978-2-343-04714-0, ISBN EBOOK : 978-2-336-36099-7

TERRAINS OCÉANIENS : ENJEUX ET MÉTHODES
Sous la direction de Véronique Fillol et Pierre-Yves Le Meur
Concernant les «terrains de recherche» situés en Nouvelle-Calédonie (Wallis et Futuna, Hawaï, Vanuatu), existe-t-il des spécificités liées au terrain ? De quel poids pèsent les questions politiques ? Qu'en est-il du contexte spécifique (géographique, historique, politique, scientifique, etc.) duquel participe le chercheur ? La question de la décolonisation de la recherche en Nouvelle-Calédonie et au-delà est en permanence sous-jacente dans cette réflexion.
(Coll. Cahiers du Pacifique Sud, 38.00 euros, 384 p.)
ISBN : 978-2-343-04104-9, ISBN EBOOK : 978-2-336-35797-3

DES PÉRÉGRINATIONS DU DROIT DES PEUPLES À DISPOSER D'EUX-MÊMES
Nouvelle-Calédonie - Nunavut
Manga Jean-Baptiste – Préface du professeur Jean-Yves Faberon – Prologue du Père Roch Apikaoua
Que devient le principe des peuples à disposer d'eux-mêmes à l'heure de la mondialisation ? Reste-t-il ce qu'il était à l'origine ? À supposer qu'il se transforme, quelles en sont les causes et comment se traduit-il dans les formes politiques, les structures de droit public et au-delà ? Pour y répondre, la Nouvelle-Calédonie et le Nunavut, deux entités aux trajectoires différentes, servent de champ d'investigation intéressant car elles représentent deux formes d'exercice du principe, et deux «utopies concrètes» où se construisent des solutions originales.
(Coll. Portes océanes, 41.00 euros, 434 p.)
ISBN : 978-2-343-04593-1, ISBN EBOOK : 978-2-336-35952-6

ANCIEN (L') TRIBUNAL MILITAIRE DE NOUMÉA ET SES BÂTIMENTS ANNEXES
Étude historico-architecturale en Nouvelle-Calédonie
Girard France
L'ancien tribunal militaire de Nouméa et ses bâtiments annexes, autrefois propriété de l'État, sont depuis le début des années 2000 propriété du territoire suite à un échange de terrains. En passe de réhabilitation, l'auteur retrace chronologiquement leur épopée historico-architecturale, depuis les contraintes de l'éloignement, les restrictions budgétaires et les évolutions de la législation, afin de mieux appréhender les nouvelles fonctions auxquelles ils se destinent.
(21.00 euros, 151 p.)
ISBN : 978-2-336-30123-5, ISBN EBOOK : 978-2-336-35280-0

ANCIENNE (L') GENDARMERIE DE TOMO
Étude historico-architecturale en Nouvelle-Calédonie
Girard France
Parmi les bâtiments militaires qui subsistent en Nouvelle-Calédonie, l'ancien poste de la gendarmerie de Tomo, situé en zone maritime d'une baie magnifique au sud-ouest de la Grande Terre, est aujourd'hui en ruine. Cet ouvrage est une étude historique et architecturale, qui puise ses sources sur le terrain même et s'appuie sur tous les documents retrouvés dans les centres d'archives de la Nouvelle-Calédonie et de la métropole concernés par le sujet.
(25.00 euros, 196 p.)
ISBN : 978-2-336-30122-8, ISBN EBOOK : 978-2-336-35282-4

CONCEPTION (LA) ET LA CONSTRUCTION DU PONT DE LA DUMBÉA
Étude historico-architecturale en Nouvelle-Calédonie
Girard France
A la fin du XIXe siècle, la ville de Dumbéa est en pleine expansion. Son réseau routier ne cessant de croître, le pont actuel ne pourra pas supporter l'augmentation du nombre de véhicules. Philibert Berthier, chef de service des Ponts-et-Chaussées, signe alors l'un des ouvrages d'art de la Nouvelle-Calédonie : le pont de la rivière Dumbéa. Entre la présentation de son projet en 1881 et l'achèvement des travaux en 1887, Berthier jongle avec les budgets, le personnel, les matériels et les polémiques...
(20.00 euros, 130 p.)
ISBN : 978-2-336-30127-3, ISBN EBOOK : 978-2-336-35284-8

«MAISON MAYET» (LA) ET LA «STATION LAURIE» À CANALA
Étude historico-architecturale en Nouvelle-Calédonie
Girard France
La «Maison Laurie» et la «Station Laurie» de Canala ont toutes deux été construites par François Albaret et Louis Pion, deux pionniers venus de métropole et figures emblématiques de l'essor agricole dans la région. Véritable saga d'une famille remarquable, cette étude nous entraîne dans les méandres de la construction de la colonie, quand les savoir-faire venus de métropole se mêlent à ceux de la tradition canaque, sous l'œil attentif des «Grands Chefs» de l'époque, Gélima, Kake et Nondo.
(24.00 euros, 182 p.)
ISBN : 978-2-336-30125-9, ISBN EBOOK : 978-2-336-35278-7

MINES (LES) DE LA RÉGION CANALA
Étude historico-architecturale en Nouvelle-Calédonie
Girard France
Vingt ans après le début de la colonisation de la région de Canala, les activités minières se développent avec une incroyable rapidité. Si cobalt, chrome, antimoine, cuivre sont convoités, c'est surtout le nickel qui attire ; la région est débordée de demandes d'autorisation de miner dès 1874. Au final, un siècle et demi d'exploitation des ressources sans contrepartie pour la commune et ses habitants. L'heure est au bilan.
(52.00 euros, 503 p.)
ISBN : 978-2-336-30126-6, ISBN EBOOK : 978-2-336-35270-1

MISSION (LA) CATHOLIQUE DE NAKÉTY
Étude historico-architecturale en Nouvelle-Calédonie
Girard France
Cette étude rend compte de la conversion progressive des gens de la tribu de Nakéty, ensemble de chefferies de la commune de Canala, au catholicisme. La tribu de Nakéty a grandement permis aux pères maristes missionnaires d'affirmer, dès 1866, leur savoir-faire en matière de pénétration au sein de la population locale et, de ce fait, de largement contribuer à leur acculturation.
(35.00 euros, 295 p.)
ISBN : 978-2-336-30124-2, ISBN EBOOK : 978-2-336-35273-2

OBJETS D'ART ET ART DE L'OBJET EN OCÉANIE
Actes du XXIe Colloque Cora
Sous la direction de Dominique Barbe, Michel Pérez et René Zimmer
Ces différents textes éclairent la situation actuelle de la création artistique en Océanie, prise entre le jeu d'une tradition plus ou moins réinventée et celle d'une authenticité dictée de l'extérieur. La création artistique et la création tout court semblent bien avoir du mal à sortir du mythe des Mers du Sud.
(Coll. Portes océanes, 26.00 euros, 352 p.)
ISBN : 978-2-343-00024-4, ISBN EBOOK : 978-2-296-53273-1

DONS (LES) DU CIEL DES ANCIENS POLYNÉSIENS
Archéoastronomie en Polynésie française
Cruchet Louis
Préface de Dominique Proust
L'astronomie occupait une grande place chez les Océaniens qui peuplèrent le « triangle » polynésien. Mais en quoi le ciel polynésien était-il un « don » ? Leurs connaissances et leurs croyances astronomiques étaient à l'égal de celles des grandes civilisations ? Sans écriture, ni mathématiques élaborées, comment auraient-ils fait pour nourrir et transmettre ces connaissances ? L'archéoastronomie, l'ethnologie et les études de terrain effectuées en Polynésie répondent à ces questions.
(Coll. Lettres du Pacifique, 30.50 euros, 278 p.)
ISBN : 978-2-336-00651-2, ISBN EBOOK : 978-2-296-51607-6

MÉLANÉSIE (LA)
Actualités et études – Année 2012
Sous la direction de Frédéric Angleviel
Les cinq composantes de la Mélanésie sont constituées par la Papouasie-Nouvelle-Guinée, les îles Salomon, le Vanuatu, la Nouvelle-Calédonie et les Fidji. Ce premier volume comporte un dossier central de huit articles sur la problématique des mines en Mélanésie. La partie « Études » aborde la Papouasie-Nouvelle-Guinée et la Nouvelle-Calédonie, tant en langue française qu'en langue anglaise. Les « Varia » sont suivis de « Comptes rendus » comportant une présentation en bichelamar.
(Coll. Portes océanes, 30.00 euros, 292 p.)
ISBN : 978-2-296-99729-5, ISBN EBOOK : 978-2-296-51300-6

PIEDS-NOIRS EN NOUVELLE-CALÉDONIE
Témoignages et analyses
Cercle algérianiste de Nouvelle-Calédonie
Texte coordonné par Jean-Yves Faberon
Le 50e anniversaire de l'exil des Français d'Algérie se devait d'être commémoré. Une journée de témoignages s'est tenue le 4 août 2012. Le présent ouvrage reproduit l'essentiel des échanges qui ont alors eu lieu. Et persiste toujours cette question posée à Nouméa comme ailleurs : que restera-t-il de nous demain ?
(Coll. Portes océanes, 18.50 euros, 164 p.)
ISBN : 978-2-336-00356-6, ISBN EBOOK : 978-2-296-50960-3

TANNA, KWERYA, ITONGA
Histoires océaniennes au Vanuatu
Plommée Gérard
Tanna, située au sud de l'archipel du Vanuatu, témoigne des apports successifs mélanésiens et polynésiens. Sa singularité demeure encore vivace en ce début de XXIe siècle, ses habitants continuant de perpétuer fièrement leurs coutumes au travers de fêtes traditionnelles exceptionnelles dans les chants, les costumes et les danses. Récits des îliens, histoire, géopolitique et témoignage de l'auteur alimentent cet essai sur cette terre du bout du monde.
(Coll. Là-bas, 30.00 euros, 288 p.)
ISBN : 978-2-296-99370-9, ISBN EBOOK : 978-2-296-50697-8

FABULEUSE (LA) HISTOIRE DE LA TÊTE MAORIE DU MUSÉUM DE ROUEN
Tourancheau Philippe
Le Muséum de Rouen vient de restituer une tête coupée maorie, conservée depuis 150 ans à l'Institut néo-zélandais de Te Papa. Une fabuleuse histoire qui puise ses origines dans les pires heures de la conquête coloniale et qui est un résumé des relations philosophiques entre l'Occident et les peuples autochtones au 19e siècle. Une histoire qui expose au grand jour la difficile question des restes humains conservés dans nos musées et leur restitution devenue maintenant possible. …
(20.00 euros)
ISBN : 978-2-296-57467-0

PATRIMOINES POLYNÉSIENS
Dinety Jean-Claude
Cet ouvrage traite des principales richesses patrimoniales de la Polynésie française : naturelles – volcan, lagon, flore et faune –, vernaculaires – langues, musiques et chants, planches et pirogues, tatouages –, matérielles – les bâtis mahoris, européens et chinois –, immatérielles – les lieux de mémoire – et économico-sociales – la perle de Tahiti.
(20.00 euros, 194 p.)
ISBN : 978-2-296-99348-8, ISBN EBOOK : 978-2-296-50129-4

OISEAUX (LES) DU VENT, LES GENS DU VENT
Les oiseaux frégates et les Polynésiens
Petit-Skinner Solange
Les oiseaux frégates, encore mystérieux, sont très vénérés à Nauru, comme dans de nombreuses îles du Pacifique, car ils appartiennent au monde surnaturel. Ils créent le lien entre le monde visible et le monde invisible. C'est par eux que l'on communique avec les esprits. Cette admiration extraordinaire portée aux frégates par les Polynésiens vient d'une ressemblance entre eux. Comme eux, ils aiment les défis, le risque et la liberté…
(20.00 euros, 202 p.)
ISBN : 9782-296-99084-5, ISBN EBOOK : 9782-296-50085-3

L'HARMATTAN ITALIA
Via Degli Artisti 15; 10124 Torino
harmattan.italia@gmail.com

L'HARMATTAN HONGRIE
Könyvesbolt ; Kossuth L. u. 14-16
1053 Budapest

L'HARMATTAN KINSHASA
185, avenue Nyangwe
Commune de Lingwala
Kinshasa, R.D. Congo
(00243) 998697603 ou (00243) 999229662

L'HARMATTAN CONGO
67, av. E. P. Lumumba
Bât. – Congo Pharmacie (Bib. Nat.)
BP2874 Brazzaville
harmattan.congo@yahoo.fr

L'HARMATTAN GUINÉE
Almamya Rue KA 028, en face
du restaurant Le Cèdre
OKB agency BP 3470 Conakry
(00224) 657 20 85 08 / 664 28 91 96
harmattanguinee@yahoo.fr

L'HARMATTAN MALI
Rue 73, Porte 536, Niamakoro,
Cité Unicef, Bamako
Tél. 00 (223) 20205724 / +(223) 76378082
poudiougopaul@yahoo.fr
pp.harmattan@gmail.com

L'HARMATTAN CAMEROUN
BP 11486
Face à la SNI, immeuble Don Bosco
Yaoundé
(00237) 99 76 61 66
harmattancam@yahoo.fr

L'HARMATTAN CÔTE D'IVOIRE
Résidence Karl / cité des arts
Abidjan-Cocody 03 BP 1588 Abidjan 03
(00225) 05 77 87 31
etien_nda@yahoo.fr

L'HARMATTAN BURKINA
Penou Achille Some
Ouagadougou
(+226) 70 26 88 27

L'HARMATTAN SÉNÉGAL
10 VDN en face Mermoz, après le pont de Fann
BP 45034 Dakar Fann
33 825 98 58 / 33 860 9858
senharmattan@gmail.com / senlibraire@gmail.com
www.harmattansenegal.com

L'HARMATTAN BÉNIN
ISOR-BENIN
01 BP 359 COTONOU-RP
Quartier Gbèdjromèdé,
Rue Agbélenco, Lot 1247 I
Tél : 00 229 21 32 53 79
christian_dablaka123@yahoo.fr

Achevé d'imprimer par Corlet Numérique - 14110 Condé-sur-Noireau
N° d'Imprimeur : 128927 - Dépôt légal : mai 2016 - *Imprimé en France*